JN304746

聖伝の構造に関する宗教学的研究

―聖徳太子伝を中心に―

宮本要太郎 著

大学教育出版

目　次

聖伝の構造に関する宗教学的研究
――聖徳太子伝を中心に――

序論

　人間が聖なるものを俗なるものから区別することができるのは、聖なるものが自らあらわれるからであり、しかもそれが俗なるものとはまったく異なった何かであるとわかるような仕方であらわれるからである。この「何か聖なるものがわれわれに対してあらわれるということ」を、ミルチア・エリアーデ（Mircea Eliade）はヒエロファニー（hierophany）と呼ぶ(1)。すなわちヒエロファニーとは、「聖なるものの体験」として、人間に「聖の様相」を示してくれるものなのである(2)。

　エリアーデは、聖の存在様態の中に生きる人間、つまり、可能な限り「聖化された宇宙の中で生活」しようとする傾向を有している人間を、「宗教的人間」（*homo religiosus*）と呼ぶ(3)。宗教的人間は、ヒエロファニーを「体験」することによって宗教現象と出会う。ヒエロファニーの体験、すなわち「宗教体験をするものにとっては、自然のすべてが宇宙の聖性それ自体として開示されうる」(4)。同時にその人間の存在様態は新たな地平を獲得することになる。なぜなら、宗教体験は全人格的なものであり、またすべての宗教的権威の源でもあるからである。それゆえ、人類の歴史的体験の根本的要素としての「宗教体験」が宗教学の前提となる(5)。

　ここで、宗教的人間がその宗教体験を通して出会う聖なるものの構造は何かということが問題となってくる。そしてその問題は、個々の宗教現象の、つまり多種多様なヒエロファニーの基底としての構造の普遍性を問うことに通じ

る。したがって宗教現象の意味を解読し、その構造に迫ることこそ、宗教学者に固有の課題である。エリアーデが述べるように、

宗教現象が宗教現象として認識されるのは、それ自身のレヴェルで把握される、つまり、何か宗教的なものとして研究される場合においてのみである。宗教現象の本質を、生理学、心理学、社会学、経済学、言語学、芸術学、あるいはその他の学問によって把握しようとするのは誤りである。それはまさに宗教現象にある唯一独自なもの、他に還元できないもの、つまり聖なるものという要素を逃してしまうからである。[6]

すなわち、宗教学が宗教学たりえるのは、聖なるものの還元不可能性を認め、そこから出発する限りにおいてであるといえよう。

しかしながら、エリアーデも述べるように、「歴史から外れた『純粋に』宗教的な資料は存在しない」。なぜなら、「あらゆる宗教体験は、個々の歴史的コンテクストの中で表現され、伝えられる」[7]からである。「聖なるもののあらわれ」、すなわちヒエロファニーは、人類のすべての歴史・文化・社会を通じて見られるものであるが、その形態は実に多種多様である。換言すれば、社会的、文化的影響をまったく受けないような宗教現象はありえない。もしあったとしても認識されえないということである。また、宗教体験のすべては、「事物の根元、すなわち究極のリアリティをあらわにしようとする」。しかしそのような宗教体験のすべての表現ないし概念の定式化は、「歴史的コンテクストの中に埋め込まれている」[8]。そしてそのことは、「宗教が人間の――個々の人間ばかりでなく人類全体の――存在と歴史からは切り離すことのできないもの」[9]であるということを意味している。

宗教学は、人類の歴史において体験された個々の特殊な具体的、実存的なヒエロファニーを通してのみ、聖なるも

のを認識するのであり、したがって宗教学者は、宗教現象が何を「語ろうとしているか」を解読するために、それらの現象の歴史的あらわれのすべてを利用する。その限りにおいて宗教学とは、宗教的事実を、それのあるままに、つまりそのあらわれの特殊な面において研究することでもあるといえよう。なぜなら、「宗教的事実が常に完全に歴史へ還元されるのではないにしても、このあらわれの特殊な面は常に歴史的であり、具体的であり、実存的である」(10)からである。それゆえ宗教学者は、「歴史的―宗教的事実を考慮に入れつつ、歴史的パースペクティヴにおいてその資料を体系づけるよう」(11)努力しなければならない。

ここにおいて、宗教現象は常に歴史的コンテクストの中で立ちあらわれるというときの、その「歴史」の意味を問うことが、「歴史的パースペクティヴ」を「歴史主義的パースペクティヴ」から区別するためにも必要となってくる。ここで歴史主義とは、一切を歴史的に生起するものとして把握する立場のことを指す。そこではすべての現象が歴史に還元され、人間的生の歴史的側面が強調され、個体の無限の豊かさと固有の発展性とが重視される。しかしこの流れは、結局、二〇世紀に入って、すべての現象を、したがってまたすべての概念も歴史的であると見なす「歴史的相対主義」に陥ってしまった。すなわち、ヴィルヘルム・ディルタイ（**Wilhelm Dilthey**）の例に見られるように、人間の存在は――よりディルタイ風に言うと、「生」のあり方は――、歴史的であるがゆえに相対的である、というディレンマ、あるいは別の次元で言えば、「生」の歴史的相対性と「精神科学」（**Geisteswissenschaften**）の要求する普遍妥当性（**Allgemeingültigkeit**）との間のディレンマに陥ってしまったのである。

この問題は、近代ヨーロッパに特徴的な時間観念と密接に結びついている。時間を逆転不可能な直線的時間として捉えた近代ヨーロッパ人は、自ら「意識的かつ自発的に歴史を創造する『歴史的人間』」であろうとした。そして円環的時間を生きるアルカイックな宗教を、「未開《プリミティヴ》」なものとして蔑視し、常に「歴史」を創造する側、「歴史的エリート」の側に立とうとしたのである(12)。「歴史的人間」の歴史観においては、あらゆる歴史的出来事は、それが歴史的事実であるという単にそれだけの理由で「客観化」され「正当化」されてしまう。そしてそのことは、それらの「歴史的」出来事によって引き起こされるさまざまな混乱や矛盾に対する「恐怖」から、人類を、とりわけ歴史的エリートとなりえなかった人々を、解放するものでは決してない。なぜなら、すべての歴史的事象を「事実」として正当化してしまうような歴史観においては、「人間の、他者に対する行為と結びついた『悪』の問題」[13]に対しては、何ら積極的な関連性を持ちえないからである。歴史主義的な意味での「歴史」は、必然的にしてかつ絶対的であるがゆえに、人類にとって一つの——きわめて深刻な——「恐怖」となる。

このような歴史観を持つ歴史的エリートを魅了した概念の一つが、「進歩」(progress)の観念であった。この「進歩」の思想は、歴史が神の意図に従って予定された終末へといたるものであるという、ユダヤ教・キリスト教の歴史観に裏づけられたものであり、したがってドグマティックな様相を色濃く帯びたものであった[14]。このような進歩史観は、産業革命の成功と資本主義の発達によって経済的富を飛躍的に増大させた欧米人に、「選民」としての自信を与え、植民地主義＝経済的帝国主義およびキリスト教世界宣教運動＝宗教的帝国主義に、「聖書的」意味付けを許すものであった。

一九世紀における欧米列強の進歩の背後にはまた、「近代性」(modernity)と「世俗主義」(secularism, secularity)という、ともにルネッサンス期にまで遡りうる、相互に関係した二つの問題が潜在していた[15]。周知のように、ルネッサンス運動は、人間中心主義を前面に押し出すことによって、「世俗主義」に道を開いた。以後、歴史は神の司る救済の歴史ではなく、西ヨーロッパ文明そのものが「世俗的救済」であると見なされるようになる。そしてこの「世俗化」は、理性による普遍妥当的な理解の新しいあり方を追求する「批判的研究方法」を駆使して宗教の規範的意味を剥奪しようとする啓蒙主義によって、さらに推し進められたのである[16]。

かかる世俗化＝近代化は、「西洋化する」ことが「進歩」であると信じる西洋中心主義のイデオロギーにとらわれた西洋人によって非西洋へともたらされ、その結果、西洋は非西洋に対して、「あらゆる文化・社会の伝統の存在価値を西洋文明の尺度によって評価し、西洋文明をモデルとして改革」(17)していく。

近代ヨーロッパの中で生まれてきた宗教研究の伝統も、そのような「進歩史観」の影響を免れることが困難であったのであり、かかる意味で現代の宗教学者は、個々のヒエロファニーを歴史的コンテクストの中で理解する「歴史学的」アプローチを採用すると同時に、人類の宗教の歴史という観点から「近代」そのものを、そして「歴史」そのものを問い直すことを余儀なくされていると言えよう。つまり、宗教学は、自らの「歴史」と対決することなしには、人類の歴史を問うことができないのである。

かかる状況を真摯に受け取るならば、「歴史」というカテゴリーが批判的に問い直されねばならないことは言うまでもない。本書は、このカテゴリーが宗教学を含む近代の諸学問において占めてきた（かつ占めている）位置に対して、批判的スタンスをとることを常に意識しつつ、以下のように、重層的な意味をこめて「歴史」概念を用いる。すなわち、本書における「歴史」は、過去の一連の出来事を意味すると同時に、それら一連の出来事の叙述を意味する。また、時間意識のレベルから見るならば「歴史」とは、過去から未来へという一方向的直線的な時間の流れの体験およびその表現として規定することも可能である。さらに宗教学の視点から、本書では「歴史」に、一方で、一方向的直線的な時間の流れにおいて体験されたことの絶対的不可逆性を認識することによってもたらされる「虚無」や「抑圧」や「矛盾」や「疎外」として迫り来るもの——「恐怖」としての歴史——という意味と、他方で、それらのいわば「戦慄すべき秘義《ミステリウム・トレメンドゥム》」としての「歴史」体験を統合的に理解可能なものとするような解釈の枠組み——救済史ないし「聖なる歴史」——という意味の、両義的な意味があることを考慮して、論述を進めたい。

さて、本書は聖伝の宗教的意味を問おうとしているが、その基本的な方法論的枠組みは宗教学のそれに従う。すでに論じたように、宗教学の方法論には、聖なるものの普遍的構造を明らかにしようとする「現象学的」アプローチと、歴史の中に見られる個々のヒエロファニーをそのコンテクストにおいて理解しようとする「歴史学的」アプローチとの、二つの方向が見られる。その場合、『現象学』には、構造と意味の研究に従事する学者が、『歴史学』の場合には、宗教現象をその歴史的コンテクストにおいて理解する学者が含まれる」[18]。

しかし、「宗教学は一方で現象学的なるものの視点に立ちつつ、他方で記述的歴史的研究と取り組まねばならない」[19]。なぜならその二つは、宗教学の切り離すことのできない二つの側面であり、宗教学はその二つの課題、すなわち人類の宗教史の歴史学的研究と体系的研究との両方を通して初めて、宗教現象の「統合的理解」に達することができるからである。換言すれば、「宗教現象の構造的普遍性は文化的・歴史的特殊性をとおしてのみ表現され、体験されるのであり、文化的・歴史的特殊性はまた普遍的・構造的なるものの光に照らされてはじめて把握されるのである」[20]。

ラファエル・ペッタツォーニ（Raffaele Pettazzoni）によれば、宗教現象学とは歴史の宗教的理解である。それは宗教的次元における歴史である。宗教現象学と宗教史学とは、二つの独立した学ではなく、「宗教についての統合的な学の二つの補完的な面であり、そのようなものとしての宗教学は、それ固有の適切な主題によって与えられたところの、はっきりと限定された性格を有している」[21]。つまり、歴史的特殊と現象学的普遍のそれぞれの理解は、循環的・相補的に相互を必要としているのである[22]。「歴史の宗教的理解」としての宗教現象学の中心的概念は、エリアーデによれば、「聖なるものの弁証法」と「宗教的象徴の整合的普遍的体系」である。「前者によってエリアーデは、宗教現象を非宗教現象から区別し、後者によって宗教的表現の特別の意味を解釈する」[23]。

宗教学が宗教現象の統合的理解をその中心的課題にすえる限り、宗教学は解釈の問題と取り組むことを避けられない。なぜなら、「理解ということは、解釈されて初めて成立する」[24]からである。その意味で宗教学は解釈学でもある。ヨワヒム・ワッハ（Joachim Wach）以来、宗教学（Religions-wissenschaft, History of Religion(s)）の方法論が常にその中心的課題としてきたのも、まさに解釈（学）の問題であった。

この「解釈」という営みは、個々の文化において長い歴史的背景を持っているが、テクストを解釈する「方法」が体系化され「学」にまで高められたのは、フリードリヒ・シュライアーマッハー（Friedrich Schleiermacher）の功績によるところが大きい。とりわけシュライアーマッハーがその「一般的解釈学」において論じた、部分と全体の関係の問題は、宗教学にとっても示唆的である。すなわち、「われわれは、常に部分においてのみ全体を知り、全体を通してのみ部分を知る」[25]というシュライアーマッハーの公理は、一般的解釈学のみならず、解釈学としての宗教学にとっても中心的な命題であるといえよう[26]。なぜなら、このことを通して、個々の宗教現象と宗教それ自体との構造的連関が明らかになり、また宗教史学と宗教現象学の間の相補的関係が裏付けられるからである。

解釈学の体系のもう一人の大家であるアウグスト・ベック（August Böckh）は、宗教学にとって重要な二つの解釈学的基準を提示した。すなわち、（一）疎遠なものは研究者によって自らのものとして同化されるべきであるということ、および（二）それがなされたとき、研究者は自らのものとなったものを、評価されうる何か客観的なものとして観察できなければならないということ、である[27]。

他方、シュライアーマッハーの解釈学の体系を継承し、そこに「歴史」および「生」の概念を持ちこむことによって、いわゆる「精神科学」の基礎付けとしての解釈学を打ち立てたのが、ディルタイである。ディルタイは、その精神科学の方法論的根拠として、体験、表現、理解の三層構造を考えた。この連関は、人間存在の基本構造であり、同時にまた、他者とのかかわりの基本構造でもある。体験は、常に自己を客観化する、つまり表現することを促す。そしてこの「表現」という行為が、他者を理解する上で重要な鍵となるものであり、同時に自己理解を可能にするものであるとされた[28]。その著作においてディルタイは、「体験、表現、理解の間の関係、また自己についての知識と他者についての知識とが相互に依存し合うこと、さらに……社会的集団と歴史的過程との理解」[29]を研究することによって、新しい哲学の地平を切り開き、さらにこれらの問題——例えば「歴史的研究、比較方法、および体験、表現、理解の関係に対する関心」[30]――は、ワッハを通じて、宗教学の重要な課題として受容されてきている[31]。

ディルタイからワッハにいたる解釈学の流れを継承・展開する宗教学者は、「歴史的―宗教的事実を考慮に入れつつ、歴史的パースペクティヴ――資料の具体性を保証する唯一のパースペクティヴ――においてその資料を系統立てることに全力を尽く」[32]さなければならない。そして歴史的・文化的コンテクストの中に置かれて初めて具体的なものとなる個々の宗教現象の解釈は、人類の歴史のすべての宗教現象に「開かれて」、宗教現象の意味の解読と理解に寄与する「包括的解釈学」（total hermeneutics）[33]としての宗教学になるのである。

宗教学が解釈学でもあるということの別の側面は、宗教現象を理解するために民族学、心理学、社会学等の諸学問の成果を統合することが、宗教学者に課せられた使命であるということを意味している[34]。なぜなら宗教現象は、その「歴史」の外側で、すなわち文化的・社会的・経済的・政治的コンテクストの枠組みから離れて単独に存在するものではなく、またしたがって「宗教的人間」は〈全人〉（total man）でもあるからである[35]。それゆえ「宗教学は、その使用すべき意味において、包括的な学にならなければならない」のであり、また「宗教現象に対するさまざまなアプローチの方法によって獲得された諸成果を統合し、関連付けなければならない」[36]。その際、宗教学者の仕事は、「さまざまな専門家たちの代理をすること」ではなく、むしろおのおのの分野の専門家たちによってなされた研究の発展を知ることであり、そのとき「宗教学者は、文献学者としてではなく、解釈学者として振舞う」[37]。

この解釈の営みは、「まさにモンテスキュー、ヴォルテール、ヘルダー、ヘーゲルらが、人間の制度とその歴史とを考察するという課題に没頭したときのように」[38]、創造的なものであった。この「創造的解釈学」（creative hermeneutics）は、それまで知られていなかった新しい意味を開示するがゆえに、人間を「変える」[39]。

先に、「歴史」の考察を通して、西ヨーロッパを中心とした「近代」の構造に言及したが、近代（および現代）という歴史的状況は、人類の宗教史全体から見ると、重大な危機的状況でもある。例えば、急激な都市化とそれに伴う新たな貧困層と難民の急増、解決策が見出せない全地球規模の環境破壊、ますます深刻化する南北間の構造的な経済格差など、いたるところで人間が疎外され、生活が「非‐聖化」される状況が展開している。一方、そのような「非‐聖化＝非‐人間化」に対し、とりわけ「第三世界」「被‐植民地世界」において、生の宗教的意味のリアリティを回復しようとして、世界中で民衆宗教の運動が誕生している。これらの「民衆のための」、「民衆による」、「民衆の」宗教こそ、近現代の人間が置かれている危機的状況を、宇宙創造に先立つ、根元的原初的なカオスにもたらすことによって、新しい宗教的コスモスを打ち立てようとする運動であり[40]、新しい宗教的世界の統合の運動、チャールズ・ロング（Charles Long）が「ニュー・アーケイズム」（New Archaism）と呼ぶ運動なのである[41]。それらには「深く人間性に根ざした必然性」があり、多くの場合、それらにおいて「人間として『生きられる』世界の追求」がなされているがゆえに、宗教学にとってそれらの運動の重要性は看過できない[42]。

これらの民衆宗教に限らず宗教の本来的な働きには、人間の生活全体に∧意味∨を与えることが含まれており、また一方で宗教は、社会・文化全体の基盤として、人間のあり方や社会・文化の目的について普遍的な立場からその方向を指示する側面があり、それゆえにこそ「歴史」の宗教的意味を完全に理解することが宗教学の最も重要な課題の一つとされるのである[43]。言い換えれば、近現代の危機的状況において、「人間の存在と歴史の意味とを、人類の宗教体験の表われとしての宗教史に基づいた、広い意味の宗教的意味を解明、理解し、その学問的労作によって、『新しい人間主義』（New Humanism）をはぐくみ、育てることに貢献すること」[44]こそ、宗教学が担うべき課題なのである。

以上述べてきたことを概略すれば、宗教学の目的は、人類の宗教体験および歴史におけるその多様なあらわれの本質と構造とを明らかにすることにある。換言すれば宗教学は、人類の宗教体験とその表現の宗教的意味を、さまざまな宗教的データの統合的理解によって解明しようとするのである。したがって、宗教学の研究は特殊な宗教的データの歴史的研究から始まるが、それは常に人類の宗教体験「全体」の「部分」として扱われる。このようなものとしての宗教学は、ディルタイ以来の解釈学の伝統を方法論的に継承しつつ、ある時ある場所においてある人々によって体験された宗教的意味を、その全体的意味の理解へともたらすために再解釈する。部分に対するこの「全体の優越」、すなわち、歴史的次元と体系的次元の統合に基づく包括的な方法論的枠組みと、多様な宗教現象の「意味」について一般的な陳述を展開しようとする志向性とに導かれて、人類の宗教体験とその表現の「統合的理解」を目指すことが、宗教学の課題である[45]。

もちろん言うまでもなく、聖伝に限らず、すべての宗教現象は、同時に、歴史的、社会的、心理的、文化的現象である[46]。したがって宗教現象の意味を統合的に理解しようとする宗教学は、さまざまな角度から宗教現象にアプローチする諸学問の成果を最大限利用しうるし、また可能な限りそうせねばならない。本書でも、聖徳太子伝を中心に聖伝の宗教的意味を統合的に理解するという目的にそって、歴史学をはじめ、仏教学、文学、民俗学、社会学などの成果を参照する。しかし、宗教現象の本質を理解するためには、それを何か他の現象に還元するのではなく、それ固有の様態において、すなわち「聖なるものの顕れ」として、扱わねばならない。それを離れて宗教学の学問としての存在意義はないと言える。その意味で本論は、宗教学以外の諸分野の研究成果を批判的に検証しつつも、あくまでも聖徳太子伝が「聖伝」として認識される地平に立脚することを心がける。なぜなら、聖伝の宗教的構造が明らかにされるのは、その地平をおいて他にないからである。

以下、本論においては、まず聖伝を宗教学的に取り扱うための予備的考察を行い（第一章）、次に厩戸王＝聖徳太子の「原像」を伝記的に再構成しつつ、それが『日本書紀』における聖徳太子聖人観へと展開する宗教的・政治的背景を考察する（第二章）。その上で、『日本書紀』の用明・推古紀に見える聖徳太子関係の記事を中心に、その歴史叙述を通して呈示される「聖徳太子」のイメージの歴史的・宗教的意味を解釈する（第三章）。そして、このイメージを土壌として聖徳太子信仰が歴史的に展開する諸相を、個別の太子伝と太子カルトを対比させながら跡付ける（第四章）。さらに、聖徳太子伝の中で最も重要なものの一つである『聖徳太子伝暦』を中心に、その象徴的意味を比較宗教学的に解釈する（第五章）。そして最後に、『聖徳太子伝暦』において太子自身が過去と未来を語るその「語り」を通して、歴史を整合的に理解するための枠組みを提供する聖伝の宗教的構造を論じ、神話と歴史が聖伝において統合される解釈学的枠組みを明らかにする（第六章）。

第一章　聖伝の宗教学的研究のための予備的考察

第一節　聖伝とは何か

これまでの宗教研究において、教祖や聖者・聖人など宗教的な人物についての研究が重要な位置を占めてきたことは疑いえない(1)。しかし、それらの研究がしばしば依拠している、教祖や聖者・聖人についての伝記そのものの宗教的意味についての比較宗教学的研究は、私見の及ぶ限り、非常に少ない(2)。本書は、かかる学問的状況に鑑み、そのような宗教的人格をめぐって産み出された伝記を、「聖なる伝記」(聖伝(3))という宗教学のカテゴリーによって捉え直し、その宗教的構造に考察を加えることを目的としている。

自明のことではあるが、聖なる伝記とは、まず第一に伝記である。『広辞苑』(第五版)によれば、「伝記」には、「個人一生の事績を中心とした記録」と、「あることについて語り伝えられてきた記録」という大きく二つの意味がある。本書でいう伝記とは、前者の意味において用いられる(4)。また、中国でも「伝記」は、「人の一代のことをしるした記録」を意味する他に、「賢人の書いた書を伝、事実をしるしたものを記という」(5)。英語の biography は、ギリシャ語で生(life)を意味する bio に、記述(writing)を意味する graphy が結びついた biographia に由来し、そこから、「ある生（普通、人間の生）の生涯」、「ある人物の生涯についての記述」、「人間の生涯を扱う文学」の三つの意味が生じたとされる[6]。

伝記の歴史は古代にまで遡ることができるが、伝記が西洋において文学の一ジャンルとして認識されるようになったのは、ようやく一八世紀以降のことであるという[7]。すなわち、一八世紀に生じた個人主義の台頭が、伝記に新しい意味を与え、それと同時に、伝記、とりわけ自伝が、「個人」を表現する手段として確立されたといわれる[8]。西洋の伝記の伝統は、少なくとも古代エジプトの墓碑にまで遡行しうるが、それとは対照的に、伝記が固有のものとして意識されるのは、一八世紀初期に個人主義が台頭し、作家たちが個人の独自性にますます関心を抱くようになり、その結果、伝記がある人間の生涯を描いた話として脚光を浴びるようになってからのことであったという。

しかし、ここで問題にしようとしているのは、西洋における伝記「発見」の文学史的意義ではない。むろん、伝記一般に言えることであるが、それによって記述される「個人」が伝記にとって第一義的に重要であることは、何も「個人主義」に限ったことではない。近代以前の西洋、また西洋以外においても、「個人」の伝記の伝統は認められる。もちろん、「個人」の意味は時代や文化によって多様であり、一義的には論じられない。

さて、聖伝は伝記であるが、それは聖なる伝記であり、それが聖なる伝記であるのは、対象とされる人物が「聖なる人間」として記述されているからに他ならない。言い換えれば、ある人間を通して歴史に顕現する聖なるものを記述することが聖伝を特徴づけるのであり、したがって聖伝は、対象となる「個人」を歴史的存在者として描きながら、同時にそこでは、その「個人」を媒介としてあらわになる、超越的なるもの、永遠なるものが表現され、解釈される。そこに、聖伝一般を特徴づける、「神話＝歴史的」（**mytho-historical**）な叙述のスタイルが要請される。聖伝に登場する人物には、さまざまな象徴的エピソードが付随するが、神秘と謎に満ちたそれらの出来事のシンボリックな意味の理解は、それら全体を整合的かつ統合的に理解させる聖伝の構想力にかかっている。その全体的理解の枠組みを提供するのが、聖なる人物の「人生」なのである。そのような見地からすれば、イエスの生涯やブッダの生涯や聖徳太子の生涯は、いずれも、そこにおいて多くの宗教的象徴が有機的に結びついて一つの宗教的宇宙を形成する「範例《パラダイム》」であり、また「歴史的原型《ヒストリカル・プロトタイプ》」であるといえる。

聖なる伝記は、一方で神話、他方で伝記という二つのジャンルにまたがる概念である。この二つのジャンルを横断する点に、聖なる伝記の独自性も見出される。しかしながら、一方で、超越的な神やその他の超自然的な（ものと見なされる）存在に関する聖なる物語である神話と異なり、聖なる伝記は、独立した人生として語られる一人の人間の生を叙述しようとする意図に貫かれている。また他方、一般に、ある人間の人生について客観的に信頼しうる内容を再構成しようとする試みとして位置づけることの可能な世俗的伝記と異なり、聖なる伝記の対象は、「神によって計画された救済に従事し、そのような救済を権威づける『召命』や予見《ヴィジョン》の所有者であり、絶対確実な知識ないし超自然的な力をもった存在」(9)として描かれる。

多くの宗教伝統において、聖伝は聖なる人間についてのイマジネーションを喚起し、信念を具象化し、実践を方向付けてきた。宗教的人物の生涯に対する関心は、その時間的・空間的限定を――すなわちその歴史的制約性を――超克しつつ、繰り返し新たな聖者のイメージを求め続けてきたのであって、その歴史はそのまま聖伝の歴史でもある(10)。

先に述べたように、聖なる伝記が聖なるものであるのは、まず第一に、それが「聖なる人間」について書かれた伝記であるという、まさにその点に依拠している。「聖なる人間」は世界中のさまざまな宗教伝統に見られる宗教現象であるが、その現象は、歴史的に見れば、しばしばその人物の神格化のプロセスを伴う。このような「聖なる人間」は、生身の人間として、その思想も言行も、そしてまたその人格も多様であるが、個々の「聖なる人間」について伝記が書かれるようになると、それらの叙述を通して、その人物の神格化・神話化が促進される。記述の対象となる個人の個性によってしばしば規定される俗なる伝記と異なり、聖伝は、「歴史的」個人と「神話的」イメージを重ね合わせて「伝記的モデル」を構成するが、そのモデルに適合するように描かれることで、対象人物の神話化・神格化が促進されるのである。

日本の宗教においても、教祖や宗祖、あるいは聖者的な人物を神格化する傾向が見られるということが、しばしば指摘されてきた。そのような傾向の根拠を、例えば堀一郎は人‐神信仰の系譜に求め、宮田登は生き神信仰および霊神信仰の伝統に求める。両者は、「人を神に祀る習俗」が日本の民俗信仰に特徴的であると主張する点で共通している(11)。また、中村元は、広く指導者崇拝を論じながら、日本人が、別の領域に住んでいると信じられていて容易に近づくことのできない神々に対する崇拝では満足できず、自分たちにより近いカリスマ的な人物や傑出した宗教的指導者に帰依する傾向にあるという点を指摘している(12)。しかしながら、上述したとおり、聖なる人間の神格化は多くの宗教伝統に共通の現象であり、そのことを軽視ないし無視して日本の宗教伝統におけるヒト＝カミないしヒト＝ホトケの親和性をいたずらに強調するのは、「文化的特殊性」への偏向に陥る恐れがある(13)。また、「人‐神」ないし「生き神」という宗教現象の根源的な問題が宗教学に深められていない。

宗教学にとってより重要な問題は、ある特定の人々だけが「聖なる人間」として神格化の対象とされる、そのことの宗教的意味である。もちろん、カリスマ的な指導者のすべてが無制限に神格化されるわけではない。「聖なる人間」はただ「聖なる人間」であるという理由だけで崇拝され、神格化されるのではなく、その聖性がある種の宗教現象を典型的に示しているような人物、すなわちワッハが「クラシカル」な聖なる人物と呼ぶような人物だけが、歴史や文化の相対性を超えて広く崇拝の対象となりうるのである(14)。ここで第一に考慮すべきことは、ある特定の「聖なる人間」が「クラシカル」であるとされるのは、いかなる理由によるのかという問題である。ある人々が「聖なる人間」と見なされうるのは、それらの人々の人格や行いや生き様が、それぞれ、日常的なものとは異なる存在様態をあらわにしているからであろう。しかもその「聖なる存在様態」のあらわれ方は、それぞれの社会的・文化的・歴史的特殊性を強く反映している。それに対し、ある特定の「聖なる人間」が「クラシカルな人物」として神格化や神話化の対象とされ、さらに崇拝の対象とされるのは、それらの人物の人格や言行の独自性（ないし個性）によるというよりも、その独自性の中に、個々の社会的・文化的・歴史的特殊性を超越していく契機が認められるからである。換言すれば、その宗教的人格の聖性が拠って立つところの宗教体験がその個人の領域を超えて広く共有されうるからである。

このことの宗教的・象徴的・社会（学）的意味を理解する上で、聖なる伝記の研究は重要な問題を示唆している。例えば、聖徳太子や行基、弘法大師など、日本仏教のみならず日本宗教全体の「クラシカル」な人物について書かれた聖伝の理解という点からすれば、これらの宗教者が、実際にどのような人物であり、実際に何を行ったかも重要であるが、ある特定の人々によって、彼らがいかなる人物であると見なされ、何をなしたと信じられているかもまた、宗教学的には重要である。すなわち、これらの「聖なる人間」に関する記憶は、しばしば彼らに対する帰依者たちの救済論的切望によってそのつど再構成されていくのであり、それゆえに聖者たちの個々の「生」は、それぞれの社会的・文化的・歴史的特殊性に根ざしつつも、それらを超越していくことが可能になるのである[15]。したがって、聖なる伝記が聖なる伝記たりうるのは、それが対象とする「聖なる人間」がどれだけ「クラシカル」な人物として描かれているかに依存しているといってもよい。本書が主たる考察の対象として聖徳太子伝を選んだのも、聖徳太子が古代より、日本の宗教においてすぐれて「クラシカル」な聖者と見なされてきたからである。それゆえにまた、多くの宗派に分かれた日本仏教において、一人聖徳太子のみが、「上宮聖徳法王」と呼ばれ、「上宮皇太子菩薩」と称えられ、また「和国の教主聖徳皇」として和讃に歌われながら、共通の祖師としてあがめられてきたのであろう[16]。

第二節　先行する聖伝研究の批判的概観

聖なる伝記それ自体の歴史は、おそらく人間の文字文化の黎明期にまで遡ることができるだろうが、聖なる伝記というスタイルが批判的研究の一つの対象となったのは、西洋においては、実証主義ないし客観的歴史主義の神学への影響が高まる一九世紀、特にその後半のことであった。この時代には、イエスに関する聖なる伝記を、それ独自の構造と法則を持った口承ないし文字文学の一ジャンルとして捉えつつ、ナザレのイエスの生涯に関する「事実」を、信仰による「偽造」とキリスト教の「ドグマ」から解放しようとする試みが見られるようになった。そのことは、福音書の歴史性を意識化することと相互に関連しながら、並行して進行し、例えばA・シュバイツァーが『イエスの生涯』（一九〇一年）や『イエス伝研究史』（一九〇六年）において提示してみせたような「歴史的イエスへの問い」として結実した。さらに二〇世紀に入ると、福音書の中のイエスに関する伝記的記述の「歴史性」や「信憑性」を問い、「フィクション」と「事実」を選別する代わりに、福音書を独自の信仰文学（devotional literature）の一形式と見なし、初期教会共同体の独自の意図と規範が反映されたものとして扱うようになった[17]。

このような流れを受けて、例えばドイツの新約聖書学者M・ディベリウスは、*Die Formsgeshichte des Evangeliums*（『福音書の様式史』）[18]を著し、宗教の文学史的研究方法を共観福音書の解釈に敷衍して、いわゆる様式史的研究法を確立することに成功した。この方法論において画期的だったのは、初期キリスト教共同体の理想と期待とが、イエスの生涯に関する出来事を記録・記述・編纂する上で決定的に重要な役割を果たしたことを示す一方で、文化や宗教伝統上の差異を超越して、聖なる人間の生涯を記述するという宗教的営みそのものに本質的に内在する、「常に更新される定式化へといいたる伝記的類推の法則」（the law of biographical analogy）を発見したことである。この法則に基づいてディベリウスは、聖なる人間についての伝記がある一定の「形式」に収斂していく傾向にあること、聖伝が、聖なる人間の人生を一連の超自然的な出来事によって説明しようとする、一定の定式化された観念に基づいていることを洞察したのである。この観念は、奇跡的出来事を伴う出生、将来の召命を予感させる青年時代のエピソード、自らの死の予告、そして肉体的死の克服などのモチーフによって彩られている[19]。

ディベリウスが提示した法則には、ある宗教共同体による、その教祖についての伝記的エクリチュールという活動に必然的に付随する信仰上の意図が暗黙のうちに含まれている。このことを宗教社会学的に解明しようとしたのがワッハである。ワッハは、「教祖」ということばを「ある人物の固有の性質や活動を示すのではなく、そのカリスマの歴史的社会学的結果をさす」[20]ために用いることで、教祖とその宗教共同体が、少なくとも社会学的意味において、相互に形成し合う関係にあることを指摘し、とりわけ宗教共同体がその教祖を〈創造〉していく過程の中で、「聖者伝の発展」(hagiographical development)の役割が決定的に重要であることを示唆している[21]。ワッハは、イエス、ブッダ、ジナ(ジャイナ)、ゾロアスター、マニ、ムハンマド、孔子、老子などの教祖伝を比較検討して、それらに一定の共通の構造を見出しているが、ここでの「教祖」も、上記の宗教社会学的意味におけるそれであることを理解すれば、ワッハが教祖の宗教の展開においてその弟子たちの共同体が果たした役割を重視したことも得心がいくであろう[22]。

一つの宗教的・文学的ジャンルとして聖なる伝記を扱い、その独自の法則を探求しようとする、ディベリウスによって先鞭をつけられた学問的営みの、比較宗教研究の分野におけるほとんど唯一の成果は、F・レイノルズとD・カップスの編集による The Biographical Process(1976)であるといってよい[23]。一方、聖なる伝記を通じて教祖や聖者に投影された理想に看取される共同体の宗教的願望と、所与の歴史的・社会的・政治的・文化的コンテクストの影響との連関も重要なトピックとなってきているが、その嚆矢的研究としては、例えば古代キリスト教を論じたP・ブラウンや、中世キリスト教に焦点をあてるC・W・バイナムの諸研究がある[24]。前者による「二層」モデル批判や、後者による身体の宗教的シンボリズムの解釈は、コンテクストの中で聖者伝を読み進めるその方法論とともに、聖者伝研究一般にとって示唆に富むものである。さらに、上座部仏教における聖者伝（avadāna 譬喩経典）生成の批判的検討を通して現代タイの宗教的・政治的構造を構成してみせたS・タンバイアの研究や、北インドおよび東南アジアの民衆仏教におけるウパグプタ（優婆毱多）の伝記とウパグプタ崇拝をめぐる儀礼とに関するJ・ストロングの統合的研究も合わせて注目に値しよう(25)。

レイノルズとカップスは、聖伝において、対象人物の人間性を反映したエピソードを入れることでその人物を「人間化」（humanize）しようとする傾向と、人間存在にまつわるさまざまな弱さや欠点を削除することで対象を「霊化」（spiritualize）しようとする傾向の二つが見られることを指摘している(26)。このことを、聖なる伝記の「法則」という観点から論じるならば、それは聖なる伝記に内在する歴史と神話の葛藤――より正確に言えば歴史的志向性と神話的志向性の葛藤――と、その救済論的止揚の問題と捉えることが可能である。この葛藤はしかし、しばしば誤解されるように、事実（fact）と空想（fantasy）の葛藤と同等視されてはならない。歴史も神話もそれぞれに、それ独自の志向性に従って、ファクトとファンタジーのアマルガムとして成立している。ここで志向性の違いとは、歴史がある出来事の記憶をできるだけ「正しく記述」しようとする意図に基づいているのに対し、神話はその出来事が歴史以前の始源の時において――エリアーデのいう「かの時に」（*in illo tempore*）――いかなる意味を持っていたかをできるだけ「正しく理解」しようとする意図に基づいている、という点である。その意味で両者は、それぞれに規範的である。歴史がその規範性を、その歴史が書かれる同時代に時間的に連続するものとしての過去（および未来）を意味づけ、構成するためのメルクマールとする、したがってその意味で現在中心であるのに対し、神話はその規範性を、時間的に不連続な「かの時」に求め、その地平に立って、過去から現在を経て未来へといたる時間の流れ（すなわち「歴史」）全体を意味づけようとする、したがってその意味で現在を絶えず脱中心化していくものである(27)。

時間の観念に対するこの両者の志向性の葛藤とその止揚とは、聖なる伝記において最も顕著にあらわれる。一般に、伝記の対象となる人物の死（すでに生前からの場合もあるが）から時間的に近い時点で書かれた伝記に歴史的側面が強く、時間的に離れるにしたがって神話的側面が強く強調されるという傾向が見られるとはいえ、いずれか一方だけでは聖なる伝記は成立しない。一方で、ある「聖なる人物」についての神話的語りは、その人物をして社会的・文化的・歴史的特殊性を超越していくことを可能たらしめ、そのことによって時間を超えて働く「クラシカル」な救済者のイメージを喚起する力を聖なる伝記に保証する。他方、救済の体験は、その人物についての聖なる伝記を語り伝える者たち、書き表す者たち、そして読み・聞く者たち——すなわち聖伝の共同体——が、生き、苦しみ、救いを求めているこの時間と連続した過去のある時間に——したがって「今、ここで」——当の「聖なる人物」が、同じように生き、苦しみ、そして救いを求めていた（いる）という「事実」についての歴史的記述の力にかかっている。この両者の力を借りることによって初めて、聖なる伝記はその「伝記的イマジネーション」を十分に働かせることができるのである。

ここでひとまず結論的に述べるならば、「聖なる人間」は歴史的・文化的に特殊なコンテクストにおいて、その特殊性を通して「聖なるもの」をあらわす、したがってその救済の力はそれぞれのコンテクストの特殊性を超え出ることがないのに対し、その「聖なる人間」が「クラシカル」な存在として見なされると、そこに歴史的・文化的なコンテクストを超越する契機が生まれ、それゆえに時代を超えて救済の力を維持する。重要なのは、単に「聖なる人間」を求めるだけでなく、そこに「クラシカル」（範型的）な救済者のモデルを求めようとする——そしてそのことによって歴史的時間の疎外と悲劇性とを乗り越えようとする——宗教的願望が、普遍的な宗教現象であると考えうる点であり、その点をさらに深く理解する上で、聖なる伝記の宗教学的研究は重要な意義を有している(28)。

第三節　神話の観点から見た聖伝

宗教体験の表現とその意味を統合的に理解しようとする宗教学にとって、神話が開示する世界の解明が重要な課題であることは言うまでもない。なぜなら、神話において世界は人間に「語り」、神話を通して世界が人間に「開かれる」からである。この意味で、世界は「言語」として自らをあらわにする。世界は、その存在様態、構造、リズムのすべてにおいて人間に「語り」かけ、その「ことば」の意味を理解する者に対して「開かれて」いる[29]。世界の意味があらわになるということは、同時にその中に生きている自己と他者の存在の意味が開示されるということであり、また「歴史の意味」が生き直されるということでもある。世界や自己や他者の存在の意味に対する問いは、同時にそれらの起源に対する問いを惹起する。この問いに対する答えを神話は提供する。すなわち、神話は原初のとき、「始め」の神話的時に起こった出来事を物語ることによって、宇宙や世界、社会や制度がいかにして実在としてもたらされたかを説明するのである[30]。

ここで重要なことは、神話は常に実在にかかわるがゆえに、「聖なる歴史」「真実の歴史」と見なされうるということである。神話を「作り話」として扱う近代的・世俗的な神話観に対し、神話が「生きられて」いるアルカイックな社会では、神話は「リアリティについての唯一の真実の啓示」[31]を与えるものとして受け取られている。それゆえにまた、宗教学にとって神話の研究は重要な意義を持っているのである。

神話は、単に記憶され、想起されることにその宗教的価値があるのではない。神話は、実際に体験され、儀礼的・象徴的に生きられることによって初めて神話としての働きをあらわす。近代の神話理解の多くがそのことを看過してきたことを痛切に批判したのはエリアーデであった。『神話と現実』においてエリアーデは、神話を次のように定義している。「神話は神聖な歴史（sacred history）を物語る。それは原初の時、始まりの伝説的な時（fabled time）に起こったできごとを物語るものである。いいかえれば、神話は超自然的存在の行為を通じて、実在がいかにしてもたらされたかを語る」[32]。このようなものとしての神話は、世界の起源、人間の起源のみならず、世界と人間の現在の状況の由来を語る。すなわち、人間や世界が今あるものとなっているのは、「かの時」の神話的出来事の結果であって、換言すれば、「人間はそれらの出来事によって構成されている」[33]。

同書においてエリアーデは、神話の五つの特性を挙げている。まず第一に、神話は超自然的存在の行為の話（History）を構成する。第二に、この話は、実在にかかわるがゆえに絶対的に真実で、超自然的存在のわざであるがゆえに神聖であると見なされ、ひいては「真実の歴史」と考えられている。第三に、神話は常に「創造」にかかわっている。それはものがどのようにして存在するにいたったか、振る舞いの型、制度、労働のやり方がどのようにして確立されたかなどを物語る。このことこそ、神話があらゆる重要な人間行為の模範となる理由である。第四に、神話を知ることによって、人はものの「起原」を知り、それゆえ、それらを意のままに扱い、操ることができる。これは「外面的」、「抽象的」な知識ではなく、神話を儀式的に物語ったり、神話が裏づける儀礼を営むことによって、人が儀礼的に「体験する」知識なのである。最後に、人は想起もしくは再演される出来事の持つ、心を高揚させる聖なる力によって捉えられるという意味において、神話を「生きる」ことになる[34]。

これらを宗教学のカテゴリーで捉え直すならば、神話は世界創造の宇宙論的な説明であり、その話が真実であるのは、意味と価値の源泉にかかわっているからである。神話を通して語られることば（ミュトス）は解釈を要求する象徴的言語であり、それゆえに神話を生きることは、常に創造的で解釈学的な宗教行為となる。神話が「聖なる歴史」であるとするエリアーデの見解は、神話において「歴史」的に語られた（ないし、歴史において「神話」的に語られた）宗教的人物の描写に、典型的に示されている。例えば『神話と夢想と秘儀』においてエリアーデは、人間としてのキリストに焦点をあてて、キリストは「神話的」人物ではなく「歴史的」人物だと主張する。しかしそれでもなお、「キリスト教徒の宗教的経験は、典型的モデルとしてのキリストに倣うこと」[35]であると言う。神話が人間の歴史において実現されるべき典型的モデルを与えるという彼の示唆は、聖なる伝記を神話と歴史の統合された宗教的表現様式の一つと見なす本書の見解にとって重要なものである。この見解によれば、神話と歴史は不連続のものではなく、聖なるものの体験とその表現に内在する複雑な相互作用を構造的にあらわしている[36]。

神話は、聖なるものについて語る。聖なるものの最も一般的な特徴は、それが普通のもの、俗なるもの、日常世界のものと異なることである。聖なるものの伝達において神話は、言葉以外の手段では不可能なものを可能にするが、その言葉は俗なるものについての言葉と異なる。それは、説明したり論じたりするのではなく、開示し、提示する[37]。

人間の志向性（オリエンタチオ）の全体性にかかわって宗教現象の理解を目指す宗教学にとって、宇宙の原初的意味を提示し、世界の存在根拠を開示する神話が重要な主題の一つであることは言うまでもない。しかし、問題となるのは、そこに語られている内容の真実性ではなく、神話がコスモスや社会や文明を説明する仕方に、いかなる宗教的構造が見出されるか、またその神話を神話として生きる宗教的人間にとって、その「として」生きることがいかなる宗教的意味を創造するのかということである。

エリアーデの神話論を通じて顕著なのは、古代的（**archaic**）人間と近代人との対照である。ここで「古代」「近代」という言葉を一元的時間論的に捉えてはならない。それは時代の新旧を表現するものではなく、むしろ存在様態の違いを示唆するものである[38]。エリアーデによれば、両者間の主要な相違は、前者が宇宙のリズムを基調とする神話的時間に生きているのに対し、後者は自己が歴史によって構成されていると考え、「歴史内存在」として生きている点に見出されるという。

神話的思考が志向するものにかかわってまず第一に言えることは、神話的思考が、生において出会われるさまざまな出来事とそれらによって構成されている世界とを∧意味∨を持ったものとして統合的に把握したいという、宗教的人間の根源的な願望に基づいている、ということである。世界を全体として理解しようとする志向性は、必然的にその始源に対する問いへと向けられる。それゆえ神話は、世界の起源に起こった出来事を強調する。神話は世界を基礎付けるのである。そのことからエリアーデやチャールズ・ロングは、宇宙創世神話（コスモゴニー）の重要性を繰り返し説いている。

しかし、宇宙創造は、しばしば誤解されているように、歴史的時間の「前」に限定されるわけではない。そのような誤った観念が、神話を一元論的な時間に還元してしまい、同時に神話の宗教的意味を文化的進化論の議論に結びつけてしまった。宇宙の創造は歴史を「超越」してはいるが、歴史の中でも起こりうる。それは歴史を超越しているがゆえに歴史を解体するが、人間の生は時間の流れとその中で生起してくる出来事から離れてはありえないので、したがって歴史の再創造を必要とする。宇宙の創造は、――少なくとも歴史の意識を有する人間にとって――同時に歴史の創造でもある。

このことは宗教体験とその表現において最もよく理解されうる。聖なるものの体験は、体験者にその解釈を迫るが、それによって体験者＝解釈者は、その宗教体験を中心として宇宙の意味（歴史の意味と言い換えてもよい）を全体的に捉えることが可能になる。体験の（時間的）前と（時間的）後は、体験＝解釈＝理解の一連の行為を中心として、統合され、意味づけられる。そのとき、体験が時間的に理解に先立つのでなく、むしろ体験と理解とが同時に生起する地平が開かれるのである。

第四節　神話の物語的構造と聖伝

神話（mythology）は、ギリシャ語の「物語」、あるいは「語られたこと」を意味するmythosに由来するが、その物語は、聖なるものについての物語、あるいは聖なるものと世界および人間との関係についての物語である[39]。したがって神話は、「聖」と「俗」という本質的に異なる二つの実在を前提としている。神話の中に語られる聖なる実在と向き合うことは、しばしば、存在の究極的な意味の解釈という宗教的営みの出発点となる。生きることに対する究極的な意味の中で存在し行為しようとする宗教的人間にとって、神話は、自分自身および世界の中に存在するものの、本来あるべき姿をリアルな形で気づかせるものであり、生きる目的となる究極的なヴィジョンを発見する手助けをし、そのことによって人間の生活が成立するための基礎を提供するものでもある。

換言すれば神話――特に宇宙論的神話、あるいは創造神話――は、宗教的人間の生活を方向づける意味の全体世界を基礎づける。「世界」という言葉は、ここでは、存在の全体性を意味するのではなく、人間の意識の地平と方向づけられた行動の全体像――〈日常経験の世界〉――を意味している。エリアーデは、「人々の神話や神学を理解することは、世界の中の彼らの存在様態を理解することだ」[40]と述べているが、神話を「生きている」人々にとっては、宇宙が存在することを始めた様子や、その中において最初の人間が果たした役割を語る物語は、究極的に人生の意味を考える際の根源的な源となる。創造神話は、人生の指標となる物語を提供することによって、人間がカオスと無意味性に陥ることを妨げるだけでなく、その人生を十分に生きる努力をするための枠組みを提供するのである。その意味で神話は、人生の深さを計る方法を行為者に開示する、あるいは入手可能とする[41]。

つい最近まで、神話は非科学的で非合理的な伝説であり、作り話（フィクション）であり、空想（ファンタジー）であるという考え方が一般的な近代的見方であった[42]。ここでいう近代とは、アダム・スミス、デカルト、ガリレオ、ベーコン、ニュートンなどの、経済、国家、科学、自然、そして人間の運命に関する相互に関連した考え方から醸成された一つの世界観――それも人類の歴史全体からするとかなり特殊な世界観――を指す。近代の特殊性は、とりわけその自然観および歴史観に顕著にあらわれる。すなわち、近代は自然を神聖なものではないと考える。また、歴史は進歩する、そして人間にとって物事はだんだん良くなるという観念も近代的思考を特徴づける。

近代は、近代以前の（ないし非近代的）考え方や価値観、すなわち伝統に対し、批判的に距離を取る。そのことによって近代は、一方で伝統的な社会的、道徳的束縛から解放され、近代に先立つ伝統的な観点から乖離した文化的雰囲気を採用することに成功した。他方、人間や自然や世界についての理解を科学的・数学的知識へと還元する近代は、神話を宗教的知恵や理解の源泉と見なしてきた伝統的主張を批判的に吟味し、上述したように、神話をフィクションやファンタジーとして取り扱うことで、その価値を相対化し始める。

もちろんこのような近代的な神話観は、神話は有意義であるだけでなく真実でもあると考える伝統文化の態度と対照的である。しかし、近代の観点からすれば、実証不可能な「神話」を真実の物語として受け入れることは非理性的なことに見える。神話は空想的なおとぎばなしと同列に扱われるべきであり、もしも神話に投影された古代人の信仰が今日のわれわれにとって何がしかの救済論的な意味を持ちうるとしても、それは古代人の神話論的な世界像を〈脱神話化する〉作業を経た後に初めて可能になる。なぜなら古代的・神話的な世界像は、その歴史的状況とともに与えられたのであって、今日の人間にとってはもはや現実的（wirklich）なものとして迫ってこないからである[43]。

このように近代は、神話を客観的な論理と真理で置き換えようとしてきた。しかし最近になって、物語論[44]の方法論を積極的に取り入れることで、「物語神学story theology」ないし「物語的神学narrative theology」などと呼ばれるようになってきた領域にかかわる研究者たち[45]によって、次のことが批判的に明らかにされつつある。すなわち、近代がしてきたことは、自分自身の見解の神話的な基礎づけを隠蔽し、忘却することであった。すべての物語を終わらせようとする近代の物語は、それ自体もう一つの非科学的で神話的な物語なのだということである。

このような姿勢は、最近の聖伝研究に見られるように、伝記を年代記的（クロノロジカル）な歴史へと合理的、実証主義的に再構築することをやめ、伝記の提示する神話的・芸術的・文化的主題が持つ解釈学的な価値を、宗教伝統の根源的信条の表現として認識しようとする方向とも連動している。

神話と歴史の交叉する地平において聖伝の構造と意味を問おうとする本研究にとって、リクールやホワイトやダントのナラトロジーが示唆する、人間の精神活動の基本としての物語（り）の観点は大いに参考になる。しかし、宗教学は同時に「宗教的意味」を問うものであって、その問いに即した方法論的パースペクティヴからでなければ、聖なる伝記をそうでない伝記一般から区別する構造とその意味を問題にすることはできないことも、事実である。したがって次に、そのような方法論的パースペクティブを明らかにすることを視野に入れつつ、聖伝の意味について考えたい。

聖伝は、概して宇宙や社会の始まりを説明する大きな枠組みを提供する神話と異なり、より日常的なレベルで、より身近なところで、具体的な諸状況の由来を語り、また、より限定的な――しかし、より具体的な――救済の可能性を示唆する宗教的物語と特徴付けることができる[46]。そこには、常に歴史的な意識が反映している。例えば、教祖や聖者の誕生ないし死去という出来事が、聖伝においては、歴史を二分する決定的に重要な意味を賦与され、それらの歴史的出来事を中心にして、当の聖伝を伝える人々の宗教生活の中心的物語が形成される[47]。

『聖徳太子伝暦』は太子の出生を次のように伝えている。すなわち、欽明天皇[48]三二年（五七一）正月一日、太子の母の夢に金色の僧があらわれ、「吾は救世観音なり」と称して口から飛び入り、懐妊した。ちょうど十二ヶ月後の敏達天皇元年正月一日、厩の前で誕生、あたりは香気光明に満ちあふれた。この話と、例えばブッダ伝におけるゴータマの奇跡的な受胎・誕生や福音書が伝えるイエスの誕生物語に共通しているのは、その出生が何か人間を超越した存在とかかわっていること、誕生が前もって予知されていること、生まれが王の系譜であること、厩など通常ではない場所で出生していること、などである。

これらの主題は構造的に著しい共通性を見せているが、ここで重要なのは、これらの出来事が実際に起こったことであるかどうかを歴史的に実証することではなく、それらの出来事によって、いかにしてそれ以前とそれ以後とに歴史が峻別されているか、そしてそのことが物語においてどのように解釈され、説明されているかに注目することである。聖伝の提供するヴィジョンは、「事実」の上に構築されているのではなく、聖伝が語る宗教的生の意味についてさまざまな物語を通して表現された解釈の上に構築されている。換言すれば、聖伝にとって重要なのは、その内容の史実性ではなく、それらの人物の誕生と人生とが、聖伝を宗教的物語として読む人たちに対して、生のヴィジョンをいかに与えるのか、いかなる構造がそれを可能にしているのか、ということである。

聖伝は、一方で、生のヴィジョンを提供するとともに、歴史的状況を理解し、「歴史」を再構成するための解釈学的土壌となる。他方、野家によれば、「歴史叙述は記憶の『共同化』と『構造化』を実現する言語的制作（ポイエーシス）にほかならない」[49]。過去の一つの出来事を語ったとしても、それは物語ではない。それは出来事の単なる記述にすぎない。この出来事が「物語」となるためには、他の出来事との意味論的な連鎖が必要とされる。物語は複数の出来事が因果の糸で結び合わされることで生み出され、この因果の連鎖を見出すのが「語り手」なのである。換言すれば、物語とは、語り手による出来事の意味づけであり、解釈であると言える[50]。

聖なるものの体験はその表現を人間に迫る。その時、その表現はしばしば物語の形式をとる。「語る」（narrate）という行為は、ただ単に「話す」（talk）のと異なり、＜意味＞を明らかにするという明確な意図に方向付けられている。

換言すれば、「語る」（ないし「物語る」）という行為は、〈意味〉を明らかにするという行為と同義であり、その点で優れて解釈学的な営みなのである[51]。

このことに関連して重要なことは、物語るという行為には、過去を現在の時点から再構成すると同時に、また構成された過去によって逆に現在が意味付けられるというように、解釈学的な循環が伴うという点である[52]。ここにおいて、過去をいかに理解するかということと現在をどのように理解するかということは、一つの大きな問いへと融合する。

宗教的物語としての聖伝は、生の意味についてある種の理解を提供する。それは、客観的な事実でもなければ主観的な幻想でもない。むしろ、解釈学的な「開示」（display）である[53]。聖伝が示す模範的な生は、それを生きる人々にとって日常生活の基礎となるが、同時に、その生活は、聖伝を理解するための不断の解釈的注釈となる。このように、人生のヴィジョンが物語を通して日常生活に提示される方向と、日常的な体験を通してヴィジョンの統合的な理解が可能になる方向とは、一種の解釈学的循環を形成する[54]。

リクールやブロックルマンも言うように、宗教的伝統や文化は「事実」の上に構築されているのではなく、存在の意味についてさまざまな物語を通して表現された解釈の上に構築されている。聖伝が表現しているのは、人生についての真理、人生を意味で満たすための方法についての真理であり、その意味でそれは人生に聖なる次元を開示する解釈学的で実存的な真理なのである。聖なる実在の深遠なる次元を開示することによって、神話や聖伝は、日常生活を、聖なる実在と人間の運命についての解釈的ヴィジョンのなかに組み入れる。解釈が成り立つためには、これらの物語とそれを解釈する解釈者が必要である。そこに、人生の模範的ヴィジョンが価値基準や意味の要求として日常生活に応用される方向と、逆にそれに対応して、日常生活がヴィジョンを枠づけ、解釈的に「見る」ことを可能にする方向、という二つの方向性を見出すことができる。つまり、聖伝が示す理想的な人生は、私たちが日常生活を生きる際の基礎となるが、その反対にそうした生活は聖伝を理解する際の解釈的注釈となるのである。

第五節　コスモロジーからクロノロジーへ――「聖なる歴史」としての聖伝

歴史が記述される際、その対象とされるのは、「あったこと」であるが、しかし、「あったこと」の結果として「歴史」が叙述されるという因果論的観念は、歴史の本質を捉えきれていない。なぜなら、認識論的に言って、歴史の第一義的な事実は「あったこと」そのものではなく、「あったこと」の記述だからである[55]。したがって、個々の歴史叙述を問題にするとき、「あったこと」と、叙述する者が歴史状況に付与した解釈とは、分離して（あるいはそれぞれ再構成して）考える必要があろう[56]。しかしながらそれは、しばしば見られるような、歴史記述のイデオロギー性の暴露、ないし、その虚構性の批判ということを必ずしも意味しない。

人類史全体から見るならば、「あったこと」を文字化して記録するという行為に先立って、はるかに長い時代があった。トポローフはこの時代を「宇宙論（コスモロジー）の時代」と名づけ、それが初期の歴史記述を内容的にも形式的にも深く規定していることを指摘し、古代文明の歴史叙述がしばしば宇宙論的原理と歴史の原理との間の葛藤の場となっていると論じている[57]。

人間は、文明を手に入れることで進歩という観念を学んだ。それは、二つのことを意味していた。すなわち、一方で宇宙のリズムとは異なる文明のリズムが生活の中に浸透していったが[58]、他方、人間は、大宇宙と小宇宙との照応＝調和という存在様態や、宇宙のリズムとの直截なつながりの実感を、徐々に失っていった。それはまた、コスモロジカルな円環的時間観念に対し、一回性・不可逆性を特徴とする直線的時間の観念の優勢をもたらし、その結果、「歴史」というものが発明されたのである。

例えば古代ユダヤ人たちが初めて「歴史」と出会ったとき、それに対して強い畏怖の念を感じ、そこに「神」を見た。それはまた、歴史＝神の前では、人間によってなされたことは何ら重要な意味を持たないという観念とともに、大宇宙との断絶の感覚および強い疎外感をもたらした。このような存在様態に耐えられずに、ユダヤの民は、歴史の終末によって再び大宇宙と小宇宙の調和した原初の状況がもたらされることを希求したのである。このような千年王国論的観念は、「歴史」内に生きていることが常に宗教的な問題となる人々の間で広く共有されており、近・現代のカーゴ・カルトやゴースト・ダンス、あるいは数多くの新宗教にいたるまで、多様な宗教現象に見出される[59]。また、日本の新宗教に多く見られる、いわゆる立替立直しの運動も、切迫した歴史的危機に対して、それを根源的に破棄・撥無することによって歴史そのものを無化し、歴史の中で疎外されている民衆を根本的に救済しようとする志向性に貫かれており、そこにアヒストリカルないし／およびメタヒストリカルな救済論を容易に見て取ることができる[60]。

歴史以前の宇宙論的神話の時代には、大宇宙と小宇宙、自然と人間は、同一であるか、少なくとも密接につながっているものと観念されていた。小宇宙としての人間も、またその共同体も、宇宙論的な目的志向性を内包したものと見なされることによって聖化されえたのである。かかるコスモ・テレオロジカルな世界観・人間観に基づく宗教的生活にとって最も重要なことは、カオスとコスモスの境界を明確に示しつつ、世界の中心と共同体の中心とが時間的にも空間的にも「同質」であることを儀礼的に再現・確認することであり、それはシャーマン＝司祭＝王によって司られた。この王は、「歴史の過程への参加者ではなく、宇宙論的ドラマへの参加者であった。社会における王の役割は、『世界の中心』を表す他の聖なる存在（宇宙樹・世界山・神・玉座その他）の機能と似た、宇宙論的な機能によって、規定されていた」[61]のである。

しかしながら、文字を持つ最も古い共同体において、すでに「歴史記述」の萌芽が見られる。初期の歴史記述の特徴としてトポローフは、「いかなる過去も、ひとたび、生きている記憶によって捉えることのできるものの外に移されるなら、語り手が属する時代からはるかに距たっている出来事であれ、あるいは、それに比較的近い時代の出来事であれ、特に区別されず、無差別に同じレベルに並べられる」(62)という点を挙げている。

トポローフはまた、宇宙論から歴史記述への過渡期に見られる逆説について、以下のように指摘している。

……逆説のひとつは、一方で、神話詩の伝統から承け継いだ、回帰し循環する時間という概念をそっくりそのまま受け入れながら、他方で、時間の円環を（せめて、その最後の環なりを）、下位円環をつくらない単位によって編成〔し直〕すことによって、「真直ぐにのばそうとする」試みが多数企てられた、という点である。具体的には、そうした試みは、要素の配列順序がなんらかの形で宇宙論と相関関係をもつような、要素の一覧表をつくりあげるという形をとっていた。(63)

このような試みの典型的な例を、古代中国に見出すことができる。そこでは、現象を時間的に分類することで世界＝コスモスを理解・統治しようとする宗教的・政治的意図に基づいて、歴史的記述の一定の型やジャンルが生み出され、それらの組み合わせによって年ごとの出来事を記述するという緻密なクロノロジーが体系化された。

トポローフによると、初期の歴史記述には、回帰し循環する時間（「大いなる年」、古代インドの「ユガ」など）のみを考慮して、年代順の記述（クロノロジー）を無視しようとする傾向が見られ、そこに、時間は回帰し循環すると考える神話論的な見方を看取できるのに対して、クロノロジーの製作技術を洗練しようとする傾向には二つの志向性を看取できる。その一つは、「宇宙論の伝統に特有の〔時間・空間の〕測定の仕方」のうちにある。この、コスモスの時間と空間とを測ることは、宇宙創造という行為を再現することを意味していた。もう一つの志向性は、そのような宇宙創造の行為の再現そのものにおいてすでに示されていることであるが、出来事を継起順に記述しようとする物語への志向性である。ところが、時間測定の技術とそれに基づく出来事の記述の技術とが洗練されるにしたがって、その記述はますます「歴史的」なものとなり、クロノロジーがコスモロジーと対立するようになる(64)。このように見てくると、宇宙論的伝統から歴史記述の伝統への移行においては、「時間」と「空間」の両者が、宇宙論的な枠組みから歴史記述の枠組みへと、すなわちそこにおいて歴史が展開する「場」へと、変わったと言えよう。

しかし、コスモ・テレオロジカルな世界観・人間観の影響が色濃く残る、初期の歴史記述には、もう一つ別の特徴が見られる。それは、歴史の動きの方向性に関する観念である。原初の宇宙創造のときが最も聖なる「とき」であるという観念からは、歴史の展開が下降的性格を持つという歴史観が生じた。例えばそれは、古代インドのユガの考え方や、仏教における正法、像法、末法の三時思想に反映されている。他方、究極的な救済、完全なユートピアは未来において約束されているという観念は、上昇的な歴史観に結びつき、千年王国論などの観念を生み出した。

コスモロジーから歴史への展開ということで、ユダヤ教の最も顕著な特徴は、それが唯一にして絶対なる「神」を、脱宇宙論化（decosmologization）した、という点に存する(65)。その方向をさらに推し進めたキリスト教は、「神の子」が人間の女マリアから生まれてピラトの時代に受難したと物語ることによって、神の歴史化を徹底した。すなわち、『神』を、歴史的時間の中へ、初めて、完全に移し入れた」(66)のである。しかし、キリスト教においても、円環的時間の観念は完全には失われていない。すなわち、イエスの受難へと繰り返し儀礼的に回帰することで、儀礼の時間と歴史の時間とが一致する。そのようにして、歴史的時間が聖化の対象となるのである。

この、歴史的時間を聖化するにあたって核心的な役割を果たすのが、「人間」として生まれた「神」の子イエス＝キリストであり、とりわけその生涯の物語と、その儀礼的再現である。歴史におけるイエス＝キリストの出現は、単に、聖なる原初の時に起こった宇宙創造の行為と並行しているだけではない。それはまた、永遠なるもの・神的なるものと歴史的なるもの・人間的なるものとを結びつける回路となり、そのことで未来（未然）の救済を保証するものでもある。そのようにしてイエスは「歴史の恐怖」を超越する道を指し示す。しかし、逆説的に聞こえるかもしれないが、それが可能になるのはイエスが歴史性を帯びているというまさにその事実に拠るのである。

聖伝の独自性もまさにその点に存する。聖伝が対象として描き出すのはあくまでも歴史の中の「人間」であり、また歴史そのものである。しかし同時に聖伝は、その「人間」の歴史性の根底に、あるいは歴史の背後に、コスモロジカルな意味を見つけ、解釈し、そのことによって「恐怖」としての歴史を解体し、「救済」としての歴史を構築する。その意味で聖伝そのものがすぐれてコスモゴニックな宗教的構造を内包した「聖なる歴史」であるといえる。

以上のような予備的考察に基づき、本書は、次の三点を主要な目的とする。それは第一に、聖徳太子について書かれた主要な伝記を比較し、それらを生み出し語り伝えていった人々の救済論的願望を中心軸に、「聖なる伝記」ないし「聖伝」の生成に見られるダイナミズムを構造的に明らかにすることである。第二に、日本仏教のみならず日本宗教全体の歴史において∧クラシカル∨な人物と考えられる聖徳太子を取り上げて比較考察することで、日本における「聖なる人間」のヒストリカル・プロトタイプの宗教的構造を浮き彫りにすることである。そして第三に、それぞれの伝記において、一方で、官僧と私度僧、外来の文化・文明と土着の伝統、国家体制と民衆などの政治 - 宗教的・社会学的緊張関係を、他方で、神話と歴史、聖と俗、普遍と特殊などの象徴的・宗教学的緊張関係を読み取りつつ、「聖伝」そのものの有するパラドキシカルな構造について解明することである。

聖徳太子伝は、江戸時代以前に述作または刊行されて現在に伝わるものだけでも約百種に上る。また、明治以降に限定しても、聖徳太子を主題とした著書は三百を超え、同じく論文は一千を超えるという(67)。しかし、江戸時代以前に書かれた聖徳太子伝のほとんどは、平安時代中期に作られた『聖徳太子伝暦』を基本史料としている。すなわち、八世紀初頭の『日本書紀』に始まって一〇世紀初めの『聖徳太子伝暦』にいたるほぼ二百年間に、「聖者」としての聖徳太子の基本的なイメージが形成・確定されたのであり、それ以降、少なくとも明治にいたるまで、その太子像は基本的にはほとんど変わることがなかった[68]。かかる事情に照らし、本書はもっぱら『日本書紀』と『聖徳太子伝暦』に焦点をあてつつ、太子伝の特殊性と聖伝の構造を問題にしていきたい。

第二章　聖徳太子の原像と太子信仰の成立

第一節　聖徳太子の原像

聖徳太子は、日本の歴史上「不世出の偉人」(1)とされるが、その根拠として第一に、推古天皇の摂政として政治に携わり、一方で冠位十二階や憲法十七条を制定して内政を整備するとともに、他方で遣隋使を派遣して外交関係を展開したこと、第二に、仏教興隆に力を尽くし、多くの寺院を建立すると同時に、「三経義疏」を著したことが挙げられてきた。しかしこれに加えて第三の要件として、これらの事績を聖徳太子のものとして後世に伝える伝記的関心の存在を忘れてはならない。遠い過去に存在した「歴史的」人物が「偉人」として「生き続ける」ためには、その人物像をリアルに伝える伝記・伝承の存在が不可欠であって、それなしではそのような「偉人」について想起することすらかなわない。これらの伝記・伝承に媒介されることによって初めて、聖徳太子はリアルな聖者としてあらわれるのである。

ところが、かかる伝記・伝承は必ずしも「史実」のみを伝えているわけではない。とりわけ、聖徳太子のように、その人物の死後かなりの時間を経て成立した伝記しか残されておらず(2)、さらにその中において神秘的脚色の濃い伝説が散見される場合、それらを「史料」として扱う上で制約が多いことは言うまでもない。また、聖徳太子を聖者とみなす立場から多くの伝記が書かれているが、それらが伝える記事もしばしば矛盾を露呈しているのであって(3)、近代的な批判的学問としての歴史学の観点からすれば、それらを史料として「歴史」を再構成することはほとんど不可能であろう。

しかしながら、これら聖者としての聖徳太子について書かれた伝記はみな、聖徳太子を「歴史上の」人物と見なし、太子の生涯を「歴史」の中で語ろうとしている点で一貫している。そこに見られる「歴史」観は、近代的で世俗的な学問のそれと異なり、神秘的な伝承を排除するものではない。むしろ、それらを精力的に蒐集することで太子の「真の」姿を伝えようとしている。個々の太子伝は、それぞれの伝記の特殊性を反映した「聖徳太子」のイメージを語るが、同時にそれらは、聖者としての太子像を追求するという姿勢においては一貫している。

聖徳太子の神格化および太子に対する信仰の萌芽は、太子の没後すぐに認められるが、その直接の起因が太子その人自身にあったことは言うまでもない。しかし、聖徳太子が生前いかなる事績を成し遂げたかについて、詳らかにすることは容易でない。その公的な業績について『日本書紀』がある程度伝えているとはいえ、そこに掲げられている功績のみのゆえに太子信仰が成立したとは考えにくい。おそらくは、太子周辺の人々、また太子創建と伝えられる仏教寺院が中心となって太子に関する伝承を語り伝え、それらを媒介として、仏教者・往生人としての太子像が形成・追慕され、さらに太子を弥勒菩薩や救世観音に同定して崇敬の対象とするようになったと考えられる。

『日本書紀』の伝える太子伝承がすでに太子を聖者とする立場から書かれており、そこには、後に続く数多くの太子の伝記同様、いくらかの潤色が認められるとはいえ、それが伝えようとしているのはあくまでも「歴史上の」太子であって、本書も、まずは伝承そのままに太子の生涯をその時代背景に照らして概観しておこう。

「聖徳太子」とは死後に贈られた名前であって(4)、本名は厩戸皇子と言い、敏達天皇三年（五七四）、用明天皇と穴穂部間人皇后《あなほべのはしひとのひめみこ》の間に生まれたとされる(5)。当時は、五三八年（欽明七年戊午）(6)に仏教が公伝されて間もない時期であり、群臣は崇仏派と排仏派とに分かれ、それが政治的権力闘争とも結びついて、烈しく争っていた。とりわけ蘇我氏と物部氏の対立は、敏達一四年（五八五）に敏達天皇が崩御すると深刻化し、即位した用明天皇が病弱だったこともあって、皇子たちも巻き込んで皇位継承の争いにまで発展し、用明二年（五八七）四月に用明天皇が病没した後の七月には、厩戸皇子も、血縁関係にある蘇我馬子(7)の求めに応じて物部守屋討伐の戦に参戦した。

『日本書紀』の「崇峻天皇即位前紀」が伝えるところによれば、馬子の軍は守屋の軍勢の強い抵抗に遭い、退却を余儀なくされた。そのとき厩戸皇子は、白膠木《ぬりで》の木に四天王の像を彫って髪の頂におき、「今若し我をして敵《あた》に勝たしめたまはば、必ず護世四王の奉爲《みため》に、寺塔《てら》を起《た》立てむ」と誓願し、馬子もまた、「凡そ諸天王、大神王等、我を助け衛りて、利益《か》つこと獲しめたまはば、願はくは當に諸天と大神王との奉爲に、寺塔を起立てて、三寶《さむぼう》を流通《つた》へむ」(8)と誓いを立てた。そして改めて攻勢に転じたところ、守屋とその子を討つことができ、守屋の軍を討ち破ったという(9)。

厩戸皇子の父、用明天皇が病没したあとを継いだ崇峻天皇は、馬子の影響を排除しようと密かに画策したが、それを察知した馬子は、崇峻五年（五九二）十月、東漢直駒《やまとのあやのあたいこま》(10)に命じて天皇を弑逆させた。そして殯《もがり》もせずに埋葬したという(11)。異例の形で崩御した崇峻天皇の後、群臣の勧めを受け入れて即位したのは、敏達天皇の皇后、豊御食炊屋姫《とよみけかしきやひめ》であった(12)。炊屋姫は用明天皇の同母の妹であり、したがって厩戸皇子の叔母にあたる。翌十二月に豊浦宮《とゆらのみや》(13)で即位した炊屋姫、すなわち推古天皇は、翌元年四月に厩戸皇子を皇太子とし、ここにいわゆる太子摂政の時代が始まる(14)。推古天皇四十歳、厩戸皇子は二十歳であった。

摂政としての皇太子の事績については広く人口に膾炙している。すなわち、推古天皇一一年（六〇三）に冠位十二階を定め、翌一二年には有名な十七条憲法を制定して内政を整える一方、一五年（六〇七）には隋に使者を遣わすなど、積極的に外交を展開する。

書紀によれば、冠位十二階は推古一一年一二月に制定され、翌一二年一月に施行されたという。すなわち、

十二月の戊辰の朔壬申に、始めて冠位を行ふ。大徳・小徳・大仁・小仁・大禮・小禮・大信・小信・大義・小義・大智・小智、并《あはせ》て十二階。並に當れる色の絁《きぬ》を以て縫へり。……十二年の春正月の戊戌の朔に、始めて冠位を諸臣《まへつきみたち》に賜ふこと、各差《しな》有り。[15]

『上宮聖徳法王帝説』に「五行に准じて爵位を定む」[16]とあり、また『聖徳太子伝暦』にも「徳というは五行を攝《おさ》む。かるが故に頭首《はじめ》に置く」[17]とあるように、冠位十二階は、五行相生説に基づいて五行（木・火・土・金・水）に五常を配して仁・礼・信・義・智とし、さらにその上に徳を加えて、それぞれを大小に分けて十二階としたものである[18]。またそれぞれの冠は、五行の当色、すなわち青・赤・黄・白・黒、および紫の絁（太糸で織った粗製の絹布）によって区別された。

『日本書紀』によると、推古一〇年十月に百済から来朝した僧観勒が「暦の本及び天文地理の書、并て遁甲方術の書を貢」[19]ったとあり、これらの諸学の根底としての五行思想に太子が通じていたことは想像に難くない。すなわち太子は、冠位を新たに定めるにあたって、儒教の徳目を借りつつ、それを五行思想に融合させて五常の階位制を採用したのである[20]。

儒教思想は、十七条憲法においてさらに重要な位置を占める。『日本書紀』には、推古一二年（六〇四）四月、「皇太子、親《みづか》ら肇《はじ》めて憲法十七条を作りたまふ」[21]とあり、続いて全文が載せられている[22]。その有名な出だしが「和《やはらか》な

るを以て貴しとし、忤《さか》ふること無きを宗とせよ」[23]で始まるように、また第四条で「群卿百寮《まへつきみたちつかさつかさ》、禮《ゐやび》を以て本とせよ。其れ民を治むるが本、要《かなら》ず禮に在り」[24]と戒めているごとく、「国家として君臣の義を固くし、民生を安んずる」[25]という儒教の根本精神が、憲法全体から読み取れる。

しかし同時に、これらの倫理的訓戒の基盤は仏教思想に支えられている。すなわち、第二条に「篤く三寶を敬へ。三寶とは佛・法・僧なり。則ち四生の終歸、萬の國の極宗《きはめのむね》なり」[26]とあり、あるいは第十条で「忿《こころのいかり》を絶ち瞋《おもへりのいかり》を棄てて、人の違ふことを怒らざれ。……我必ず聖に非ず。彼必ず愚に非ず。共に是凡夫《ただひと》ならくのみ」[27]と諭す。ここには、他の条文で強調される身分の差と矛盾するような仏教的平等観が看取される[28]。太子は、儒教の道と仏教の法とを「特殊化」し、そうすることで聖なる君主制のもとでの国家的共同体の基礎の強化を目指したのである[29]。

聖徳太子は外交のセンスも秀でていたようで、当時の東アジアの状況をよく把握していた。「日出づる処の天子、書を日没する処の天子に致す。恙なきや云々」[30]という内容の国書を小野妹子に託して隋に遣わした推古一五年（六〇七）は、隋と高句麗が緊張関係にあり、隋としては、対等の国交を求めてきた日本に対して高圧的な態度に取ることが躊躇される状況であった。また、太子は仏教を高麗（高句麗）の慧慈《えじ》に習い、儒教を百済の覚哿《かくか》に学んでいる[31]。さらに太子の側近として重要な位置を占めた秦河勝が新羅の出自であることは、当時の朝鮮半島の政治状況を考えれば、まことに衡平な外交感覚を窺わせる。

聖徳太子はまた、仏教の興隆に尽力したことでも知られるが、その政治的・外交的業績に比肩しうる事績としては、講経と製疏を挙げることができよう。『日本書紀』が伝えるところによれば、推古一四年（六〇六）七月、天皇は皇太子に『勝鬘経』を講じるよう命じ、皇太子は三日間で説き終えたという。同年、皇太子はまた、岡本宮において『法華経』を講じ、天皇が大変喜んで播磨国の水田百町を皇太子に下賜し、皇太子はそれを斑鳩寺に納めたという[32]。

天平一九年（七四七）に法隆寺から僧綱に提出された『法隆寺資財帳』には、「法華経疏参部　各四巻、維摩経疏壱

部　三巻、勝鬘経疏　壱巻、右　上宮聖徳法王御製者」とあり、これがいわゆる聖徳太子の「三経義疏」として知られている[33]。撰述の時期は、『上宮聖徳太子伝補闕記』に、「勝鬘経疏」が己巳（推古一七年＝六〇九）から辛未（同一九年）にかけて、「維摩経疏」が壬申（推古二〇年）から癸酉（同二一年）にかけて、「法華経疏」が甲戌（推古二二年）から乙亥（同二三年）にかけて、製作されたとある[34]。

太子と仏教の関係について、多くの寺院が太子創建と伝えていることは看過できない。『上宮聖徳法王帝説』によると、「太子、七寺を起つ。四天皇《（ママ）》寺・法隆寺・中宮寺・橘寺・蜂丘寺彼の宮と并せて川勝秦公に賜ひき・池後寺・葛木寺葛木臣に賜ひき」[35]とある。また、思託の『上宮皇太子菩薩伝』には、太子造寺の寺として、大官寺・四天王寺・法隆寺・皇后宮[36]・橘寺・妙安寺・般若寺を挙げ、僧三寺尼寺五合わせて八寺とする[37]。さらに『聖徳太子伝暦』になると、四天王寺・法隆寺・元興寺・中宮寺・橘樹寺・蜂岡寺（広隆寺）・池後寺（法起寺）・葛城寺（妙安寺）・日向寺・定林寺・法興寺の十一ヶ寺の名を記している[38]。もっとも、『上宮皇太子菩薩伝』において、総数八寺としながら実際は七寺の名しか挙げていなかったり、『聖徳太子伝暦』では同寺であるはずの元興寺と法興寺を別々に記すなど、混乱が見られる。おそらくは、七寺説がこの伝説の原型であったろう[39]。

『日本書紀』は太子の薨去を推古天皇二九年二月五日とするが、「法隆寺釈迦像光背銘」「天寿国繍帳銘」「法起寺塔露盤銘」『上宮聖徳法王帝説』『聖徳太子伝補闕記』などいずれも三〇年（六二二）二月二十二日とし、一致しない。しかし、まず太子の母后間人大后が崩じ、次に太子の夫人菩岐々美郎女《ほききみのいらつめ》[40]、そして最後に太子と、三人が相次いで世を去ったことは共通しており、そのことは三人が河内の磯長《しなが》陵に合葬され、「三骨一廟」として今日に伝わることからも推し量られる。

第二節　聖徳太子信仰の成立——「天寿国繡帳銘」をめぐって

天寿国繡帳(41)は、もとは法隆寺にあり、現在はその断片が中宮寺に残るにすぎない(42)。『上宮聖徳法王帝説』が載せるこの繡帳の銘文によると、推古天皇三〇年（六二二）に聖徳太子が崩じた後、妃の橘大女郎が推古天皇に対し、太子が往生した天寿国の様子を図示したいと願い出、采女らに造らせたものである。銘文はその時の状況を次のように伝える。

時に多至波奈〔橘〕大女郎、悲哀嘆息、天皇の前に畏み白して曰く「之を啓すは恐れありと雖も、懐う心止《とど》使め難し。我が大王と母王と、期するが如く従遊す。痛酷比无《たぐいな》し。我大王告る所、世間は虚仮、唯仏のみ是れ真なりと。其の法を玩味するに、謂《おも》えらく、我が大王は応に天寿国の中に生まれてあるべし。而れども彼の国の形は、眼に見叵《がた》き所なり。悕《ねが》わくは、図像に因りて、大王の住〔往カ〕生の状《さま》を観む」と。(43)

ここには、最愛の夫を失った妻の悲しみが表現されているだけでなく、夫である太子が生前、現世を超えた仏教的真理を感得していたこと、ゆえに死後は「天寿国」に往生したはずであると信じられていることが、妃の言葉を通して読み取れる。

この「天寿国」が具体的に何を指しているかについては、明治以降、弥勒の兜率天浄土、阿弥陀の極楽浄土、維摩の妙喜浄土、釈迦の霊山浄土、あるいは特定の浄土ではなく常楽の彼岸（十方浄土や神仙境）、さらに天竺国などの諸説が挙げられてきた(44)。しかし現存しているのは断片のみであり(45)、もっぱら「天寿国」という名称だけから解釈するしかない現状では、それを特定することは困難であろう。

最も本書にとって重要なことは、太子の仏教に対する尊敬と太子が往生人であるという信仰が、太子没後直ちに、その身近な人々の間で興ったことであり、ここに百年後の『日本書紀』に顕著にあらわれる聖人太子像の端緒が窺われることである。林幹彌は、王后・王子ら太子を取り巻く人々の間で信じられていた太子の浄土往生が、太子の死後およそ一世紀の『日本書紀』完成頃までに、法隆寺などの僧侶たちから書紀の編者にいたるまで、広く信仰されるにいたったと推論している[46]。また田村圓澄は、仏教伝来より天智一〇年（六七一）までを飛鳥時代、天武元年（六七二）から和銅二年（七〇九）までを白鳳時代に区分した上で、飛鳥時代の仏教が「氏族仏教」の段階であったのに対し、白鳳時代のそれは、「国家仏教」の段階であること、また、「私的・身内的」な「厩戸王」信仰が、「公的・国家的」な「聖徳太子」信仰に転換するのも、この白鳳時代においてであることを論じている[47]。

したがって次に、この時代の宗教的・政治的状況を概観しつつ、この太子信仰の転換について考察したい。

第三節　飛鳥・白鳳時代の宗教的・政治的状況

厩戸王＝聖徳太子（五七四—六二二）の時代は、仏教・儒教をはじめ、芸術や学問などの大陸文化が興隆し、いわゆる飛鳥時代の最盛期にあった。聖徳太子が摂政となった推古元年（五九三）には難波の四天王寺[48]が、同一五年（六〇七）には法隆寺が、それぞれ創建されるなど、仏教寺院が次々に建立され、また、同三年（五九五）には慧慈が高句麗から、慧聡が百済から、それぞれ来日して、法興寺（飛鳥寺）[49]において仏教を広めた。

仏教が「土着化」するにあたって大きな意義があったのは、同二年（五九四）の「三宝興隆」の詔である。欽明天皇の時代以降、限定的にしか認められてこなかった奉仏を、倭に住まうすべての人に対して承認するということは、倭における仏教受容の全面的認可を意味していた。ここにおいて仏＝他国神（蕃神ないし客神）は、神＝国神と同一の資格を与えられたのであり、これ以降、「他国神」と「国神」の名称に代わって、「仏」と「神」の名称が用いられることになる[50]。そしてこのことは、「仏」が「神」とは異質の存在であるということが公式に確認されたことも含んでいる点で、日本の宗教史上、画期的な意味を有していた。

一方、政治的・外交的には、推古一一年（六〇三）に冠位十二階が、翌一二年には十七条憲法が[51]、それぞれ制定されて律令制の基盤が整えられ、隋や唐との交通も盛んに行われた。田村圓澄は、書紀の仏教関係記事の筆録に大安寺の道慈が関係していたと推定しているが、その道慈自身も、太子が開いたルートによって唐に留学したのである。したがって、「『書紀』の聖徳太子像には、唐や新羅の外国に対して、日本を代表した偉大な先人讃仰の念が反映している。というよりは、聖徳太子は攻治・外交・文化の卓越した大物として、八世紀の人々の心に強く生きつづけていたのである」[52]という田村の指摘は、正鵠を得ていると考えて差し支えないだろう[53]。

むろん、日本仏教の草創期にあたる飛鳥仏教は、主として渡来僧および渡来系氏族出身の僧を中心として展開していたことは間違いない。その当時の多くの寺は、渡来系を中心とした豪族たちの、いわゆる「私寺」、「氏寺」であった[54]。稲垣晋也によれば、飛鳥時代の造営と見られる寺院数は、六十二を数えるという[55]。さらに天武・持統期の白鳳時代になると、五百以上の寺が各地に建立されていた。寺が増えるにつれて、僧尼の数も増大する。とりわけ、六七二年の壬申の乱以後、律令を整え、藤原京・平城京を整備して律令制国家を確固たるものにしたい朝廷としては、これらの新勢力をうまく統制することは急務であった。

この統制は、大きく分けて三つの側面で遂行された。第一に人的なレベル、第二に制度的なレベル、そして第三に象徴的なレベルである。第一の側面に関しては、「僧尼令」によって僧尼は国家によって管理されるようになり、第二の側面として、単発的な官寺の造営に加え、聖武天皇の時代には、全国に国分寺・国分尼寺が造られた。

第三の側面が、「聖徳太子」である。飛鳥・白鳳時代に続く奈良時代初期に成立する書紀において、「聖徳太子」＝「法王」のイメージが国の正史の中に取り入れられたことは、すでに人的・制度的に国家の管理下に置かれていた日本全土の寺と僧尼とが、太子を「教主」として、新しい宗教的・政治的秩序の中に組み込まれたことを意味する[56]。

これらの側面を、歴史的にも、また構造的にも提示しているのが、法隆寺である。推古一五年（六〇七）ころ創建されたとされる法隆寺は、もともと上宮王家の私寺であったとされる[57]。この寺は、天智九年（六七〇）に焼亡してしまったが、和銅元年（七〇八）ころ、すなわち平城京遷都直前に再建される。ここで、法隆寺再建の時期が律令国家形成期と重なっていることは注目に価しよう。平城遷都によって、渡来人の多くがまず上陸する難波と平城京とを結ぶルート（竜田道）は、国際的な道路としての重要性を帯びるのであるが、法隆寺はその道路に面して再興された[58]。新しい法隆寺は、聖徳太子の故事にちなんで学問研鑽の道場と目され、八世紀中には、ほぼ現在に伝わる伽藍が完成した。このことは、再建された法隆寺が、もはや私寺としてではなく、新羅や唐の仏教に対して日本の仏教の存在を誇示するものとして、すなわち特定氏族の「氏寺」ではなく「国家仏教」を体現するものとして、新たに性格付けられたことを意味する。以前の「氏寺」としての法隆寺を「元」法隆寺、「国家仏教」の寺として再興された法隆寺を「新」法隆寺と呼ぶならば、それらと聖徳太子のかかわりは、「元」法隆寺が聖徳太子を施主としていたのに対し、「新」法隆寺においては逆に、聖徳太子が供養を受ける側に立っている点で、著しい対照を見せている。ここにおいて「聖徳太子」は、日本仏教の「内的」な統一を宗教的・政治的に創出する「日本の釈尊」としての象徴的意味を付与されるのである[59]。

国家仏教の中心的シンボルとしての意味を獲得した「聖徳太子」に対し、厩戸王自身の仏教は、あくまでも個人の自覚を第一の目標とする仏教であったらしい[60]。しかし、厩戸王当時の東アジアをめぐる情勢は、五六二年に任那の日本府が新羅に滅ぼされ、また五八九年に中国を統一した隋が早くも六一八年には滅ぶなど、「日本」をめぐる政治的・軍事的状況は、予断を許さないものであった。それに対し、五九四年の仏教興隆の詔を境に、急速に国家宗教化していった仏教ではあるが、厩戸王の存命中は、仏教は未だ国家仏教としての地位を確立しえていなかった。仏教が護国仏教としての特色を鮮明にするのは、太子逝去後、六五九年に百済と新羅が戦い、翌年七月には唐・新羅軍が百済に侵入し、六六三年の白村江の戦で日本・百済連合軍が唐・新羅軍に大敗して百済が滅亡するなど、朝鮮半島の政治情勢がますます緊迫の度合いを増してからであった[61]。

かかる歴史的状況において、「日本の釈尊=聖徳太子」のイメージを内外に示すにあたって『日本書紀』が果たした宗教的・政治的役割は、決して過小評価されてはならない。『法隆寺縁起』や『法王帝説』によれば、厩戸王は七寺を建立したとされるが[62]、その死の直後から、彼に対する私的・氏族的な信仰が芽生えていた。しかしそれらは、あくまでも私的なものであった。それに対して、歴史編纂において聖徳太子を「聖」化することで国家的な「聖者」の位置にまで高めるのにもっとも貢献したのが、書紀の太子関連記事である[63]。

次に、章を改めてそれらの記事を詳細に検討したい。

第三章

「聖徳太子」のヒストリオグラフィカル・イメージ

――『日本書紀』の太子記事をめぐって

序

聖徳太子に関する伝記は枚挙に暇がないが、その最も古いものでさえ、太子薨去後百年より遡ることができないことは、太子の歴史的「実像」が神秘的なベールで覆われることの一因となっている。元正天皇養老四年（七二〇）に成立した『日本書紀』の用明・推古紀に見える聖徳太子関係の記事は、太子伝の史料としては最も古いものの一つに数えられ、また、仏教伝来以降太子の時代までの、仏教を中心とした宗教的・政治的・社会的・歴史的背景を考察する上でも、きわめて貴重であるが、これらの記事もすでに潤色の痕跡が見られるのである[1]。

坂本太郎は、『日本書紀』がそれに先立つ太子伝を参照したであろうと推測し、その太子伝の特徴として以下の三点を挙げている。すなわち、第一に、その太子伝がもっぱら太子の聖者であることを強調するものであったこと、第二に、仏教だけでなく、儒教・道教にも広くその基礎を置いた人物として太子を捉えていること、そして第三に、それが法隆寺の所伝や資料をまったく取り上げていないということである[2]。かかる伝記の存在を実証的に検証することは、本書の目指すところではない。重要なことはむしろ、このような伝記を取り入れた『日本書紀』が、いかなる太子像を描き出しているのか、そのことが「歴史記述《ヒストリオグラフィー》」としての書紀の本質とどのような連関を有しているのか、という点である。

また、『古事記』も『日本書紀』もともに、それらが「歴史」と見なすところの過去を意味付けようとする意図を共有している。それらが叙述する「歴史」はまた、後世の聖徳太子に関する諸伝記の作者の「歴史」認識に大きな影響を与えることを通じて、伝記の内容の歴史的背景を構成しているのであり、そこにいかなる「歴史」観が通底しているかを確認しておくことは、太子を中心にして「歴史」を再構成し、意味付け、生きられうるものにしようとする、太子伝全体に共通する志向性《オリエンタチオ》を理解する上で欠くことのできない作業である。

記紀を、神々―天皇を主人公とする神話的物語、すなわち「天皇神話」として見なす立場もあるが(3)、それらの神話の中でも聖徳太子は、日本武尊（倭建尊）と並んで別格の扱いを受けている。もちろん、聖徳太子は用明天皇の皇子として生まれ、推古天皇の治世には摂政として政治の中心的立場にあったわけであり、その地位や業績から、国家の正史といえる『日本書紀』において記事の中に多く取り上げられることは、それなりに理由がある。すなわち、国家的な歴史編纂・叙述の対象として、聖徳太子の事蹟が取り上げられているのであり、そのことの政治的意味は看過できない。

『日本書紀』中の太子関連記事は、敏達天皇五年（五七六）三月戊子条の太子妃に関する記載から舒明天皇即位前紀の太子の遺誡記事まで三十一ヶ所(4)に及ぶとされる。それらは一方で「十七条憲法」「冠位十二階」など、太子の政治的・社会的業績を伝えているが、他方、単なる政治家でも天皇でもない、特異な宗教的性格を兼ね備えた「聖なる」太子を描き出すエピソードも採録されている(5)。そしてそこには、歴史を反映しながら同時にそれを相対化していくような、聖なるものの歴史的顕現のダイナミクスが窺われるのである。この章では、これらのエピソードが、『日本書紀』をめぐる歴史的（ならびに神話的）コンテクストにかかわってどのような「聖徳太子」像を構成しているのかを記述し、その歴史的・宗教的意味を考察する。

第一節　記紀の歴史観

聖なるものの歴史内顕現が『日本書紀』においてどのように解釈されているかという問題を考察する端緒として、「聖徳太子」の扱いをめぐって推察される『古事記』と『日本書紀』の歴史意識を比較してみることは、必ずしも徒爾ではあるまい。周知のように、ほぼ同じ時期に編集され、概ね共通した内容を取り扱っているにもかかわらず、両者の間には、しばしば決定的な、著しい相違点が見出せる。特に本書にとっては、後者が仏教伝来のことを詳しく記述するのに対して、前者ではまったく触れられていないこと、後者に数多く登場し、「聖者」として特別の扱いを受けている聖徳太子について、前者ではほとんど語られていないこと、の二点が重要である。さらにこれらにかかわって、前者が漢字を用いつつ和語で書かれているのに対し、後者はほとんど漢語で書かれている点も看過できない(6)。

両者の構成上の差異については、津田左右吉が明らかにしたところによると、『古事記』は稗田阿禮の誦み習った帝紀と旧辞とを撰録したもので、したがって一資料としての性格を有しているのに対し、『日本書紀』は、帝紀旧辞の種々の異本に、それ以外の資料、編者自身の作成したものを加えて、ある特定の目的意識の下に再構成したものである(7)。その目的とは、内外に対し、「日本」(8)の成り立ち（創世神話）と展開（歴史）とをもってその国家的アイデンティティを示すという、政治的・宗教的な意図に貫かれたものであった。『古事記』が文字通り「ふることぶみ」として古事の（おそらく私的な）記録であるのに対し、『日本書紀』は、まさに「日本」およびその大王《おおきみ》たる「天皇《すめらみこと》」の正統性を対外的に示す文書、「紀」であった。

その点から勘案すれば、太子として生まれながらも王とならなかった厩戸皇子が、同じような境遇の悉達太子になぞらえて、「日本の釈尊」＝法王＝聖徳太子に同定されたことは、「日本」に居住するすべての人々を――とりわけ渡来氏族を、その宗教体系も含めて――大王改め天皇を頂点とする律令的秩序の下に取り入れることを思案する律令国家にとって、画期的な意義を有するものであった。田村圓澄が鋭く指摘しているように、道教的「聖」の登場する片岡山飢者説話や、高句麗の慧慈が登場する慧慈悲歎説話などは、生活の中に道教が息づいている渡来系の人々、およびそれらの人々の出身国に対して、厩戸王が「聖」「聖人」であることを示そうとする意図に基づいているともいえよう(9)。

『古事記』『日本書紀』が成立した、八世紀初頭の元明・元正天皇の時代において、日本国家形成の由来を語ることで天皇による支配を正当化するという意図をもって、「現代」から過去の歴史を眺め解釈するという視点は、その構成から見て、『記』よりも『紀』の方が強いといえる。すなわち、『記』が全体の三分の一を神代の上つ巻に充てているのに対し、『紀』ではわずかに十五分の一にすぎない。それとは対照的に、『記』の下つ巻に相当する最後の三分の一に対応する仁徳から推古の時期は、『紀』では二十二巻中の十二巻に上り、半分以上である。このことから、「『記』が神代を含む古い時代に重点を置き、『紀』はむしろ新しい時代を詳しく記すという方針であった」(10)とする見解が容易に導かれよう。歴史を「近・現代」に引きつけて解釈するという視点において、『紀』は『記』に対して勝っているのであり、その点が、仏教伝来や聖徳太子に関する記事の扱いに対する記紀の相違を決定付けたといえる(11)。

さて、記紀を分け隔てる、上述の諸点の基底に、それぞれの歴史意識の相違を見出すことが可能である。『古事記』は、各天皇代ごとの伝承物語に、天皇の系譜を記録した帝紀を付して構成されている。例えば、仁徳物語、雄略物語など、本来はそれぞれ別の物語として伝承されていたものを、歴代天皇の一代記の連続という形式にあてはめ、時間軸にそって並びつなげることによって一貫性を持たせようとしているのである。ここには明らかに、過去を「歴史」として整理しようとする意図が働いている。ここでいう「歴史」とは、「現在」を「現に在ら」しめているものとして「過去」を意味付け、同時にその「過ぎ去った」ときに起こった出来事によって「現在」を方向付けようとする、弁証法的な運動であり、しばしば「過去」と「現在」という時間的関係を整合的なものたらしめようとする意図に基づいている。

ところで、古い伝承物語であったそれぞれの天皇記は、本来、整合的な時間秩序に基づいていたわけではない。それは「物語」一般に言えることである。例えば、平安初期の『伊勢物語』が「昔、男ありけり」で始まり、『源氏物語』が「いづれの御代にか」で始まるように、あるいは『今昔物語』が「今は昔」を冠するように、それぞれ漠然とした時間設定のもとに語られ始めるのであり、そこには、「現在」との関係においては一元的に捉えられない、曖昧な「過去」が想定されている。『古事記』は、その時間意識から見るならば、歴代天皇の一代記としての個々の「物語」を連続した時間の中に配置することで、過去を「歴史」として構成しようとしているといってよい[12]。

『日本書紀』は『古事記』のこの歴史的志向性をさらに推し進めた。すなわち過去の伝承を歴史的出来事として扱うために、すべての記事を某天皇の何年何月何日というように、年代記的に確定していったのである。そこには少なからぬ無理が生じたが、しかし、この年代記的努力によって、すべての伝承が、現在を中心に「過去」の中に配列され、意味づけられたのである。それはまさに、「記憶に値する出来事を選別し、それを時間的に統合することによって後続する世代に語り継ぐ言語行為」[13]としての「歴史」であった。この行為には、「無慈悲な時間の流れを『物語る』ことによってせき止め、記憶と歴史（共同体の記憶）の厚みの中で自己確認（identify）を行ないつつ生き」[14]ようとする、時間を意識して生きることを免れえない存在としての人間の、宗教的願望を読み取ることができるのであって、それゆえに「歴史叙述」はすぐれて宗教的行為であるということができる。

現在と過去が明確に区別されることによって、古代人は初めて「歴史的」存在となった[15]。もっともその「過去」に対する姿勢は、記紀で微妙に異なる。すなわち、『古事記』が、歴代天皇紀の物語を時間的に再構成して歴史化することによって、歴史＝物語《ヒストリー》の中に「過去」を「記憶」しようとするのに対し、『日本書紀』は、「過去」を年代記的に「記述」することで、歴史＝叙述《ヒストリオグラフィー》を目指したのである。

内外に対し、「日本」の成り立ち（創世神話）と展開（歴史）とをもってその国家的アイデンティティを示すという、政治的・宗教的な意図に貫かれた『日本書紀』にはまた、『礼記』『史記』『漢書』『後漢書』などの「漢籍の出典を用いて潤色をし、彫琢された珠玉の言語が用いられる」[16]という特色が認められる。そこに、中国と対等な「帝国的世界」としての「日本」を主張し、確認しようとする意図を見出すことも可能であろうが[17]、その歴史観に関する限り、それは単なる中国の歴史観の模倣ではなかった。

そのことは、中国における歴史書との対比によって明らかになる。周知のごとく、中国には、何千年もの間にわたって集積された厖大な歴史記述が存在する。それらに共通する特徴として、川勝義雄は、次の二点を挙げている。それらは、「歴史を見る目が、常に強烈な倫理的精神によって裏打ちされている」[18]こと、および「歴史を政治の資とする意識の強さ」[19]である。中国の歴史書に一貫しているこの倫理的精神は、『春秋』の「勧善懲悪」という「大義」に由来するとされる。以来、中国においては、史書は『春秋』を模範とし、歴史家は『春秋』に照らし合わせて、歴史的行為の倫理的考察をもとに歴史を記述してきた。歴史記述は、同時に倫理的批判でもあったのである。このことは、中国における道徳意識が、個人ないし家族レベルではなく、国家レベル、さらには全社会的レベルの問題として意識されていたことによる。

したがって中国では、政治と倫理は一体のものであった。倫理は政治の基礎であり、政治は倫理的世界の確立を目指すものとされた。このような政治即倫理的な意識において歴史を記述することは、同時に人間世界全体の秩序づけでもあった。このことを最も端的にあらわしているのが、「経世」の観念である[20]。それは、近代の国民国家と結びついた「政治」概念とは異なり、人間世界全体の秩序づけを意味する。このような、全世界的な秩序を求める意識は、無秩序に対する恐れの意識とパラレルであった。

『日本書紀』によれば、冠位十二階が制定されたのは推古一一年（六〇三）であるが、それが実施されたのは翌一二年正月朔であったという。ちなみにこの年は甲子にあたり、陰陽五行説に基づいた中国古代の予言説である讖緯説によれば、革令（政令の変革）の年とされる[21]。

讖（予言）を記した緯書は、隋の煬帝（在位六〇四～六一八）によって禁じられた。禁書にされたということはそれだけ社会に対する影響が大きかったことを窺わせるが、ここではそれが煬帝の時代であったことが注目される。すなわち、六世紀末から七世紀初頭の隋において讖緯説が社会的にも政治的にもクローズアップされていた時代に、日本では聖徳太子が摂政を務めていたのであり、その讖緯説によって革令とされた年に合わせて冠位十二階を実施したことは、坂本太郎が指摘しているように、聖徳太子がこの讖緯説を強く意識していたことを裏付けるものといえよう[22]。

この讖緯説の根底にあるのは、六甲（六〇年）や一蔀（一二六〇年）周期で歴史が経巡るという円環的時間の観念である。一方、神武以来の天皇系譜を支えているのは、直線的時間の観念であった。この両者を結びつけることによって『日本書紀』という歴史書は成立したが、そこに、讖緯思想に深く傾倒していたとされる聖徳太子の影響を看取できる。

円環的時間と直線的時間の二つの宗教的観念を鋭く対比させながらエリアーデは、伝統的社会に生きる人々が、宇宙創造の祖型《アルケタイプ》の儀礼的反復や、時間の周期的再生によって、いかに「歴史」を撥無（abolition）してきたかを、数々の事例を挙げて論じている[23]。それは、歴史からみずからを守るための、また、歴史を堪え忍ぶための、象徴的かつ宗教的行為であったが、そのような行為には、歴史的出来事に「メタヒストリカルな意味」を与えることも含まれる。それは、単に「歴史の恐怖」に曝された人々を慰撫するだけでなく、一貫した意味、すなわち、「コスモスと人間存在とがそれぞれに存在意義《レゾン・デートル》を持つような、十分堅固な体系に調和し得る」[24]という意味でメタヒストリカルなのである。

個人や共同体を容赦無く呑み込む、災害や不幸、苦悩など、次々に襲いかかる出来事によってもたらされるカオス（不条理性・虚無）に対し、伝統的社会に生きる人々が、調和のとれた秩序としてのコスモスを絶えず打ち立てることによって、カオスの疎外状況にいかに対抗してきたかを明らかにした点で、エリアーデの功績は余りある。しかし、「歴史の撥無」が常に「歴史への敵対」につながるわけではない[25]。中国の歴史書に見られるように、「コスモス再生への意志が、まさに歴史記述においてあらわれ、歴史そのものの中に投入されている」[26]こともあることを忘れてはならない。

中国において、歴史記述にメタヒストリカルな意味が与えられたことと、「中国の神話は、歴史記録から独立した位置を獲得したことがおそらく一度もなかった」[27]と評されることとは、無関係ではない。少なくとも歴史現象の総体を、本紀（それぞれの帝王一代分の年譜）・列伝（民族や個人の伝記）・志（特殊な分野の変遷）・表（制度の一覧）に分類して記述する、紀伝体と呼ばれる歴史叙述法が、司馬遷によって『史記』に取り入れられ、それ以後、正統的な、最も総合的な歴史記述の形式として踏襲されてきた中国では、その形式がまた、コスモスの秩序を叙述する最も完全な形として見なされ、それゆえ神話は、正史において独立した扱いを受けることがなかったのである。

一方、「漢籍の出典を用いて潤色」された『日本書紀』は、「神代」に二巻を費やしている。ここに、中国の史書に範を仰ぎながらも、独自の歴史意識を反映した、歴史記述の形式が窺われる。すなわち、天皇の起源を人代以前の神代に求めることによって「国史」としての正統性を主張するという、神話＝歴史的《ミソ・ヒストリカル》な記述方法であった[28]。それに対して、むしろ「天皇記」としての性格が濃い『古事記』では、神話の叙述が中心であり、歴史はその反復としてある。すなわち、宇宙創造の祖型《アルケタイプ》の儀礼的反復や、時間の周期的再生による「歴史」の撥無の意志――アヒストリカルな志向性――が、『古事記』から読み取れるのである。『日本書紀』は、そこに中国の史書の歴史意識を導入することで、メタヒストリカル[29]な神話＝歴史記述を目指したとも言えよう[30]。

第二節　シャーマンの誕生――倭迹迹日百襲姫との構造的対比

聖徳太子が没したとされる推古天皇三〇年（六二二）より、『日本書紀』の完成した養老四年（七二〇）まで、ほぼ一世紀の隔たりがある。死後約百年を経て描かれた太子の姿は、史実に忠実なものと言い難い要素を多分に含んでいる。例えば、その誕生について、『日本書紀』推古天皇元年（五九三）四月己卯条に次のように記されている。

廐戸豊聰耳皇子を立てて、皇太子とす。仍《よ》りて録摂政《まつりごとふさねつかさど》らしむ。萬機を以て悉に委ぬ。橘豊日天皇《たちばなのとよひのすめらみこと》の第二子なり。母の皇后を穴穂部間人皇女《あなほべのはしひとのひめみこ》と曰す。皇后、懐妊開胎《みこあれま》さむとする日に、禁中《みやのうち》に巡行《おはしま》して、諸司《つかさつかさ》を監察《み》たまふ。馬官《うまのつかさ》に至りたまひて、乃ち廐の戸に當りて、労《なや》みたまわずして忽《たちまち》に産《あ》れませり。生《あ》れましながら能《よ》く言《ものい》ふ。聖の智《さとり》有り。壮《をとこざかり》に及びて、一に十人の訴を聞きたまひて、失《あやま》ちたまはずして能く辨《わきま》へたまふ。兼ねて未然《ゆくさきのこと》を知ろしめす。且、内教《ほとけのみのり》を高麗の僧慧慈に習ひ、外典《とつふみ》を博士覚哿に学び、並に悉に達《さと》りたまひぬ。父の天皇、愛《めぐ》みたまひて、宮の南の上殿に居《はべ》らしめたまふ。故《かれ》、其の名を稱へて、上宮廐戸豊聰耳太子《かみつみやのうまやとのとよとみみのひつぎのみこ》と謂す。[31]

ここでは「生而能言」「一聞十人訴」「兼知未然」など、太子の超人的な能力が強調されている[32]。これらの能力が学習の結果ではなく、「生れながら」のものであったことは、その生が神秘的・超自然的な力を秘めたものであることを示唆し、また、その生涯が尋常のものではないことを予感させる。

この記事については、例えば坂本太郎が、「東宮を立てた国史の記事にしては少し余分なことにわたる程に詳しい。誕生時の奇瑞から始めて、資質の聡明さ、修学の博さ、上宮の号の起こりなど、まさに個人の伝記としてふさわしい文である。しかも聖者として特別の尊信をささげた趣が横溢している。こうした太子の伝記がすでに作られていて、それを用いたものであることは、ほぼ疑いあるまい」[33]と述べ、先行の太子伝の存在を推定しているが、それによると、その太子伝は、太子の政治的事績に関する史実の記録というよりも、太子を「聖者として特別の尊信をささげ」ようとする意図に基づいたものであったらしい。

もっとも、英雄的人物や聖なる人間の一生について語られる際、その誕生に特異な奇瑞譚が伴うことは、比較宗教学の視点からすると、決して珍しいことではない。例えば、よく言われることだが、ブッダはマーヤー夫人の右脇から入胎し右脇から生まれたとされ[34]、老子は母の胎内に七十二年ないし八十一年いた後、左の腋から出生したと伝えられている[35]。日本においても、空海や最澄、行基など、祖師、高僧と呼ばれる人々に異常な誕生譚が見られる[36]。奇瑞を伴うこれらの出生譚はみな、そのようにして生まれた赤子が後に比類無き人物になることを、象徴的かつ予兆的に語るのである。

これらの例に比較すれば、『日本書紀』に記載された聖徳太子の誕生は、それほど特殊ではない。むしろそこには、聖者のこの世への出現は、その始まりから神秘的な徴を付随されるという、一定の伝記的法則が看取されるようである。それゆえにまた、「廐の戸に当りて、労みたまわずして忽に産みませり」とある聖徳太子の廐戸懐胎説話は、渡唐の僧が当時の中国に伝わっていたキリスト降誕説話を伝聞して太子伝に付会したのではないかという説[37]や、それに対して、むしろ古代インドの説話が一方で西行してキリストの誕生に結びつき、他方、日本に伝わって聖徳太子の誕生譚に結びついた可能性を示唆する説[38]、さらに、「超人的な勢能のやうなものが厩における生誕によって得られる」とする伝承がアラビア地方に存在することを指摘し、さらにその考えが旧石器時代まで遡及しうるとする説[39]などが、文化伝播の有無の次元を超えて、ここでは聖伝の構造にかかわって問題とされるのである。

聖徳太子の特殊性ということにかかわっていえば、先の記事において注目に値するのは、「兼ねて未然を知ろしめす。且、内教を高麗の僧慧慈に習ひ、外典を博士覚哿に学び」という記述である。この内教は仏教を、外典はそれ以外の書籍、特に儒教の書物をそれぞれ指しているとされるが[40]、鎌田東二の考察によると、ここで「知未然」とあるのは、神道、特に伝統的な神祇祭祀の中で非常に重要な要素であった、シャーマニスティックな要素を示しているという[41]。

鎌田はさらに、聖徳太子のこの「知未然」能力について、興味深い比較考察を行っている。彼によれば、『日本書紀』の中で「知未然」の用語が使われている箇所はもう一つだけあり、それは神に仕える巫女の特殊な能力を意味しているという。すなわち、崇神天皇紀一〇年秋九月条に記す。

是に、天皇の姑倭迹迹日百襲姫命《やまとととびももそひめのみこと》、聡《さと》明く叡《さか》智しくして、能く未然《ゆくさきのこと》を識りたまへり。[42]

ここで「天皇」とあるのは崇神天皇のことであるが、倭迹迹日百襲姫はその姑にして、孝霊天皇の娘でもあった。書紀の伝える伝承によると、崇神天皇が大彦命《おおびこのみこと》を北陸道に遣わした際、途中の和珥《わに》[43]の坂で一人の少女が歌っているのを聞いた。その内容は、「御間城入彦《みまきいりびこ》（崇神天皇）が自分の命を狙われているのも知らずに遊んでいるよ」というものであった。大彦命は少女にその歌の意味を尋ねたが、その童女はもう一度その歌を歌ってたちまち見えなくなった。そのことはすぐに崇神天皇に報告されたが、その時に倭迹迹日百襲姫は、それが武埴安彦《たけはにやすひこ》の謀反の前兆であることを見抜き、天皇に上申したので、天皇は謀反に備え、これを打ち破ることができたという(44)。

また、崇神天皇七年春二月条では、災害が続くいわれを天皇が占おうとしたとき、倭迹迹日百襲姫に大物主神が乗り移って、自分を祀るように語ったと記されている(45)。倭迹迹日百襲姫は、神の依りましとして神の言を代弁するシャーマンであった(46)。それゆえに、単に「聡明」で「叡智」が優れているだけでなく、「能く未然を識」ることができたのである。このことは、「聖智」を持ち、「兼ねて未然を知」ることができたとされる聖徳太子を彷彿とさせる。

さて、大彦命の前で意味深長な童謡《わざうた》を歌った童女は、たちまち見えなくなったとあるので、この伝承の伝え手にとっても、また『日本書紀』の編者にとっても、おそらく神の使いかあるいは化身であったと考えられていたに違いない。すなわちその歌は託宣であった(47)。一方、武埴安彦の謀反は史実を反映していると考えられる。ここで問題なのは、童女が歌を歌ったことあるいはその内容が史実であるかどうかではない。解釈を必要とするのは、武埴安彦の謀反という歴史的事件――それは、少なくとも『日本書紀』の編者にとって、国家的大事件であった――に先立ってそれを暗示する神託が語られていることであり、また、童女の童謡（神託）と武埴安彦の謀反（歴史）とをつなぐ媒介として、倭迹迹日百襲姫のシャーマン的能力が介在していることである。

予言能力を持つシャーマンが、託宣を通じて国家のまつりごとにおいて重要な位置を占めることは、『魏志』に語られる卑弥呼にまで遡ることができる。その「倭人伝」が伝えるところによると、卑弥呼は呪術に優れ、神まつりによって人々を治める女王であった。さらに女王の系譜ということからすれば、天照大神にまでいたることもできよう。また、シャーマン的女性という点では、天照大神を天岩戸から引き出す上で中心的な役割を果たした天鈿女命も忘れてはならない。ここで注意したいのは、アメノウズメノミコトからヒミコを経てヤマトトトビモモソヒメへといたるシャーマン的女性の系譜である[48]。

一方、崇神天皇と倭迹迹日百襲姫との間の、すめらみこととその協力者という関係は、推古天皇と、その摂政として天皇を補佐した聖徳太子との関係と、パラレルである。聖徳太子も「兼ねて未然を知」る能力によって、その叔母である天皇を補佐したのであって、その功績は『日本書紀』編纂者が大いに強調するところであった。ここで興味深いのは、男性の崇神天皇に対して、その姑《みをば》であり神道的シャーマンの系譜を継ぐ倭迹迹日百襲姫が補佐するという関係と、女性の推古天皇に対して、仏教の和国の教主と称される甥の聖徳太子が輔弼するという関係の、構造的類似と相違である。すなわちこの二つの関係には、天皇のマツリゴトを、異性の近親者がシャーマン的予言能力によって補佐するという構造的類似性が見られると同時に、男帝と女帝、オバとオイ、そして神道と仏教という、きわめて明瞭な対照が示されている[49]。

ここでとりわけ注目したいのは、推古天皇（豊御食炊屋姫天皇）の巫女王的側面である。トヨミケカシキヤヒメ[50]という名称自体が、シャーマン的職能を予感させる推古天皇は、政務の多くを摂政に委ねつつも、皇太子（聖徳太子）と大臣（蘇我馬子）に詔して仏教を興隆させたり[51]、皇太子・大臣らとともに誓願を立てて、初めて仏像を作らせたりした[52]一方で、一五年二月に詔して、

朕《われ》聞く、曩者《むかし》、我が皇祖《みおや》の天皇等、世を宰めたまふこと、天《あめ》に跼り《せかがま》地《つち》に蹐《ぬきあしにふ》みて、敦《あつ》く神祇《あまつかみくにつかみ》を禮《ゐや》びたまふ。周《あまね》く山川を祠り、幽《はるか》に乾坤《あめつち》に通す。是を以て、陰陽開け和ひて、造化共《あまな》に調る。今朕が世に當りて、神祇を祭《いは》ひ祀ること、豈《あに》怠ること有らむや。故、群臣《まへつきみたち》、共に爲に心を竭《つく》して、神祇を拜《ゐやびまつ》るべし。[53]

とのたまい、それを受けて皇太子と大臣は、百官を率いて神祇を拝したとされる。ここに中国の古典を用いつつ、道

教的・陰陽道的世界観を背景にして象徴的に表現されているのは、まさに宗教的統治者としての天皇の権威であり、その中心的儀礼としての神祇祭祀である。推古天皇は、巫女王として、仏教を奨励しつつも「皇祖天皇」以来の神祇をおろそかにしない。

これに対して象徴的な意味を持つと考えられるのは、その詔に先立つ一四年七月に、推古天皇が皇太子に命じて『勝鬘経』を講じさせたと記録されている点である。すなわち、「秋七月に、天皇、皇太子を請《ま》せて、勝鬘経を講《と》かしめたまふ。三日に説き竟《を》へつ」[54]とある。聖徳太子によって実際に講経が行われたのかどうかの真偽はここでは問わない。問題は、なぜ『勝鬘経』なのか、ということである。すなわちこの『勝鬘経』は、ブッダ時代のコーサラ国プラセーナジット王（波斯匿王）の娘、勝鬘夫人を語り手として、如来蔵思想を説くものであるが、聖徳太子の作と伝えられる「勝鬘経義疏」では、この勝鬘夫人自身が如来の分身であり、人々を教化するために女性の姿をあらわしたと説く。この講経を通じて推古天皇が、自らを勝鬘夫人に重ね合わせたであろうことは想像に難くない。それと同時に聖徳太子のここでの役割は、日本におけるシャーマン的巫女王の伝統に、仏教的意味付けを行うことにあった[55]。しかしそれが可能であったのは、先の倭迹迹日百襲姫との類比で示唆したように、聖徳太子が「兼ねて未然を知」る能力を有していたからであり、それはまた、聖徳太子に帰される有名な言葉との類比で言えば、仏（唯一の真理）と世間（虚仮の世界）とを自在に横断し、媒介するシャーマン的能力でもあった[56]。

摂政として、また皇太子として、推古天皇を政治的に補佐する立場にあった聖徳太子は、卑弥呼（さらに天照大神や天鈿女命）から連続する土着の巫女王＝宗教的統治者の系譜にある推古天皇に対して外来の仏教を「講じる」ことで、女帝との立場を逆転した。しかし、推古一五年二月条の記事にも窺えるように、聖徳太子の仏教的立場が完全に上回ったわけではなかった。むしろ「聖徳太子」の宗教的意義は、シャーマン的予言者という役割をみずから引き受けることで、『日本書紀』を超えてその後大きく展開していくことになるのであるが、それについては次章に譲るとして、今しばらく『日本書紀』の記事を追っていこう。

第三節　聖を知る聖——貴人と飢者

『日本書紀』の太子記事の中で、誕生記事同様に神秘性の濃いものとして、いわゆる片岡山飢者説話がある。すなわち、推古天皇紀二一年（六一三）条によれば、

十二月の庚午の朔に、皇太子、片岡に遊行《い》でます。時に飢者《うゑたるひと》、道の垂《ほとり》に臥《こや》せり。仍りて姓名《かばね》を問ひたまふ。而《しか》るに言《まう》さず。皇太子、視《みそなは》して飲食《をしもの》與へたまふ。即ち衣裳《みけし》を脱きたまひて、飢者に覆ひて言はく、「安らかに臥《ふ》せれ」とのたまふ。則ち歌ひて曰く、

しなてる　片岡山に　飯《いひ》に飢《ゑ》て　臥せる　その旅人《たひと》あはれ　親無しに　汝《なれ》生《な》りけめや　さす竹の　君はや無き
飯に飢て　臥せる　その旅人あはれ

とのたまふ。辛未に、皇太子、使を遣して飢者を視しめたまふ。使者、還り来て曰さく、「飢者、既に死《みまか》りぬ」とまうす。爰《ここ》に皇太子、大きに悲しびたまふ。則ち因りて當の處に葬《をさ》め埋ましむ。墓固封《つかつきかた》む。數日之後、皇太子、近く習《つかへまつ》る者を召して、謂《かた》りて曰はく、「先の日に道に臥して飢者、其れ凡人に非じ。必ず真人《ひじり》ならむ」とのたまひて、使を遣して視しむ。是に、使者、還り来て曰さく、「墓所《つかどころ》に到りて視れば、封め埋みしところ動かず。乃ち開きて見れば、屍骨《かばね》既に空しくなりたり。唯衣服のみ畳みて棺の上に置けり」とまうす。是に、皇太子、復《また》使者を返して、其の衣《みそ》を取らしめたまふ。常の如く且服《またたてまつ》る。時の人、大きに異《あやし》びて曰く、「聖《ひじり》の聖を知ること、其れ實《まこと》なるかな」と

いひて、逾《いよいよ》惶《かしこま》る。[57]

片岡[58]に遊行に出た皇太子は、道のほとりの飢者を見て飲食や衣装を与え、いたわりの言葉をかけた。翌日、皇太子は飢者のところに使者を遣わしたが、すでに飢者が死んでいたことを聞かされ、哀しんで埋葬させた。数日後、皇太子は、先日の飢者は凡人ではなく、「真人」であるといい、改めて使者を遣わして墓所を調べさせたところ、遺骸は消えうせ、衣服のみが棺上に畳んで置かれていた。皇太子はその衣服を以前のように常用し、時の人は大いに不思議がって「聖の聖を知ること、それ真なるかな」といい、皇太子に対する畏敬の念を深めたという。

ここでの「皇太子」のイメージは、飢者の窮乏が極まれば極まるほど、その慈愛が強調される。「飯に飢て臥せるその田人あはれ」とリフレインされることで、食するものがなくて死ぬほどの辛苦に堪える貧民に対する太子の同情と施しとは、大乗仏教の菩薩行を彷彿とさせるが、しかし、この説話で最も興味を引くのは、そのような慈悲行ではなく、むしろ「聖が聖を知る」とうわさされた神秘であり、それが道教的に表現されていることである。

この記事に関しては、先行研究においても、太子の慈悲の物語に道教の尸解仙《しかいせん》の思想が加わって、太子の真人であることを示そうとしたものである、との指摘がなされている。たとえば津田左右吉は、『日本古典の研究』下巻において、「片岡の飢者の物語は、神仙説にいふ尸解仙の話であって、神仙伝などに多く見えるものであるが、仏家もまた僧徒の神異を語るためにそれを利用したので、高僧伝の仏図澄、竺仏調、渉公などの伝にそれが記されてゐる」[59]と指摘し、また福永光司も、「この時の聖徳太子は、道教の『真人』——不老不死の道術の実践者——を凡人と識別する能力をもち、道教における『尸解』の仙術——唯だ衣服のみを棺上に残して屍骸はすでに空しくなっている仙去の仕方——の理解者とされている」[60]と記している。

ここでいう尸解仙とは、上述の福永光司の引用にも簡単に説明されているが、道教でいうところの神仙の一種である。中国では紀元前四世紀から三世紀にかけての戦国時代にすでに神仙思想の萌芽が見られるが、その中心は、現世において不老不死を実現する方法の探求であった。さらに、この不死の術を体得したものを神仙と称し、その神仙は天に昇ることができる（上天）と考えられた(61)。

神仙思想は、道教・陰陽道と結びついて、早くから大陸や朝鮮半島から日本に伝えられていたと考えられる(62)。『日本書紀』においても、例えば推古天皇一〇年条において、百済の僧観勒《かんろく》が遁甲方術の書を伝えたとある(63)。また、伊吹山の神の祟りにあって不遇の死を遂げた日本武尊を葬ったときの出来事として、次のような伝承が記されている。

> 時に日本武尊、白鳥と化《な》りたまひて、陵《みささぎ》より出で、倭國を指して飛びたまふ。群臣等、因りて、其の棺櫬《ひつぎ》を開きて視たてまつれば、明衣《みそ》のみ空しく留りて、屍骨《みかばね》は無し。(64)

日本武尊が白鳥に化して飛天した話はあまりにも有名であるが、ここで注目したいのは、その後、衣服のみが残され、遺骸は跡形も無かったという点である(65)。これは、まさに尸解仙の特徴であり、少なくとも『日本書紀』の編者にその知識があったことは十分考えられる。

道教では、人生や宇宙の根源的な真理を「道《タオ》」と呼び、その「道」を体得した人のことを「真人」という。こうした道教の自然観と聖人観とが結びついて神仙思想が生み出されたのである。片岡山飢人説話は、おそらくこのような道教の知識を有した人の手になる太子伝から『日本書紀』に採録されたと推測されうる(66)。

この説話は、神仙思想にある尸解仙の影響を受けた説話であり、国の正史たらんとする『日本書紀』の記事としてはきわめて出色であるが、本書にとってそれ以上に重要な点は、本来主役であるべき尸解の「真人」よりも、それを見抜いた太子の「聖」であることに力点が置かれていることである(67)。すなわち、飢者が道教の「真人」であることを見抜くことによって「皇太子」が「聖」であることを証明するとともに、この事実を「時の人」が確認したことを記述している。この「時の人」は、「皇太子」＝「聖」の信奉者がすでに存在していたことを予感させる。この観点からすれば、片岡山飢者説話は、東漢氏などの渡来系氏族においても、厩戸王が道教の「真人」と並ぶ「聖」として尊崇されていたことを示そうとしているという田村圓澄の指摘もあながち的外れなものとはいえない(68)。

さて、この説話は、『日本書紀』においてのみならず、のちの一連の太子伝においても、少しずつ内容を変えながら、聖徳太子の聖性を語るエピソードとして伝えられていく(69)。その理由は、『日本書紀』のこの記事においてすでに明らかである。それは、聖徳太子と飢者の双方が聖であったということに由来するものではない。この説話においては、聖徳太子だけでなく、一人の飢者もひじり（真人＝聖）と見なされる。しかし、その飢者が聖であることを見抜く（すなわち審神する）のは、シャーマン的能力を有する聖徳太子である。

ここで忘れてならないのは、この出来事の中心人物が、尸解仙としての飢者ではなく、それを指摘した聖徳太子とされていることであろう。飢者が尸解の仙術を用いたことではなく、むしろ聖徳太子がそれを看破したという事実に対して、「時の人」は「大きに異び」（不思議がり）、またそれゆえに聖徳太子に対して「いよいよ惶《かしこま》った」（畏まった）のである。たとえ道教的知識を持たない人々にとっても、この出来事は、聖徳太子の聖性に対して畏怖の念を喚起するのに十分であった。

そう考えれば、道のほとりの飢者が、姓名を問われて答えなかったことも象徴的な意味を含んでいる。すなわちこの飢者は∧なまえ∨を持たないのである。このことは、多くの∧なまえ∨を冠された聖徳太子と鋭い対照を見せている。ともに「ひじり」として聖なる存在と見なされている両者が、一方では∧なまえ∨を持たない、すなわち人格的固有性と結びつかない一介の「田人」（農夫）として匿名化され、いわば歴史から忘却されてしまうのと対照的に、聖徳太子は、その誕生や神秘的能力を反映した〈なまえ〉を獲得し、そのことによって固有の人格性を、歴史的にも文化的にも、形成する。それと同時に、逆にそのことを通じて、歴史や文化を規定するような規範的存在としての「聖徳太子」が誕生するのである(70)。このプロセスを、レイノルズとカップスに倣って「伝記的過程」(biographical process)と呼んでもよい(71)。

それに関連して注目されるのは、聖徳太子がいったん飢者に下賜した衣服を再びみずから着用したという点である。この記述は、尸解仙とは関係がない。宗教学的に解釈すれば、それはむしろ、死と再生の象徴と考えられる。すなわち、実際に死んだのは飢者であるが、その飢者が残した衣服を身に着けることで、聖徳太子自身が飢者＝死者＝聖と一体化するのであり、それはまさに死と再生の儀礼的行為なのである。このことの象徴的意味に関して五来重は、「逆修《ぎゃくしゅ》」の古い形式を反映しているのではないかと推測している。「逆修」とは、仏教で、「生前から死後の菩提を祈って仏事を行うこと」であり、「平安時代から盛んになった」(72)とされる。

平安初期の太子伝である『上宮聖徳太子伝補闕記』によると、聖徳太子は、山西科長山本陵を巡看した帰りに、道を枉げて片岡山に行ったことになっている。この科長(磯長)陵は、太子が生前中に、自分の墓としてあらかじめ築造させていたものである。五来の推察によれば、生前このような墓に入って一度死んだことにして葬式するのが逆修の古い形であり、その基底にあるのは、このようにして再生すれば長生きができ、また安楽に死ね、さらに極楽に往生できるという信仰であった(73)。

この説話は、推古天皇紀二一年(六一三)のことであると伝えられる。『日本書紀』によれば、推古天皇元年に摂政となった聖徳太子は、冠位十二階を施行し、憲法十七条を作り、また小野妹子を隋に遣わすなど、内政上にも外交上においても、数々の業績を立ててきたが、この年以降、二九年に没するまでは、二八年に蘇我馬子とともに天皇記や国記などを記録したことを例外に、書紀は太子のことを伝えていない。

第四節　歴史を叙述する太子

『日本書紀』によると、聖徳太子は自ら歴史記述に従事したとされる。推古天皇二九年（六二一）には、次のような記事がある。

是歳、皇太子・嶋大臣《しまのおほおみ》、共に議《はか》りて、天皇記《すめらみことのふみ》及び國記《くにつふみ》、臣《おみの》連《むらじ》伴《とものみやつこ》造《くにのみやつこ》國造百八十部并て公民等《おほみたからども》の本記《もとつふみ》を録《しる》す。(74)

ここで嶋大臣とは、蘇我馬子のことである。「天皇記」は、従来「帝紀」「帝王日継」と称されているものを基に歴代天皇の諸事績をまとめたもの、「國記」は、「旧辞」「旧事」などと呼ばれているものを中心に国家の歴史をまとめたものにそれぞれ当たり、また、その他の、諸家に伝わる系譜や伝承などをまとめたものが「臣連伴造國造百八十部并公民等本記」と題されたと推測される(75)。この記事の史実としての信憑性については、ここでは問わない。問題は、『日本書紀』が完成した養老四年（七二〇）からほぼ百年前に書かれた「歴史」、およびその「作者」に対する『日本書紀』の姿勢である。

『日本書紀』によると、皇極四年（六四五）六月に、中大兄皇子が、蘇我馬子の孫にあたる蘇我入鹿を殺し、さらにその父である蝦夷を討とうとした。蝦夷は、誅殺されるにあたって、「天皇記・國記・珍寶を焼」いたが、船史恵尺《ふねのふびとゑさか》(76)が、「疾く、焼かるる國記を取りて、中大兄に奉」ったという(77)。この国家的大事件によって、「歴史」が「焼失」してしまったことは、聖徳太子とともに歴史編纂にたずさわった嶋大臣＝蘇我馬子の一族の「滅亡」と重ね合わせて、象徴的である(78)。天皇と並ぶ勢力を誇った蘇我馬子と、その血を受け継ぐ聖徳太子による「歴史」が失われたことは、複数の「歴史」が天皇家の「歴史」に一元化されていく過程の一端でもあった。それと同時に、数多くの神話が天皇神話へと援用され、組み込まれるのであって、この両者は車の両輪のように相互に密接に関連している。

一方、「大化の改新」として知られるこの歴史上の出来事は、「日本」の「歴史」における一つの危機的状況であった(79)。それゆえにまた、「歴史」の「再生」も図られたのである。すなわち、この事件の翌日には、皇極天皇が位を軽皇子に譲り、中大兄皇子を皇太子として新政が開始された。同時に、日本で初めての年号である「大化」が立てられ、また翌年には、都が飛鳥から難波に移されるなど、律令体制が出発するのであり、このような歴史的事件の記憶が生々しく残っていた時代に編纂された『日本書紀』において、「歴史」の「焼失」が単なる歴史上の出来事に終わらない、象徴的かつ宗教的な意味をこめて記述され、また読まれたであろうことは、想像に難くない。

編集され、叙述された歴史、書かれた歴史は「焼失」しても、それが焼失してしまったという事実、事実としての歴史は、「撥無」されない。ヒストリオグラフィーになしうるのは、そのことに対して救済論的意味を与えるメタヒストリーを志向することであり、聖なる人物のこの世への出現が同時に歴史全体を聖化するという信念から生み出される聖伝において、その志向性は最も著しい。

第五節　薨る皇子——日本武尊との類似性

「法隆寺釈迦像光背銘」「天寿国繡帳銘」「法起寺塔露盤銘」『上宮聖徳法王帝説』『聖徳太子伝補闕記』など、ほと

んどの史料は聖徳太子薨去を推古天皇三〇年（六二二）と記す点で一致しているのに対し、唯一『日本書紀』だけは、それを推古天皇二九年のこととして記録している。おそらくそれは、坂本太郎らも指摘しているように、書紀編者が上述のものとは異なる記録伝承に基づいて記したことによるものであろう[80]。ただし、本書の主旨からすれば、いずれの年が正しいかは、当面、重要な問題ではない。重要なのはむしろ、太子の死を当時の人々がどのように受容したかということに関して、書紀の編者がいかなる解釈を与えているか、である。

『日本書紀』によると、推古天皇二九年（六二一）二月癸巳条に、太子が斑鳩宮で薨去したことが記されている。その時の様子は以下のように描かれている。

二十九年の春二月の己丑の朔癸巳に、半夜《よなか》に厩戸豊聡耳皇子命、斑鳩宮に薨《かむさ》りましぬ。是の時に、諸王・諸臣及び天下の百姓、悉に長老は愛き児を失へるが如くして、塩酢の味、口に在れども嘗《な》めず。少幼は慈《うつくしび》の父母を亡へるが如くして、哭《な》き泣《いさ》つる聲、行路《みち》に満てり。乃ち耕す夫《もの》は耜《すき》を止み、舂《いねつ》く女《め》は杵《きねおと》せず。皆曰はく、「日月輝《ひかり》を失ひて、天地既に崩れぬ。今より以後、誰をか恃《たの》まむ」といふ。[81]

「厩戸豊聡耳皇子命」の死は、「諸王・諸臣」から「天下の百姓」にいたるまで多くの人々の悲歎を誘った。それは単なる優れた政治的指導者ないし皇子に対するものを、はるかに超えている。これほどの追悼文は、『日本書紀』において、他にわずかに日本武尊の薨去記事が類するくらいのものである。

よく知られているように、日本武尊（小碓命）は、その父である景行天皇の命により、西国の熊襲や東国の蝦夷を平定するなど、大和朝廷がその支配地域を拡大する上で、大いに貢献したと伝えられる。波乱に満ちた「英雄」の短い生涯を語る多くのエピソードは、聖伝研究にとっても示唆に富むが、ここでは聖徳太子伝とのかかわりに限定して論を進めたい。

両者に共通していることの一つとして、いずれも「ヒツギノミコ」として皇位継承者の候補と目され、王権を継ぐだけの十分な功績があったにもかかわらず、不幸にして王位につけなかったという点が挙げられる。小碓皇子と厩戸皇子は、いずれも天皇になることなくその生涯を終えた[82]。もちろん、この二人以外にも、天皇になれなかった皇子は数え切れない。しかし、記紀に記載された多くの皇子女[83]のうち、この二人の皇子は別格であり、そのことは両者に共通する特別な性格に由来する。その性格とは、端的に言えば、超人的・神秘的な能力と特異な死という点である。

『日本書紀』によれば、日本武尊は、幼少の頃より「雄略《をを》しき気《いき》」があり、「容貌魁偉」にして、「鼎《かなへ》」を持ち上げることができるほどの怪力であったという[84]。また、敵を欺く才知にも優れていた。『古事記』が伝えるその性格はさらに獰猛である。少年の頃のエピソードによれば、父景行天皇に対して従順でない双子の兄の大碓命を「搤《つか》み批《ひし》ぎて、其の枝を引き闕きて、薦に裹《つつ》みて投げ棄て」[85]たという。すなわち、とり捕まえてその四肢を裂き、こもに包んで投げ捨てたのである。その荒々しい性格を恐れた天皇は、西国の熊襲を討つように小碓命に命じたという。

日本武尊の荒々しい勇猛さは、ルドルフ・オットーの言う「ミステリウム・トレメンドゥム」(*mysterium tremendum*)を彷彿させる。すなわち、すぐれて畏怖の念を起こさせる、聖なるものの恐ろしい側面の顕現である。しかしそれは同時に、叛乱の相次ぐ世を平定する英雄には欠くことのできない側面でもあった。なぜなら、荒く猛々しいのは一人日本武尊だけではない。熊襲や蝦夷など東西各地で天皇に反抗するものたちは、皆そうであった。景行天皇によって下された詔は、単に「まつろはぬ人等」を「和し平げ」るだけではない。同時に「荒ぶる神」も平定することが命じられたのである[86]。これらの「荒ぶる神等」を平定するには「さらに荒ぶる神」によるしかない。

そのことを象徴的に示すエピソードがある。それは、小碓命に討たれて絶命しようとしている熊襲建が、小碓命に対して「倭建」という名前を献上したという有名な話である。これは、「倭建」の名称を説明する命名譚であるとされるが、ここではその象徴的意味が重要である。すなわち、「勇猛な人」を意味する「建」という名前を譲る話において、「荒ぶる神」を討つことでさらにその神格を受け継ぎ、英雄としての聖性を完成させていくプロセスが、名前の委譲という儀礼的行為によって表現されているのである。

先に、日本武尊が死して後、白鳥に化して飛び去った話に言及したが、我が子の死の報を聞いた景行天皇は、「昼夜喉咽《むせ》びて、泣ち悲びたまひて標擗《みむね》ちたまふ」(87)ほど、大いに嘆き悲しんだと伝えられる。しかし、ここで死者を悼むのは、突然愛児を亡くした父親であり、それ以外の人々の哀惜については記されていない。これは「諸王・諸臣」から「天下の百姓」にいたるまで、皆が悼んだ聖徳太子の死と、対照的ですらある(88)。先のオットーの表現を再び援用すれば、勇猛な日本武尊に対比される太子は、慈愛に満ちた「ミステリウム・ファシナンス」(*mysterium fascinans*)の側面の顕現であるといえよう。それゆえにこそ、その死に直面して、「長老は愛児を失へるが如く」、「少幼は慈の父母を亡へるが如く」悲しんだのである。ここにおいて、日本武尊の聖者性と聖徳太子のそれとは著しい好対照を見せる。この両者は、その後、日本の宗教伝統において、長い間、「ミソ＝ヒストリカル」な聖者の「パラダイム」として扱われることになるのである。

太子の死に際して人々は、さらに、「日月輝を失ひ、天地既に崩れぬ」と語ったとある。このコスモロジカルな表現が象徴するものについても解釈が必要であろう。聖徳太子の死は、宇宙の終わりとして、終末論的な意味において受け取られた。それはまさにコスモスの終焉として体験され表現されたのである。しかし、それだけにとどまらない。続けて「今より以後、誰をか恃まむ」という嘆きは、同時に、一つの歴史が終わったことを物語っている。後に示すように、この歴史的危機の意識は、太子の同時代人のみならず、『日本書紀』の編者によっても共有されている。それゆえにこそ、太子の薨去は、他の薨伝に比べて著しく強調されているのである。

もちろん、『日本書紀』において厩戸王の死が別格の扱いを受けているのは、書紀の編者によって厩戸王が「聖人」

「大聖」であったと解釈されているからである。聖徳太子薨去当時の民衆がこの記事通りにその死を悼んだのか、またそれはいったいいかなる理由であったのかについては、書紀から正確な解答を得ることは不可能であろう。ただ確実なのは、書紀の編者にとって、厩戸王が「聖人」「大聖」であったことは所与の事実と考えられていることであり、そのような人物の死は、通常の死とは異なるものであったはずだと観念されていたことである(89)。

先に見た倭迹迹日百襲姫命もまた、三輪山の大物主神の妻となるが、その正体を見たために神の怒りを買い、失意のうちに箸に陰《ほと》を突いて死んだ。その「墓は、日は人作り、夜は神作」ったとされている(90)。このように、『日本書紀』に見られる聖徳太子伝承、日本武尊伝承、および倭迹迹日百襲姫命伝承には、超人的・神秘的な能力と特異な死という二点で構造的な共通点が見られる(91)。それらの聖伝には、大和王権の確立と正統性を物語る神話と歴史を整合的に編纂しようとする、記紀作者の政治的・宗教的志向性を見てとることができるのである。

第六節　三統を包貫く日本の聖人

聖徳太子が「聖人」と仰がれていたことに関連して、『日本書紀』は、太子薨去記事に続いてさらに、かつて太子の仏教の師であった慧慈が、遠く離れた高句麗の地において太子の薨去の報に接して大いに落胆して悲嘆にくれたことを紹介し、慧慈が次のように語ったと伝えている。

高麗《こま》の僧慧慈、上宮皇太子薨りましぬと聞きて、大きに悲ぶ。皇太子の爲に、僧を請せて設斎《をがみ》す。仍りて親ら経を説く日に、誓願ひて曰はく、「日本國に聖人有《ま》す。上宮豊聡耳皇子と曰す。固《まこと》に天に縦《ゆる》されたり。玄《はるか》なる聖の徳を以て、日本の國に生れませり。三統を苞み貫きて、先聖の宏猷に纂《つ》ぎ、三寶を恭み敬ひて、黎元の厄を救ふ。是實の大聖なり。今太子既に薨りましぬ。我、國異なりと雖も、心断金《うるはしき》に在り。其れ独り生くとも、何の益かあらむ。我来年の二月の五日を以て必ず死《みまか》らむ。因りて上宮太子に浄土に遇ひて、共に衆生を化《わた》さむ」といふ。是に、慧慈、期《ちぎ》りし日に當りて死る。是を以て、時の人の彼も此も共に言はく、「其れ独り上宮太子の聖にましますのみに非ず。慧慈も聖なりけり」といふ。(92)

ここで慧慈が語ったとされる言葉を検討してみると、その中には、「ひじり」と訓みうる語が、「聖人」「玄聖」「先聖」「大聖」と四つもあることがわかる。もっとも、その中の「先聖」は、父の用明天皇を指すと考えるべきであるから、聖徳太子自身を形容する言葉としては「聖人」「玄聖」「大聖」の三語である(93)。

「天に縦されたり」というのは、天に許されてほしいままにしうるという意味で、中国の史書に多く見られる用例であるという(94)。この表現も、太子薨去記事同様、太子の聖性のコスモロジカルでシンボリックな表現であるといえよう。天＝大宇宙と太子＝小宇宙との間の照応関係をあらわしているとも解釈できる。また、「三統を苞貫きて、先聖の宏猷に纂ぎ」とも賞賛されているが、ここで「三統」とは、夏(95)・殷(96)・周(97)の三代の暦を指しており、それを「苞貫」するとは、禹王・湯王・文王の三代の聖天子に匹敵するほどの才能をもって、先帝の宏大な計画を継承したことをいう。中国の史書を引いたこれらの表現には、「日本の天子」としての聖徳太子によってなされた事績が、「日本の歴史」にとって画期的な出来事であったことを（間接的に）称賛せんとする書紀編者の意図が看取されよう。

慧慈は、太子亡き世に独り永らえても益なしとして、来年の太子の命日に死んで、浄土で太子に遇い、ともに衆生を化することを誓願し、その言のごとく当日に死んだがゆえに、時の人は「其れ独り上宮太子の聖にましますのみに非ず。慧慈も聖なりけり」とうわさしたとある。この記事は、表面上は慧慈が主体であるが、片岡山の記事同様、太子の聖徳を称えることに主たる目的があることは明らかであろう(98)。すなわち、太子在世中の日本において著名な仏僧であった慧慈の口を借りて太子を「聖人」「大聖」と称え、さらに高句麗や日本の「時の人」にそれを追認させるという形で、聖徳太子の聖性を「歴史的に」記述しようとしているのである。

片岡山飢者説話には日本在住の渡来系の人々の影響が背後にあると推測されている。また、慧慈悲歎説話も、遠く高句麗の人々を想定し、異国にまで「皇太子」＝「聖人」「大聖」観が受容されていたことを、それらの人々の「語り」を通して説明している。『日本書紀』におけるこのような「歴史記述」への性向に、「聖徳太子」を通じて顕現する聖の、その歴史的意味を（宗教的かつ政治的に）理解しようとする意図が見出されるのである。

しかし、歴史記述において「聖徳太子」をある歴史的文脈の中に位置付けることで聖化しようとする試みは、聖なるものの顕現である「聖徳太子」そのものによって、たちまち逆転されてしまう。すなわち、聖徳太子が「歴史的存在」であるという出来事そのものによって「歴史」が聖化されるのである。太子を「歴史的に」叙述しようとする書紀の意図に反して、太子を取り巻く歴史も世界の状況も、太子の存在に収斂していく。ここに、歴史を「聖徳太子」に収斂させることで歴史全体を救済の神話へと読み換えようとする、後の一連の太子伝に一貫して見られる宗教的・歴史的志向性のパラドキシカルな構造を予見できよう。それは、ヒエロファニー（聖なるもののあらわれ）を歴史的に記述しようとする試みに普遍的に内在するパラドックスでもある。なぜなら、聖なるものは歴史においてしか顕現しえないが、顕現すると同時に、それは歴史を超越していくからである。それゆえ、聖者としての聖徳太子を歴史的に記述しようとする試みは、必然的に「神話化」のプロセスをたどることになろう(99)。

第七節　『日本書紀』における太子像の歴史的・宗教的意味

本章で取り上げた『日本書紀』記載の太子記事からは、太子像の二面性が窺える。すなわち、小倉豊文に倣っていえば、「人間としての太子」および「信仰の対象としての太子」であり(100)、田村圓澄に従えば、「歴史的実在としての太子」と「宗教的存在としての太子」である(101)。ここでは、太子像が内包している緊張を構造的に読み解くために、田村とともに、歴史的に実在した人物を「厩戸王」、信仰の対象としての宗教的人格を「聖徳太子」としてしばらくの間、便宜上区分し、両者間の構造的緊張関係を歴史的に再構成したい(102)。

近代日本の歴史学における太子研究は、そのほとんどが「厩戸王」と「聖徳太子」とを厳密に分離しようとする意識において通底している。その背景として、聖徳太子に関する史料が比較的豊富にあるにもかかわらず、太子の真の事績であるかどうかの実証に耐えうるものがきわめて少ないという事情がある。それは、聖徳太子薨去直後から、「人間としての太子」と「信仰の対象としての太子」、「歴史的実在としての太子」と「宗教的存在としての太子」とが錯綜して人々の記憶を構成し、それに基づいてさまざまな「物語」が「神話」化されていったからである(103)。

書紀中の太子関連記事のほとんどが、先行する太子伝の引用ないし創作であり、史実とは認められないという立場は、『日本古典の研究』をはじめとする津田左右吉の一連の研究を嚆矢とすると言ってよい(104)。その流れを受け継いで、書紀の太子記事の史実性をさらに批判的に追求したものに、上述の、小倉豊文による『聖徳太子と聖徳太子信仰』がある。また、坂本太郎は、書紀の太子関係記事の一つ一つについて、その典拠を考察し、先行の太子伝に基づいたと見られる記事を指摘した。さらに、ここで利用された太子伝が、太子の政治的業績よりも聖者としての太子の遺徳を称えることに主眼が置かれていること、それが仏教だけに偏ったものでは必ずしもないこと、法隆寺の寺伝や資料と無関係であると推察されることなど、非常に興味深い指摘を行っている[105]。このような流れは、さらに、大山誠一の近著『〈聖徳太子〉の誕生』に典型的に見られるように、「聖徳太子」そのものの実在性を疑うところにまで達している。すなわち、厩戸王は存在したかもしれないが、聖徳太子なる人物は、聖徳太子信仰によって生み出された虚像だというのである[106]。

他方、「歴史的実在としての太子」と「宗教的存在としての太子」の違いを明確に意識しつつ、「純客観的な太子研究は『聖徳太子信仰』の研究でのみ可能」[107]として、聖徳太子信仰を歴史学的に扱う研究も少なくない。厩戸王＝聖徳太子の史実性よりも聖徳太子信仰の歴史的展開の方がより史実性を明らかにしうるという主張は、それなりに説得力がある。この立場を代表する研究としては、上述の小倉豊文の他に、林幹弥、田中嗣人などを挙げることができよう[108]。

以上のような学問的関心にほぼ一致して窺えるのは、「厩戸王」を「実像」、「聖徳太子」を「虚像」として「弁別」せんとする歴史実証主義的方法である[109]。本書は、かかる方法論を視野に収め、批判的に吟味しつつも、宗教学の方法論に基づかんとする。すなわち、「聖徳太子」が「虚像」ではなく「実像」として見なされる地平、リアルなものとして受け取られている宗教的次元を問題にするのであって、その中心的課題は、「厩戸王」の史実性ではなく、「聖徳太子」信仰の歴史性でもない[110]。もちろん後者は重要な問いであり、本書においてもそれとの学問的緊張は保持していくつもりであるが、主眼はあくまでも、聖伝の宗教的構造を明らかにすることであって、その見地から、「聖徳太子」がその伝記において「聖者」としてイメージされ、表現され、また解釈されていくことの意味を問い直そうとしている。それはまた、「歴史」を解釈し方向付けようとする政治＝宗教的オリエンタチオの地平において聖伝を理解しようとする解釈学的営みでもある。

かかる見地からすれば、『日本書紀』の太子関連記事には、現代の太子研究に内在する、史実性と虚構性の緊張と深く関連しながらも、それとは微妙に異なるもう一つの緊張を見出すことができる。それは、推古天皇の摂政として政務に従事する太子と、仏法に深く帰依し、体現した者としての太子である。前者の執政としては、冠位十二階の制定や憲法十七条の作成、遣隋使の派遣などが記録されており、後者の徳行としては、造寺造仏、仏典講讃、大唐学問僧の派遣などが伝えられている。さらに書紀は、単なる仏法帰依者としてだけでなく、超人間的な神秘性を持った存在、すなわち「聖」として太子像を描いているのである。同じ仏教帰依者として描かれている蘇我馬子と異なり、聖徳太子は「聖人」として描かれているのであって、書紀には多くの政治的権力者や仏教信奉者が登場するが、このように「聖人」「大聖」として扱われている人物は他に存在しない。書紀の編者にとって太子が特別な存在であったことを窺い知ることができよう[11]。

ここで注意しなければならないことは、書紀の太子像に見られる緊張を、学問的方法論そのものに内在する緊張、すなわち、史実性と虚構性との間の緊張――換言すれば、歴史実証主義的構成可能性と歴史実証主義的構成不可能性との間の緊張――に、還元してしまってはならないということであろう。ここで重要なのはむしろ、執政者にして仏法帰依者たる厩戸王と、超人的な神秘性を帯びた「聖」としての聖徳太子との間の緊張、俗なる人間の模範であると同時にその崇拝の対象でもある「聖者」に内在する緊張であって、それは広く聖なる人物に認められるところの、俗なるものを通しての聖なるものの顕現という、ヒエロファニーに普遍的に内在する構造的緊張の逆説的表現の一つである[12]。

かかる構造的緊張を明らかにするために、ブッダの事例と比較してみたい。例えば、聖徳太子薨去の記事は、ブッダの涅槃を彷彿とさせる。すなわち、「日月輝を失ひて、天地既に崩れぬ」の条は、仏伝文学の代表作の一つとされるアシヴァゴーシャ（馬鳴）の『仏所行讃』の以下の条を想起せしめる[13]。

仏は涅槃処に至る　……猶お夜の雲冥《くらく》して　星月の光明を失うが如し　……猶お慈父を喪い　孤女の常に独り悲しむが如し（巻五）

また、『法華経』提婆達多品には、「委政太子」（政を太子に委ねた国王）についての叙述があるが、田村圓澄はそこから敷衍して、『日本書紀』推古元年条の、「厩戸豊聡耳皇子を立てて、皇太子とす」とある記述が、厩戸王を若き日の釈尊である悉達太子になぞらえることによって「日本の釈尊」＝「聖徳太子」とするための造作であったと類推している(14)。書紀編者は、「人間」としての「厩戸王」よりも、「大聖」「聖人」としての「皇太子」に多くの関心を向けており、その「聖」の原点にあったのは悉達太子であった。この「悉達太子」を媒介することによって初めて、仏教帰依者・仏教護持者としての「厩戸王」から救済者としての「聖徳太子」への展開が可能になったというのである。

このことは、『日本書紀』において、蘇我馬子が創建した法興寺に関する詳細な記事に比して、厩戸王による法隆寺造営がまったく扱われていないという事情を説明しうるかもしれない。田村も指摘しているように、もし書紀が厩戸王による法隆寺の建立を記述していたならば、厩戸王は、蘇我馬子と同格の、施主の立場にとどまっていたであろう。しかし、「聖」としての聖徳太子は、むしろ人々から施入を受ける立場にあるべきである。そう考えれば、書紀撰者が法隆寺創建という史実にあえて触れなかったということは、首肯するに足るといえよう(15)。すなわち、「厩戸王」によって創建された法隆寺において「聖徳太子」が崇拝の対象とされるのである。

ここに、「史実」としての厩戸王を「聖なるものの顕現」としての聖徳太子が凌駕する一つの事例を看取することができる。しかし、そのことをもって政治的・宗教的なイメージの操作に還元したり、あるいは単純に「歴史の神話化」と決め付けてしまうことはできない。『日本書紀』はあくまでも「歴史」を叙述しようとしている。その姿勢は一貫していると思われる。聖徳太子に関する記事は、あくまでも「歴史叙述」の一部なのである。ただし、その歴史は、歴史実証主義がいうところの意味においてではなく、むしろ「生きられたはずの」歴史であり、また「生きられるべき」歴史であって、その意味で「真の歴史」である。そこにおいて過去は、現在を方向付け、未来の模範となる[116]。

本書が聖徳太子に注目するのは、かかるヒエロファニーの歴史内顕現という構造的緊張が、聖徳太子の聖伝において象徴的に表現されているからであり、また、その聖伝が、聖なる人間とその事績を中心に歴史を叙述し、その出来事の意味を解釈することで、時間の体験の統合的理解を可能たらしめるという、聖伝に普遍的な構造を明らかにしているからである。エリアーデは、聖なるものが俗なるものを通してのみあらわれることを「聖なるものの弁証法」と呼ぶが、エリアーデによればそれは、聖なるものが常に歴史において顕現するということとほとんど同義である。その意味で、聖伝に一貫して見られるヒエロファニーの弁証法は、歴史を解体しつつ構築する。すなわち、一方で、歴史的出来事がもたらすカオス的状況としての∧歴史∨を解体しつつ、他方で、過去―現在―未来という時間の流れを意味あるもの＝生きられうるものとすることを目指した∧歴史∨の創造がなされるのである。

「聖なるもののあらわれ」としての聖徳太子は、その多面性を特徴とする。『日本書紀』における聖徳太子の多面的な側面は、その名号に端的にあらわれている。太子には、廐戸、八耳、仏子勝鬘、斑鳩太子など二十以上の名が伝えられるが、それらは大きく、廐戸・豊聡耳・八耳・上宮・聖王・法王（法皇）・法大王（法王大王）・法主王・聖徳・仏子勝鬘・斑鳩太子の十一に分類できるという[117]。そのうち、太子在世中の名と見なされているものは、上宮、廐戸、および豊聡耳である。上宮王は、父である用明天皇の宮の南側にあたる上宮（上殿）に居住していたことに基づく。また廐戸は、母の穴穂部間人大后が、池辺雙槻宮の庭を散歩中、にわかに産気づき、廐戸の前で皇子を出生したとする故事にちなむ[118]。さらに豊聡耳は、皇子が聡明で、一度に十人の訴えを聴き分ける能力があったという伝承に関係していると見られている。この豊聡耳と厩戸とは、当時、馬が耳の聡い賢い動物として尊重されていたこととも関連が深いかもしれない[119]。

本書の主旨から見て、より興味深いのは、『日本書紀』に登場する多くの天皇、皇子らの中で、その諡号に「聖」の字を贈られたのが、聖徳（五七四―六二二）と聖武（七〇一―七五六）の二人だけであるという事実である。この両者が日本に伝来してまだ日の浅い仏教の興隆に大きく貢献したことは言うまでもない。しかしそれは、この両者が単に仏教に深く帰依していたということだけを意味しない。両者は、文字通り「聖」者として尊崇を集めたのである[120]。ここにおいて「聖徳太子」の名は、一個人の人格から「聖者の象徴的人格」[121]へと昇華されていくことになる[122]。

先に、書紀においては政治家・仏法帰依者と神秘的な聖者との、すなわち「人間」と「聖」との緊張が看取されることを指摘した。そのことが一方で、史実性と虚構性の間の緊張として近代史学の方法論的議論を喚起し、他方、聖なるものの歴史的顕現という、ヒエロファニーの構造そのものに内在する解釈学的緊張を要請することも、示唆しておいた。前者の問題はすでに多くの先学によって扱われてきているが、後者の問題は、少なくとも聖徳太子の聖伝に関しては、十分に論じられていない。以下、その問題についてさらに考察を加えたい。

第四章

『聖徳太子伝暦』にいたる太子伝の成立と展開

序

『日本書紀』において聖としてのイメージを獲得した聖徳太子は、その後も聖なる人間としての聖性を付与されていき、それらの伝記は一群の聖徳太子伝を形成する。これらの太子伝は、しばしば『聖徳太子伝暦』以前とそれ以後とに分けて論じられる。そこには、『聖徳太子伝暦』が平安時代中期までにあらわれた太子伝の集大成としての性格を持ち、それ以後の仏教説話や太子伝の基本史料となったとする共通の理解がある。また、それまでの太子伝と異なって編年的記述を採用し、各年に最低一項目の事績を取り上げる体裁になっている点も、『聖徳太子伝暦』の特徴である。

すでに見たように、『日本書紀』の太子関連記事は、「聖人」としての「聖徳太子」像を確定する上で決定的な役割を果たしたのであるが、書紀それ自体は、先行する太子伝を参考にしたことが十分予想されるとはいえ、独立した聖徳太子伝として構成されたものではない。しかし、以下に論じるような、その後次々にあらわれる太子伝のほとんどにとって基本的資料として扱われている点で、書紀が後代の太子伝に与えた影響は看過しえない(1)。他方、『日本書紀』を受け継ぎつつも、各時代の太子伝はそれぞれ新たな太子像を見せている。同時にそれは、聖徳太子信仰の歴史的展開とパラレルなものとしてある。

太子伝の歴史的展開の探究は、俗なるものにおける聖なるものの顕現としての「聖者」が弁証法的にいかなる史的運動を見せるのか、そしてそれがどこまで聖伝に内在的な構造を明らかにしているのかを理解する上で、重要な視座を提供してくれる。かかる問題意識にそって、本章では、主要な太子伝を成立順に追いながらそれぞれの特色を論じ、その史的展開の意味を考察したい。

第一節　『上宮聖徳法王帝説』と法隆寺

知恩院に伝存する『上宮聖徳法王帝説』は、もと法隆寺に伝えられ平安中期頃に書写されたもので、伝記としての体裁を今日まで残すものの中では最古の聖徳太子伝といわれる(2)。また、単に最も古いというだけでなく、『日本書紀』とは系統を異にする伝承も紹介している点で注目される。ただ、この書を詳細に研究した家永三郎が『上宮聖徳法王帝説の研究』において明らかにしたように(3)、この書は、一貫した太子伝というよりも、太子に関する系譜・事績・史料・伝承などをそれぞれ集録したものであり、したがって部分によって成立の時期も異なる(4)。しかし、その主要部分は八世紀末までに成立したと推定されており、とりわけ、太子関係の系譜は信憑性が高いと見積もられている。

その内容を『日本書紀』と比較すると、仏教関係の事跡が加わっていることが注目される。例えば、元興寺、四天王寺などの七寺を創建したこと、慧慈について研究した内容が詳述されていること、法花経などの疏七巻を製したこと、その不通のところは夢で金人に教えを受けたこと、などである(5)。これらの記事が取り上げられている理由は、本書が法隆寺と関連を持つことから容易に理解できよう(6)。すなわち、第二部の勝鬘経講説や七寺建立の記事が、法隆寺伽藍縁起并流記資財帳の内容と合致すること、および、第三部に引用されている、法隆寺金堂薬師像銘、同釈迦像銘、天寿国繍帳銘のいずれも法隆寺に関係していることから、『上宮聖徳法王帝説』の成立には法隆寺が中心的な役割を担っていたといってよい(7)。

『日本書紀』において聖徳太子は「聖人」としての地位を占めるが、そのような太子信仰の中心をなしたのが法隆寺であった。推古一五年（六〇七）頃創建されたと伝えられる法隆寺は、もともと上宮家の私寺であったらしい(8)。しかしその上宮家は、聖徳太子没後わずか二十一年後の皇極二年（六四三）に、蘇我入鹿が斑鳩宮の山背大兄王とその一族を滅ぼしたことで、滅亡してしまう(9)。さらに追い打ちをかけるように、天智九年（六七〇）には、法隆寺も焼失してしまった。

施主亡き法隆寺はしかし、新たに聖徳太子信仰の殿堂として再建されることになる。その背後には、おそらく太子の薨去直後から生じていたであろう太子追慕の念を共有する信仰集団の存在があった。法隆寺のある斑鳩には他に、厩戸王の母である穴穂部間人王女ゆかりの中宮寺、厩戸王の子＝山背大兄王の創建とされる法起寺、さらに厩戸王后の菩岐々美郎女（膳郎女）を出した膳氏の氏寺＝法輪寺などがあり、これらは難波の四天王寺、山城の広隆寺、飛鳥の橘寺、葛木寺とともに、半跏像＝救世者＝「厩戸王」信仰の重要な拠点となっていたと推察される(10)。これらの聖徳太子カルトの存在があって初めて法隆寺の再建も可能になったのであり、再建された法隆寺が聖徳太子信仰の殿堂となったのは当然のことであろう(11)。

重要なことはしかし、この法隆寺再建が単に私的な太子崇敬のみに支えられていたわけではないという点である。第二章第三節において論じたように、再建された新しい法隆寺では、聖徳太子を施主としていた以前の法隆寺とは対照的に、聖徳太子が供養を受ける側に立っている。このように、元来上宮家の私寺であった斑鳩寺＝法隆寺は、焼失から約四十年を経た平城京遷都直前に国家的事業として再建されたのであるが、その時期を挟むようにしてこの書が成立している点は注目に値する(12)。特に、太子にゆかり深い家や寺に伝えられた史料を集録した本書に提示される聖徳太子像は、『日本書紀』に示されたものに比して、より私的な色彩を帯びている(13)。その点で、『上宮聖徳法王帝説』は再建される以前の法隆寺を中心とする私的な太子信仰の一端を垣間見せてくれる史料でもあるといえよう(14)。

第二節　『七代記』と四天王寺

八世紀後半に入ると、太子像は大きな変容をとげる。それらは『日本書紀』においてすでに明示された超人的・神秘的な太子観がその基盤となっているが、さらに太子後身説・南岳取経説話・片岡山飢者達磨説話などが加わって、太子は、単なる「聖者」から仏教的な「権者」、すなわち権化としての側面を新たに獲得していく。そのようにして生まれたのが、『七代記』(『異本上宮太子伝』)であり、『上宮皇太子菩薩伝』であった(15)。

江戸末期に影写されて今日に伝えられる『七代記』は、宝亀二年(七七一)に四天王寺僧敬明(もしくは教明)によって撰述されたと考えられている。首部を欠いており、したがって本来の名称も明らかでないが、中世の諸書では『七代記』あるいは『四天王寺障子伝』としても知られているように、もとは太子伝を障子絵に描いた際の詞書が別冊としてまとめられたものであった。今日では、便宜上、『七代記』あるいは『異本上宮太子本』と呼ばれている(16)。

本書は大きく二つの部分で構成されており、前半で聖徳太子の行実を、主に『日本書紀』に依拠しながら編年的に叙述しているのに対し、後半には『大唐国衡州衡山道場釈思禅師七代記』のほか、『大唐伝戒師僧名記伝』の「鑑真和上広伝」や『釈思禅師遠忌伝』など慧思伝の諸書が抄出されている(17)。これらは太子が慧思の後身であるという説の参考として引載されたものであるらしく、したがって独立した太子伝として成立したものと考えられる(18)。

『日本書紀』に依拠してはいるものの、新たに付加された部分もある。例えば、小野妹子の遣隋に際し妹子を南岳衡山に派遣して法華経を将来せしめたこと[19]、あるいは、片岡山飢者説話に関して『日本書紀』に載せない飢者の答歌が挿入され、また飢者を達磨に擬する注記が添えられていること[20]、などである。ここに、奈良時代において太子の事績に関する伝承が次第に拡大し、またそれに合わせて説話的要素が比重を増していく傾向の一端を確認することができる。

『四天王寺障子伝』という異称からも推測されるように、当時、法隆寺と並んで太子信仰の中心地であった四天王寺では、太子信仰を民衆に普及する目的で太子の障子絵伝を作成し絵解きしていた[21]。その文字の部分が独立して、一つの太子伝として伝わったのである。太子信仰の民衆化の方向を窺わせるものとして注目される。

もっとも、太子創建とされ、また太子の宮があった斑鳩に位置する法隆寺が太子信仰の中心であるのは容易に理解されるが、なぜ四天王寺が太子信仰のもう一つの中心でありえたかが、問題になろう。そもそも四天王寺という寺名は、天武八年（六七九）四月の「諸寺の名を定」める詔に由来すると考えられ、それ以前は地名をとって荒陵寺と呼ばれていた。この改名は単なる変更ではなく、「質的な転換であり、飛躍でさえあった」[22]。四天王像を本尊とし、四天王信仰を中軸に据えて、それを負うべき寺と見なされたことを意味するからである。そしてこの四天王像こそ、守屋征伐に際して厩戸皇子が彫像請願したものと伝えられるものなのである。

このことに関連して新川登亀男は、『三国史記』新羅本紀の文武一九年条に「四天王寺成」と伝えていることに注目する。この文武一九年はわが国の天武八年に当たる。すなわち、ほぼ同じ時期に新羅で四天王寺が竣工し、わが国で四天王寺という寺名を持つ寺院が誕生したのである[23]。

『三国遺事』などによると、新羅の四天王寺は、六六八年に高句麗が滅亡して新羅と唐が緊張関係に入った際、唐軍を排除する秘法を行する場として創立された寺が、唐の侵攻を排斥した後、改造されて四天王寺と命名されたものである。このことは、「新羅の四天王寺が、統一新羅の確定化とその国際環境に全く即応した性格であること」を物語っている[24]。かかる国際情勢は、もちろん日本でも把握していたであろう。当時、頻繁に来朝した新羅の使いは、もっぱら難波で上陸したのであり、これらの新羅使を迎えるための「難波館」が設営されていた。新羅に対するこのような対応は、「朝鮮半島を統一し、かつ唐からも承認された新羅の律令国家体制が強く意識されていた」[25]が、この難波に位置する四天王寺は、法隆寺同様、諸外国に対してわが国の仏教のみならず、「宗教的・政治的・文化的・社会的統合」[26]としての律令体制を象徴するものでもあった[27]。

第三節　『上宮皇太子菩薩伝』と思託

『上宮皇太子菩薩伝』は、天平勝宝六年（七五四）に鑑真に随って唐から来朝した帰化僧思託が撰した高僧伝『延暦僧録』巻二に収める聖徳太子伝のことで、独立の太子伝としても流布したらしい[28]。成立時期は、その内容から、延暦五年（七八六）以降、同一三年（七九四）以前の長岡京の時代と見積もられている[29]。全部で千字あまりと短いものであるが、そのうち初めから六割までで南岳慧思禅師の略伝と奇瑞を記し、慧思が法華経に帰依した僧であること、入寂後、日本に仏法を広めるために、聖徳太子に転生したことなどを記す。

本書が、『七代記』同様、太子の慧思禅師後身説を説くことに主眼が置かれていることは明白である。そもそも『七代記』が参照した『大唐伝戒師僧名記伝』も思託の作であるから、太子の慧思後身説が帰化僧の間に始まったと推測することも可能であろう。

興味深いのは、太子の慧思禅師後身説・法華経将来説話・三経義疏の作製・夢殿での入定・八寺建立伝承・二百年後の戒律興隆の予言など、本書の太子関連記事のうち、『日本書紀』に依拠したと思われる部分がほとんど見出せない点であり[30]、また高僧伝の一部であるから仏教的太子伝であるのは当然であるが、さらに神仙思想の影響も窺われる点である[31]。

ここには、渡来僧たちを中心に伝えられてきた慧思禅師に関する伝承が、聖徳太子に仮託され、新しく聖徳太子伝として展開していく過程を見出すことができる。それではなぜ慧思なのであろうか。慧思（五一五—五七七）は天台宗を大成した智顗《ちぎ》の師で、中国天台宗第二祖とも称される。法華三昧を体得し、般若思想を実践した。また、末法の教えを初めて説き、阿弥陀と弥勒に帰依していたとされる[32]。しかしこれだけでは慧思と聖徳太子を結びつけるのに十分ではない。

唐代に書かれた慧思の伝記を比較考察した飯田瑞穂によると、その最も古いものは唐貞観一九年（六四五）成立とされる『続高僧伝』の巻一七に収められた「陳南岳衡山釈慧思伝」であるが、その伝においてすでに慧思転生の伝説が見られ、その他の慧思伝にも取り上げられているという[33]。このように慧思はもともと過去の転生の所伝を持つ存在であったが、このことは同時に、その寂後の転生・再生の伝説を生じやすいということでもあり、思託の「鑑真和上広伝」には、慧思の遺言として「吾滅度、向無仏法処受身、教化衆生」と伝える[34]。

この伝説は、慧思—智顗—灌頂—弘景—鑑真—思託とつながる法脈に受け継がれていたのであり、鑑真およびその弟子たちが来朝して慧思と同じく法華経の弘通に功績を残した聖徳太子の存在を知り、さらにその年代が慧思のそれにほぼ続いていることを知ったとき、慧思の遺言を媒介にして、慧思と聖徳太子はきわめて容易にかつ自然に結び付けられたのであろう[35]。

ここで聖徳太子が「菩薩」と称されていることも看過できない。先にも指摘した通り[36]、「菩薩」は「聖人」「聖者」同様、「聖なる人間」に対する美称の一つである。もっとも、実在の仏者を「菩薩」の美称で呼ぶことは、奈良時代の民間仏教に端を発する[37]。周知のように律令仏教は、民間布教を禁止しており、民衆の教化はもっぱら、僧位のもっとも低い半僧半俗的な沙弥、優婆塞などの私度僧であった。この伝統に由来する「菩薩」号が聖徳太子に付されていることは、四天王寺の聖徳太子絵伝による庶民教化などによって、聖徳太子に対する崇拝の念が民衆の間に広がってきたことを暗示していると推察することもできよう。

第四節 『上宮聖徳太子伝補闕記』と調使家記

『上宮聖徳太子伝補闕記』の巻頭に次のように記されている。

日本書紀・暦録并びに四天王寺聖徳王伝、具さに行事奇異の状見ゆ。未だ委曲を尽くさざること、憤々尠からず。斯に因って、略ぼ耆旧を訪ねて、兼ねて古記を探じ、調使《つきのおみ》・膳臣《かしわでのおみ》等二家記を償得す。大抵古書と同じと雖も、而るに説に奇異有り。之を捨つべからず。故に之を録す。[38]

この引用文からも明らかなように、本書の編纂意図は、これまで十分に採録されていなかった聖徳太子の奇異の行状を、調使と膳臣の家記などから採録することにあった[39]。本書に特徴的なのは、法隆寺側の所伝に見られない同寺の被災についての記事を伝えることであり、このことは本書が法隆寺系統と異なる太子伝であることを物語る。また、三経義疏の製作年代を克明に記していること、秦河勝が守屋討伐や蜂岡寺造営で功績をなしたこと、また山背大兄王事件に関して詳細な記事を記載していることなど、本書独自の所伝があることも指摘されている[40]。

中でも注目されるのは、調使と膳臣の家記が史料として採用されている点であろう。調使は太子に仕えたと伝承される舎人調使麻呂を出した氏族で漢人系の帰化氏族であり、膳臣は太子妃菩岐々美郎女の出た氏族である(41)。『聖徳太子伝暦』において「無名氏撰伝補闕記」(42)とあるように、本書は撰者未詳であるが、片岡山の説話に関して『日本書紀』に見えない舎人調使麻呂が重要な役割を果たしていることから、太子と調使麻呂の関係を強調するために作成されたとも考えられる(43)。

『古事記』『日本書紀』の編纂は、いうまでもなく国家的事業としてなされたのであるが、そのことは同時に、各氏族において多元的に語り伝えられてきた神話や伝承の類を、天皇を中心とした神話へと一元化しようとする意図を含んでいた(44)。これらの氏族にはまた、それぞれ「歴史」があり、その中に太子伝承も含まれていた。この複数の「歴史」も、記紀が国家の正史として成立するとともにそこに収斂されていく。このように、多様な神話が天皇神話に一元化されていく過程と、各氏族の歴史が記紀に組み込まれる過程とは、パラレルであった。しかし、この「補闕記」では逆に、「国史」であり「正史」である「歴史」が太子の真の姿を知る上で不十分であるとし、それ以外の「歴史」が参照され、採録されている。ここに、『聖徳太子伝暦』においてさらに鮮明になる、国家のイデオロギーとしての太子伝と民衆の神話＝歴史《ミソ・ヒストリー》としての太子伝との緊張の一端が窺われる。

本書の成立時期は、本文に太子の平安遷都予言が述べられていることから平安遷都以降、また『伝暦』に本書が引用されていることから『伝暦』以前、すなわちほぼ九世紀中に書かれたと見積もられている。内容的には「奇異」のこと、すなわち奇瑞譚が多く採録され、それらの中には神仙説の影響を強く受けているものも散見される。

例えば太子誕生譚には、間人穴太部皇女の夢にあらわれた金色僧が「救世の願」を語り、そのことによって懐妊したというエピソードが付け加わっている(45)。ここには太子を観音菩薩の化身と見なす思想の萌芽が見られる(46)。その点で本書は、『伝暦』において頂点に達する聖徳太子の神秘化の先駆的役割を果たしている(47)。看過できないのは、その背後に、天皇神話とそれに基づく「歴史」とは異なる、民間の神話・歴史が息づいていることであり、それこそが太子伝の聖徳太子に常に新しい息吹を与えていることである。

第五節　奈良時代および平安時代前期における太子信仰の展開――『聖徳太子伝暦』成立の歴史的・宗教的背景としての

これまで見てきた聖徳太子伝の歴史的展開をここで簡単にまとめておきたい。厩戸皇子が没してからほぼ一世紀を経て編纂された『日本書紀』は、おそらくそれ以前に成立していた聖徳太子の伝記を参照したと考えられる。その太子伝が聖徳太子を聖者とする立場から叙述されていたことは間違いなかろう。そのことは、開胎説話、片岡山飢者説話、太子薨去記事、および慧慈関連記事などに窺い知ることができる。既存の太子伝を踏襲した書紀も、聖徳太子を聖人として扱うことに――その「史的」性格にもかかわらず――吝かでなかった。

しかし『日本書紀』の本質はあくまで国の「正史」であり、その歴史観に則して聖徳太子の事績についても叙述される。そこには、聖徳太子に関する伝承を「歴史」の一部として編修するという姿勢が窺われるのである。

ところが、奈良時代も後半に入ると、太子の神秘化が進み、その事績も神話的な装いを帯び始める。次に、唐から来日した僧思託らの周辺から、太子の慧思後身説や法華経将来説話などが生まれ、それらは『七代記』や『上宮皇太子菩薩伝』の中で、太子の聖人化・神秘化において重要な役割を果たすこととなる。

これに関連して重要なことは、聖徳太子に対する信仰が単なる「氏族仏教」や特定の寺院の範囲を超えていく上で、聖徳太子自身の仏教理解が寄与したと考えられることである。すなわち、「聖徳太子の仏教理解は、伝統的な氏制度の横断的な違いや仏教宗派の相違を重視しない」[48]ものであった。それゆえにこそ、太子信仰は氏族や宗派の限定を超えてより普遍的な次元で展開していくのである。

太子を聖者として崇敬する傾向は、平安時代に入ってますます顕著になり、その流れの中で、太子を救世観音の化身と見なす信仰が生まれる。平安初期の成立と推測される『上宮聖徳太子伝補闕記』にはまだ救世観音は登場しないが、「金色僧」にその萌芽が感じられる。この『補闕記』がそれまでの太子伝と大きく異なるのは、とりわけ太子に関する奇異の伝承を集めることに主眼が置かれていることであり、その点で『補闕記』は『聖徳太子伝暦』の先駆けであった。すなわち『伝暦』は、『補闕記』を含めたそれまでの太子伝を集大成したもので、そこには太子を救世観音に同定する視座が明瞭に読み取れるのである[49]。これ以後の太子伝は、主にこの『伝暦』の注釈書の形をとるか、あるいは『伝暦』を和文に潤色して物語としたり、さらには『伝暦』を基に絵画化して聖徳太子絵伝とするなど、『伝暦』を中心軸にいくつかの形態に分化しつつ展開することになる[50]。それゆえ、次に章を改めて、『伝暦』を通してあらわれる聖徳太子の聖者性を考察したい。

第五章

聖伝における聖者のアルケタイプ

——『聖徳太子伝暦』を中心に

序

平安時代に入ると、それまでの太子伝を編纂、補完して、集大成する動きがあらわれる。そのようにして成立したのが、『上宮聖徳太子伝補闕記』であり、『聖徳太子伝暦』(以下『伝暦』と略述)であった。これらは、新たに説話的な奇異譚を集録して太子伝の定形化を図り、それ以後の太子伝に、また、それらを通じて太子信仰に、大きな影響を及ぼすこととなる。

『伝暦』の作者および成立時期については、かつては、延喜一七年(九一七)に藤原兼輔の手によって完成したとする藤原猶雪の見解が定説とされていたが(1)、最近はそれに対して数々の疑問が提出され(2)、現在のところは、平安中期頃に成立、作者については不明とされているようである。『伝暦』は、それまでの太子伝には見られないさまざまな逸話を載せているが、第一に注目されるのは、太子を「救世観音菩薩」の化身と見なしていることである。また、太子の前生のみならず後生にも触れ、転生五百身を経て彼岸にいたるとされる意生身として説かれている。意生身とは、菩薩が衆生済度のために心のままに生を受けることであり(3)、ここにも太子を救世観音の化身とする信仰が窺われる。第二に、『伝暦』は、編年体によって太子の事績を記すという、それまでの太子伝には見られない新しい形式を用いている。

先行文献の影響に関して興味深いのは、まず、『伝暦』が年紀の立て方を忠実に書紀に拠っていることである。次に、釈迦の前生物語（本生譚）からの影響と思われる記事（例えば敏達一一年条など）が散見されることも看過しがたい。さらに、古来よりの仏教霊験譚（例えば吉野比蘇寺の放光仏説話など）も太子に帰している(4)。これらの事実から窺えるのは、『伝暦』の作者が、聖徳太子伝作成にあたって、単に聖徳太子に関する伝記伝承の類のみならず、素材を広く求めている点である。このことは、ある面から見ると、「聖徳太子」なる架空の人物が創造されたということになろう。そしてそのことは、近代の個人主義的人間観からすれば、厩戸皇子という歴史上の存在が、これらの作為によって意図的に「聖徳太子」として粉飾されたのであり、したがってこれらの装飾を実証的に払い落とすことが、「歴史的真実」としての史実を明らかにするという学問的作業の目的であらねばならない、という主張につながる。一方、「聖徳太子」なる人物に対してこれほどまでの粉飾が成されたことの意味を、それを生み出す母胎となった聖徳太子信仰の「歴史」を再構成することで明らかにするという、学問的アプローチも存在する。しかしいずれも、歴史実証主義的方法論から離れることはない。『伝暦』は、その象徴的意味が解釈されねばならない。それは同時に、聖伝の宗教的構造を問うことにもつながってこよう。

『聖徳太子伝暦』が、奈良時代から平安初期にかけて成立した多くの太子伝の集大成であり、同時に、それ以後さらに多く書かれる太子伝の、そしてそれらの太子伝によって豊かに膨らまされた太子信仰の、源泉ともなったことは、先学の等しく指摘するところである(5)。そのことは、後の太子伝との文献比較によっても、また、『伝暦』が実際に広く流布したことによっても、確認されえよう。しかし、『伝暦』がその後の太子信仰において決定的に重要な位置を占めえたのは、さらに、それ以降の太子伝にとって「範型」にまでなりえたのは、単にそれが広く流布した結果であろうか。あるいは政治的な画策が背景にあるのだろうか。それとも、単なる歴史の偶然であろうか。

『伝暦』が聖徳太子伝全体において抜きん出ているのは、そこにおいて提示される「聖徳太子」が、人々を魅了し、惹きつけてやまなかったからであろう。逆に言えば、魅力があったから人々はその伝承を語り伝え、伝記を書き続けたとも言える。しかし、ふつう伝記が、もっぱら、対象とする人物を記憶することに主眼を置くのに対し、聖なる伝記は、単にその対象を記憶するだけではなく、聖なる人間をリアルに想起し、その像を崇拝するために書かれ、また読まれる。それゆえに聖伝は、像や絵画などヴィジュアルなヴァリエーションを豊富に持つという特徴を有する。そのことによって聖なる人格が歴史を超えて働くことが期されているのである。

視覚的な表現にも訴えつつ聖伝がその対象を崇拝の目当てとしてリアルに現前させようとすることは、世界中にその例を求めることができる。そのことは同時に、世界中の聖伝が共通の宗教的構造を有していることを推測させる。その構造とは、聖なるものの歴史的顕現を体系的かつ整合的に説明する物語としての構造でもある。そのことを『伝暦』に即して見ていくことにしよう。

第一節　受胎告知

『聖徳太子伝暦』は、その冒頭で、欽明天皇三二年（五七一）一月一日に、太子の母、間人穴太部皇女(6)が懐胎したことを次のように記している。

（欽明天皇）三十二年辛卯春正月朔、甲子の夜、妃夢《ゆめみ》らく。金色の僧の容儀はなはだ艶《うるわし》きいまして、妃に対《むか》いて立ちて、これに謂りて曰く「われに救世の願あり。ねがわくは暫く后《きみ》が腹に宿らん。」妃、問う「これ誰とかする。」僧のいわく「われは救世の菩薩なり。家は西方にあり。」妃の曰く「妾が腹は垢穢《くえい》なり。何ぞ貴人を宿したてまつらん。」僧のいわく「われは垢穢を厭わず。ただ望むらくは尠《すこ》しき人間に感ぜんことを。」妃のいわく「敢て辞譲せじ。ともかくも命に随《したが》わん。」僧、歓びの色を懐きて躍りて口内に入りぬ。妃すなわち驚き寤《さ》めて、喉の中、なお物を呑めるに似たり。妃の意、大いに奇として皇子に謂る。皇子のいわく、「儞《ちみ》が誕せんところ、必ず聖人を得ん。」これより以後、始めて娠めることありと知る。(7)

間人穴太部皇女は、懐胎からちょうど一年後の同月同日に皇子を出産した。

（敏達天皇）元年壬辰春正月一日、妃、第中《ていちゅう》を巡りたまう。厩の下に到る時、覚えずして産することあり〔入胎したもうこと正月一日、開誕また正月一日。すべて一十二ヶ月を経たり〕。女孺〔女の下官〕、驚き抱きて疾く寝殿に入る。妃もまた恙《つつが》なくして幄の内に安宿したもう。皇子、驚きて侍従の庭に会えるに詢《と》いたもう。忽に赤黄の光ありて、西方より至り、殿の内を照し燿かし、やや久しくして止みぬ。……天皇褓《むつき》をもってこれを受けて皇后に授けたもう。皇后、父の皇子に授く。皇子、妃に授く。妃懐を披《ひら》いて受けたもうに、身体はなはだ香ばし。(8)

『日本書紀』における聖徳太子の誕生記事については、すでに第三章で紹介した(9)。それは、「皇后、懐妊開胎さむとする日に、禁中を巡行りまして諸司を監察たまふ。馬官に至りたまひて、乃ち厩の戸に当りて、労みたまわずして忽に産みませり」と、『伝暦』に比していたって簡単であり、そもそも懐胎の神秘的由来を伝えない。これが『上宮聖徳太子伝補闕記』になると、懐妊にまつわる奇瑞が入ってくる。すなわち、后夢に金色の僧あり、容儀太だ艶し。妃に対して立ち、これに謂いて曰く、「吾救世の願あり。願わくは暫く后の腹に宿らん。」妃夢中に許諾し、これより以後始めて娠めるあるを知る。(10)

『伝暦』が『補闕記』のこの記事を参考にしたことは間違いないであろうが、前者は後者をさらに敷衍する。すなわち、『伝暦』では、金色僧が、「われは救世の菩薩なり。家は西方にあり」と、その素性を明かしている。また、妃が、「妾が腹は垢穢なり。何ぞ貴人を宿したてまつらん」といったん断ったのに対し、救世の菩薩は、「われは垢穢を厭わず。ただ望むらくは尠しき人間に感ぜんことを」と言い、それで妃が「命に随」ったとされる。さらに、それを聞いた救世菩薩が、「躍りて口内に入り」、驚いて目覚めた妃は、「喉の中、なお物を呑めるに似た」感覚を覚えたというのである。『補闕記』の記述が、まるで新聞記事のように簡潔で飾らないのに対し、『伝暦』の方は、あたかも映画のシナリオのように、リアルで臨場感に溢れている。これを読む者は、聖なるものの歴史的顕現を、視覚的にも聴覚的にも容易に追体験することができたであろう。

夢による受胎告知は、日本の僧伝にもよく見られるテーマであることが指摘されている(11)。数多くの僧伝に夢中懐胎説話が見出せるが、最も古いものでも、九世紀中ごろの『補闕記』以前には遡らないのであって、その点で『補闕記』が伝える聖徳太子托胎説話は、その後の日本の僧伝における夢中懐胎説話の原型になっているといえよう(12)。

もっとも、夢中懐胎は日本だけに限らない。例えば、アシヴァゴーシャ（馬鳴）の『ブッダ・チャリタ』（『仏所行讃』）によると、ブッダ生誕に関し、「王妃は懐妊するに先だって、夢に真白き象の王が天より降りてその身体にはいるのを見たが、彼女はその折、それにもとづく苦痛を経験することがなかった」(13)という。ブッダ伝では、入胎するのが兜率天の菩薩とされる白象であるのに対し、聖徳太子伝では金色僧（救世菩薩）である点が、対応している。聖徳太子伝が聖伝として展開していくにあたって、ブッダ伝の夢中懐胎説話が取り込まれたことは想像に難くない[14]。

ところで、聖人の生誕にあたっての夢中懐胎ということは、中国の帝王や北方民族の君長の出生に関してもよく見られるという。それらについてもブッダ伝の影響を被ったことが予想されるが、留意すべき点は、三品彰英も指摘しているように、漢族の神話・説話には、雷電や星辰に感精して妊娠するものが主であるのに対し、北方民族および朝鮮民族のそれには、日が入胎、ないし日に感精して懐妊・出産したと伝えるものが多く散見されることである[15]。

ここから類推すれば、聖徳太子生誕説話において入胎した金色僧も、日の入胎を象徴していると解釈することが可能である。金色ということで言えば、この色が日の神を示す聖なる色とされる例は、古代エジプトやギリシャ、またヴェーダ時代のインドなどに見られる[16]。堅田修は、日本における日光懐胎説話の文献上最も古いものが『補闕記』であるとし、その背景として、記紀神話に認められる日の神信仰および日の御子の観念を指摘している[17]。さらに、三品彰英によると、記紀神話における日の神信仰は重層的な構造を有している。すなわち、生まれると同時にアマノイワクス船に乗せて海に流された蛭子（昼子＝日の子）の神話は、南方海洋諸民族に見られる、新生の太陽が舟に乗って海上を渡来するという観念に通ずるものであり、一方、高天原からアマテラス大神によってホノニニギという穀霊の日の御子が降臨するという神話は、北方アジアの諸民族におけるシャーマニズムの神話につながるものであって、古層に属する南方系の御子神話の上に北方系の高天原神話が受容されて、記紀神話が成立したとするのである。

聖伝の特徴の一つとして、人物の神秘化に際して、さまざまな神話や伝説がその人生に象徴的に織り込まれていくことが挙げられる。太子伝においても、聖徳太子に関する伝承に、ブッダ伝や記紀神話のモチーフが次々に重ね合わされ、聖徳太子像が展開する。それは、逆にいうと、聖徳太子が多様な宗教伝承の統合の中心に位置しているということでもある。それゆえに聖徳太子伝は、その後、僧伝のみならず、日本における聖伝一般にとって、ヒストリカル・プロトタイプの一つとなる。

ここで再び、太子懐胎・誕生記事に戻ろう。『伝暦』は、間人穴太部皇女が十二ヶ月の妊娠期間を経て聖徳太子を出産したと伝えている。その期間は通常よりも長いのであるが、重要なのは期間よりも、懐胎および誕生がどちらも春正月朔であったということである。年の初めにあたって宇宙が更新されるその日に、「懐胎告知」がなされ、また太子が出生したことは、象徴的な意味を帯びている。

その象徴性は、イエスの誕生と比較することによって、より際立つであろう。マリアの場合、大天使ガブリエルによって「受胎告知」されたのは、三月二十五日のことであり、周知のように十二月二十五日にイエスを出産している。この場合は、聖徳太子とは逆に、妊娠期間が九ヶ月しかない。しかし、これも妊娠期間よりそれらの期日が重要な意味を持っている。すなわち、三月二十五日は、伝統的に、昼と夜が同じ長さの日（春分）と見なされており、原初の天地創造において光と闇が等分されたことから、この「受胎告知」の日は、天地創造＝新しい世界の始まりと比定される。また、イエスの誕生も、昼が最も短くなる、したがって生命力が最も弱くなる、冬至の日と重ね合わされる。最も闇の濃い日に、この世に「光」をもたらす存在としてイエス・キリストは生まれ出るのであり、したがってその歴史的出来事はまた、コスモスの死と再生を象徴する[18]。

聖徳太子とイエスのいずれの懐胎・誕生も、コスモロジカルでシンボリックな表現によって、新しい世界の始まりを告げるものとして意味付けられている。そのことは同時に、歴史の新たな「始原」を指し示すものでもある。聖伝の作者が、聖なる人間のこの世へのあらわれの日を、年ごとに時間が更新される聖なる時に重ね合わせたことは、単に聖なる人間の出産にかかわる出来事が聖なる時間に生じたことを説明するためだけではない。むしろ、聖伝の共同体にとっては、太子の生誕、イエスの生誕という、一回限りの歴史的出来事が、永遠に繰り返される宇宙の更新を新たに意味付けるのである。ここに、円環的・神話的な時間は、直線的・歴史的な時間に接ぎ木され、聖なる神話＝歴史がコスモゴニックな（宇宙創造神話的）地平において展開する。

神話的・円環的時間と歴史的・直線的時間との結合を象徴的に表現する上で、聖なる存在（神の子や菩薩）が俗なる人間の胎内から生まれ出るという物語は、格好の題材であった[19]。菩薩の夢告に対して「妾が腹は垢穢なり」と妃が答えていることは、当時の浄穢観を反映しているが、それに対する菩薩の返事は、「われは垢穢を厭わず」であった。それは、「尠しき人間に感ぜん」ためである。日本の宗教には聖と俗の緊張よりも浄と不浄の緊張の方が顕著であるという指摘もあるが、ここでは聖／俗および浄／不浄の二つの二元論が対応しつつ、「聖徳太子」において止揚されている[20]。すなわち、聖＝浄なる存在としての菩薩が、俗＝不浄な存在としての妃の胎内に十二ヶ月間とどまったことは、聖と俗の両方を同時に体現する聖者＝聖徳太子の誕生にとって必然的な出来事であった[21]。

第二節　合掌する太子、合掌される太子

元興寺極楽坊の有名な南無仏太子像は、上半身裸、下半身に緋の袴を着けた姿で合掌する童子の像である。同様の太子像は、一三世紀末以降盛んに造られ、現在でも各地に見られるが、その原型となったのは、『伝暦』が伝える、太子二歳の時の所作であった。すなわち、

（敏達天皇）二年癸巳春二月始めて十五日の平旦に、掌を合せて東に向かいて「南無仏」と称して再拝したもう。……七歳の後、この態《わざ》永く止みたもう。[22]

とあるのがそれである。東に向かって合掌し、「南無仏」と唱えたというのは、ブッダの誕生譚を想起させる。すなわ

ち、立ったままの母親の右脇から生まれ出たブッダは、大地に降り立ち、東西南北、上下、四隅の十方世界が自分の生誕を賛美するのを聞いた。それから、「これが一番よい方角である」と知って北に向かって七歩歩き、立ち止まって、威厳に満ちた声で、「天上天下・唯我独尊」と獅子吼したという[23]。

この、いわゆる「ブッダの七歩」のシンボリズムについては、エリアーデによって詳細な解釈がなされているが、それによると、この誕生神話が表現しているのは、ブッダが誕生と同時に宇宙を超越し、空間と時間を廃棄したということである[24]。ここでは、北の方角は北極星に照応し、北へ歩むことは天界への上昇を象徴している。すなわち、「七つの天界を通過して宇宙の頂点である北極星に到達することによってこの世界を超越する」[25]のであり、そのことによってブッダはまた、「世界の始まりと同時的な存在になっている」[26]とされる[27]。

聖徳太子は、北ではなく東に面する。ここでは、いうまでもなく北極星に代わって太陽が重要なシンボルとなっている。それは、一方で太陽神＝天照大神のイメージと、他方で円環的時間意識と結びついて、永遠に繰り返される世界創造と照応する。ここで、多利思比孤（聖徳太子）が隋の煬帝に宛てた国書で自身を「日出づる処の天子」に同定したことも想起されよう。また、太子懐胎の際、金色の僧＝救世観音が西方から去来したこととパラレルな関係にある。

さて、東に向かって「南無仏」と唱える幼い太子のイメージは、ブッダの誕生を想起せしめるとともに、その出来事に対する仏教徒の姿勢のモデルとなりうるものであった。すなわち、仏教的歴史観からすれば、釈迦族の首都カピラヴァスツ（迦毘羅衛）近郊のルンビニー（藍毘尼園）において、ブッダが釈迦族のシッダールタ王子、すなわち人間の身体を持った存在として下生したという「歴史的」出来事は、それが同時に聖なる存在としての仏のこの世界への顕現でもあったということから、歴史と神話が切り結ぶ時間・空間でもあった。それはまた、それに続く正法・像法・末法の歴史意識からすれば、「歴史の始原」でもある。その意味でブッダの生涯は、――少なくともブッダ伝が聖伝として読まれ、語られているところでは——「聖なる歴史＝真実の歴史」であった。そしてそのことは、太子信仰においてもあてはまる。

『伝暦』当時には、西方浄土の考え方は広く流布していた。人々は死して後、浄土に往生することを願ったのである。聖徳太子と深いかかわりを持つ四天王寺が多くの参詣者を集めたのは、その西門が浄土の東門と対面していると信じられたからであった。そのことはまた、すでに往生した者たちの世界としての西方浄土が、それらを記憶し、追憶する者たちにとって時間的には過去と結びつくことを意味する。それに対して、昇る朝日は、新しい日、新しい年を連想せしめ、時間的には未来と結合する。このように考えれば、西方から去来した菩薩＝聖徳太子が東面する行為は、過去から未来へという時間の流れを日拝によって更新＝聖化するコスモロジカルな儀礼として解釈されよう。しかし一方で、浄土はまた、死後おもむくであろう来世であり、その意味で未来でもある。

浄土が過去とも未来とも結びつくのは、それが現世的な時間・空間を超越しているからであり、そのシンボリズムは、過去が未来に、未来が過去に転換する時間意識を喚起する。換言すれば浄土とは、永遠に循環する時間という意識の空間的表象なのである。その点で、聖徳太子＝救世観音が浄土から到来したことは象徴的である。ここでの太子は、過去と未来が渾然一体となる来世＝浄土と現世とを自由に往還しうる存在として、時間・空間を超越している。それゆえに、新たに迎える日・年を聖化することも可能になる。

『伝暦』における太子像は、合掌礼拝を行う存在というよりも、むしろそれを受ける存在として描かれる。例えば、次の記述である。

（敏達天皇）十二年癸卯秋七月、百済の賢者葦北達率日羅《いほくのたつそつにちら》、我朝の召し使い吉備海部羽嶋《きびのあまんべのはしま》に随いて来朝せり。この人、勇にして計りごとあり。身に光明ありて火の焔のごとし。……太子、日羅は異相ある者と聞こしめして天皇に奏して曰く「われ望むらくは、使いの臣らに随って難波の館《むろつ》に往《ゆ》いて、かの為人《ひととなり》を視ん。」天皇、許したまわず。太子ひそかに皇子に諮《もう》して、これが微服〔身分の高い人が人目につかないように身分の低いものの服装をすること〕を御して、諸の童子《かたえ》に従って館に入りて見たもう。日羅、牀《みゆか》に在りて四《よも》に観る者を望む。太子を指して曰く「いかなる童子ぞや。これ神人なり。」時に太子、麁《あら》き布の衣を服《き》たまい、面を垢し、縄を帯びて、馬飼の児と肩を連べて居たもう。日羅、人を遣して指して引かしむるに、太子、驚き去りたもう。日羅、遥かに拝みたてまつるに、履を脱いで走りて、諸の大夫たち大いに奇として門を出て見る。すなわち太子と知る。太子、隠れ坐《おわ》して衣を易《か》えて出たもう。日羅、迎えて再拝すること両段《ふたしきり》。……日羅、地に跪《ひざまず》いて掌を合わせて白して曰く「敬礼救世観世音大菩薩、伝燈東方粟散王……」人、聞くことをえず。太子容《かたち》を修め折磬《せっけい》して謝したもう。日羅大いに身の光を放つこと火の熾《さか》んなる炎のごとし。太子また眉間より光を放ちたもうこと日の輝《ひかり》の枝のごとし。須臾《しばらく》ありて、すなわち止みぬ。太子、日羅に謂りて曰く「汝の命尽きなん。惜しむべし。害を被らんことを。聖人すら、なおまた免れず。われ、また如何せん。」……冬十二月晦夕、新羅の人、日羅を殺しつ。さらに蘇生して曰く「これはこれ、わが駆使の奴らが所為なり。新羅にはあらず。」言いおわりて死ぬ。太子たちまち聞きたまいて、左右に謂りて曰く「日羅は聖人なり。われ昔、漢に在りし時、彼は弟子たり。常に日天を拝みし故に身より光明を放つ。怨仇離れずして命を断って賽《つぐな》う。生を捨てての後、必ず上天に生れん。」(28)

『日本書紀』では、聖徳太子が飢者の本性を見破った伝承を伝えるが、ここでは、太子が見破る（審神する）のではなく、日羅によって「これ神人なり」と、その素性を見破られる（審神される）。その際、十二歳の童子であった太子は、「麁き布の衣を服たまい、面を垢し、縄を帯びて」いたのであるが、そのいでたちは、片岡山にて「ひじり」としての本性を太子に看破された飢者とパラレルである。

『伝暦』では、太子が「神人」であることを見抜いた日羅は、「百済の賢者」とされているが、この「賢者」は、太子を「救世観世音大菩薩」と拝し、その身体からは、「大いに身の光を放つこと火の熾んなる炎のごとし」であった。それに対して太子も、「また眉間より光を放ちたもうこと日の輝の枝のごとし」であり、日羅に対してその死を予言している。後に、日羅が殺されたことを聞いた太子は、彼が聖人であったこと、前生において自分の弟子であったことを、周りに語っている。すなわち、日羅もまた、その本性が太子によって明らかにされるのであり、そのことは片岡山飢者説話と共通している。異なるのは、片岡山の飢者が太子とは直接関係ないのに対し、太子と日羅の間には前世において師弟関係があったという点である。すなわち、日羅の聖性はその関係によることが推察されるのであり、その意味で聖性の源泉は太子に帰せられている。

この記事でさらに興味深い点は、太子が日羅に向かって、「汝の命尽きなん。惜しむべし。害を被らんことを。聖人すら、なおまた免れず。われ、また如何せん」と述べたことである。後に改めて論じるように、太子は数々の予言を行っているのであるが⑳、ここで注目したいのは、聖人すら死を免れることはできない、自分にはどうしようもないことを、太子が表明していることである。そのことは、太子自身も、死の運命を免れることができないことを暗示している。聖人といえども、時の流れに逆らうことはできないのであり、この聖なるものの顕現の歴史的制約性は、この物語を読む（聞く）者に対して、まさに「歴史の恐怖」として迫ってきたことであろう。

さて、太子に対して合掌礼拝したのは、日羅一人ではない。すなわち、推古天皇五年（五九七）には、百済王の使いとして来朝した阿佐王子が、太子を礼拝している。

（推古天皇）五年丁巳夏四月、百済の王の使い、王子阿佐ら来りて調を貢る。領客に語りて曰く「僕《やっこ》聞く。この国に一人の聖人いますと。僕みずから拝観せば、意願足りなん。」太子これを聞こしめして、ただちに殿の内に引《め》す。阿佐、驚き拝して、つくづく太子の顔を見たてまつれり。また左右の手の掌、左右の足の掌を見たてまつりて、さらに起ちて再拝すること両段。退きて庭に出て、右膝を地に着け合掌恭敬して曰く「救世大慈観音菩薩　妙教流通東方日国　四十九歳伝燈演説　大慈大悲敬礼菩薩。」太子、目を合わせて、須臾あって眉間より白き光を放ちたもう。長さ三丈ばかり。良久《やや》しくして縮まり入る。阿佐また起ちて、再拝すること両段にて出ず。太子、左右に謂りて曰く「これはこれ昔身にわが弟子たり。かるが故に、今来て謝するのみ。」時の人、大いに奇とす。(30)

このとき、太子はすでに摂政の位についていたが、阿佐が拝観したのは、摂政としての太子ではなく、「聖人」としての太子である。「太子の顔」、「左右の手の掌」、「左右の足の掌」を拝することで太子が「聖人」であることを悟った阿佐は、太子の本地を「救世大慈観音菩薩」として合掌礼拝する。それに対して、救世観音菩薩＝聖徳太子は、日羅のときと同様、「眉間より白き光を放ちたもう」。ここでも阿佐は、過去世において太子の弟子だったとされる。

日羅と阿佐のどちらも百済の出身であることは、日本への仏教の公伝が、五三八年（欽明七年）に仏像および経論を献上した百済の聖明王(31)に帰されていることと無関係ではあるまい。また、六六〇年（斉明六年）に百済が唐・新羅の連合軍に大敗した後、多数の百済人が倭に亡命帰化し、仏教の興隆に大きく貢献したことも忘れてはならない(32)。亡国という過酷な歴史的出来事を体験し、その記憶を容易に払拭できない帰化人たちにとっても、『伝暦』の描く「聖徳太子」が、「歴史」を浄化・再生するコスモゴニックで神話＝歴史的な中心的シンボルとして受容されたであろうことは想像に難くない。

第三節　「神通力」を見せる太子

聖徳太子が非凡な能力を持っていることは、たびたび強調される。例えば十一歳の頃のエピソードとして、次のような話が伝えられている。

〔敏達天皇〕十一年壬寅春二月、太子、童子三十六人を率いて後の園の中に遊びたもう。皇子、威を修めて左に二人を侍《そうら》わしめ、右に二人を侍わしめ、左に四人を立てて、右に四人を立てて、二十四人をもって庭の前に両陣《ふたつらなり》して共にその音《こえ》を挙げて各々志を申べしむ。諸の童子《かたえ》たち、あるいは戯浪《きい》〔戯れのことば〕を以てし、あるいは私実《しじつ》〔真実のことば〕を以てす。一度音を挙ぐるに、あるいは長うし、あるいは短うす。太子、搨《しじ》〔長いす〕にいて首を仰げて聞きたもう。待ちおわりて答えし、一々に反覆するに、句として一つも墮つることなし。復しおわりて、すなわち答えしたもうに、各々その志を以てす。……また童子の中に、力に勝つことあたわず。弓石の戯《たわぶれ》、斉《ひと》しく比ぶことをえず。軽く挙がりたもうこと雲気のごとくして、数十丈の虚《そら》の中に在す。疾く走りたもうこと雷電のごとし。前にあるかとすれば忽焉《こつえん》として後に在す。身体の香ばしきこと、また尋常にあらず。沐浴の後、皇子および妃・天皇・皇后ならびに後宮の貴人たち、これを抱きたもう時、妙なる香り発揮して、一度、人の衣に着きぬれば、数月滅《き》えず。(33)

また、摂政となってからもその人並み外れた能力は耳目を集め、その徳を称えて名前を献上されるほどであった。

（推古天皇）三年乙卯……政《まつりごと》を聴こしめすの日、宿訴《むかしのうったえ》いまだ決せざるもの、八人声を共にして事を白す。太子一々によく辨答したもう。各々その情緒を得て、また再び諮《と》いたてまつることなし。大臣、群臣已下を率して敢えて御名を献る。厩戸豊聰八耳《とよとやつみみの》皇子と称し、また大法王皇太子と称したてまつる。太子、辞譲したもう。[34]

聖徳太子の超人的な能力は、すでに『日本書紀』に見えており、上に引用した『伝暦』の記事は、それを敷衍したものとも言える。

すでに指摘したように、このような神秘的な力は、道教では神仙であることを証明するものと考えられた[35]。また、仏教でも、仏・菩薩の持つ無碍自在の超能力を指して「神通力」と呼ぶことがある。『岩波仏教辞典』によると、漢語の「通」は、「行き詰まることなく滑らかに物事と通い合い、明らかに知ること」であり、「神通《じんずう》」の原語であるサンスクリット語の abhijñā は、「優れた洞察力」「超自然的な知」を意味するという[36]。特に仏・阿羅漢・菩薩が具える能力は「六神通」と称されたが、それらは、衆生の転生の状態を知る能力ないしあらゆるものを見通す能力である「天眼通」、あらゆる音を聴く能力である「天耳通」、他人の考えていることを知る能力である「他心通」、過去世の生存の状態を思い出す能力である「宿命通」、自己の煩悩が尽きたことを知る能力である「漏尽通」、そして以上の五つの神通に含まれない、飛行や変身などのさまざまな能力である「神足通」の六つである[37]。また、これらのうち特に、過去世を見通す能力を宿住智証明（宿命明）、未来の衆生の死と生の相を見通す死生智証明（天眼明）、および煩悩を断滅した漏尽智証明（漏尽明）の三つを三明と呼ぶこともある[38]。

この視点からすれば、『伝暦』における多くの神秘的な挿話には、このような六神通や三明に関するもの、とりわけ宿命通と天眼通に関する説話が多い[39]。例えば、太子七生説は宿命通の物語であると言える。また、『伝暦』においては太子の未来予言の話が多数見られるが、これらはいずれも未来を予言する能力、天眼通をあらわしたものと解釈することも可能であろう[40]。

聖なる人間（聖者）の資質であるこのような超人的・神秘的能力は、世界中にその事例を見出すことが可能である。たとえば、シャーマニズムやヨーガ、道教や仏教、またキリスト教やイスラム教などに関して、それぞれ注目に値する研究がなされている[41]。ここではそれらの事例を逐一比較考察する紙幅の余裕はないが、一点だけ指摘しておきたいことは、このような能力の顕現としての奇跡が、すぐれて社会学的な現象であるという点である[42]。すなわち、その語（miracle）の語源的意味（Lat., miraculum＝不思議に思われるもの）が示唆するように、奇跡という宗教現象に不可欠なのは、ある行為を見て、それが不思議な、異常な、奇妙な、そして何よりも称賛に値するものであると見なす、傍観者（spectator）の存在である[43]。聖伝の場合、その作者と読者の双方がこの傍観者の共同体を形成する。すなわち、聖伝作者と読者との間に、何を奇跡と見なすかの共通理解があって初めて、ある行為が奇跡という宗教現象として解釈され、理解されうるのである。キリスト教福音書から敷衍していえば、聖伝は「共観」の共同体において初めて成立しうるとも言えよう。

第四節　神馬で飛翔する太子

先に見たように、聖徳太子の超人的な能力は、『日本書紀』においてすでに明らかであるが、『伝暦』において新たに付随されたエピソードとして、二十七歳の太子が、数百頭の馬の中から一頭の黒駒を選び、この「神馬」を駆って天を飛翔したとする伝承がある。太子＝厩戸王と馬の関係は、『日本書紀』では出産の場所として暗示されているが、

『伝暦』ではその関係がさらに敷衍される。

（推古天皇）六年戊午……夏四月、太子左右に命じて良馬を求めたもう。諸国に府《おお》せて貢らしむ。甲斐の国より一の驪駒《くろこま》の四の脚白きを貢る。数百匹の中に、太子この馬を指して曰く「これ神馬なり。」余は皆還されぬ。舎人調子麿をしてこれが飼養を加えしむ。秋九月、試みにこの馬に馭《の》って浮雲のごとくして東に去りたもう。侍従仰ぎ観るに、麿独り御馬の右にありて直に雲の中に入る。衆人相《み》て、あい驚く。三日の後、轡《くつわ》を廻して帰り来りたもうて、左右に謂りて曰く「われこの馬に騎《の》りて雲を躡《ふ》み霧を凌いで直に富士の嶽の上に到り、転《めぐ》りて信濃に到る。飛ぶこと雷電のごとし。三越《みこし》〔越前・越中・越後〕を経おわりて、今帰り来ることをえたり。」「麿、汝疲れを忘れてわれに従う。寔に忠士なり。」麿啓して曰さく「意には空を履《ふ》まず。両の脚猶し歩むこと陸地を蹈《ふ》むがごとし。ただし諸の山を看るに脚の下にありつ。」(44)

聖徳太子は、聖人だけでなく、「神馬」を見分けることもできた。また、それに乗馬して天を翔けることもできたという。この能力は、仏教の「神通力」のカテゴリーには含まれない。むしろ、道教の神仙やシャーマニズムに由来するものであろう。例えば、聖徳太子とほぼ同時代の七世紀後半から八世紀前半にかけて活躍したとされる役小角(45)は、その生涯が聖徳太子以上に謎に包まれているが、日本最古の仏教説話集である『日本霊異記』(46)上巻第二八話には、役優婆塞が孔雀王の呪法を修持し、天空を自由に飛翔することができたとする伝承が見られる(47)。

その生活において馬が身近であった民族、とりわけ、インド―ヨーロッパ語族、古代メソポタミア人やエジプト人、アラブ民族、漢族や蒙古族、そして北アメリカ・インディアンの諸部族にとって、馬が重要な宗教的意味を有していることは、広く知られている。それらの神話的・象徴的表象において、馬は、しばしば力、富、神性、性、飛翔、および飼育と野生との間の緊張、などの多くの現象と結び付けられている(48)。

日本では、戦後、江上波夫によって、日本国家の起源が東北アジアの騎馬民族による日本征服にあるとする、いわゆる騎馬民族説が提唱されて以来、記紀の神話・伝承、古墳文化の変化などをめぐって、その説の有効性が、現在でも議論されているのは周知の通りである(49)。ここではその説の真偽を検討する余裕はないが、少なくとも、厩戸王と呼ばれた聖徳太子と馬との関係が、太子伝において一つの重要なトピックを形成していることは疑えない。

そのことは、太子薨去に際して、上述の黒駒の態度に関するエピソードにも反映している。すなわち、

太子薨じたもう日、驪駒、悲しみ鳴きて、水草を喫《は》まず。太子の鞍を被《かつ》いで輿に随いて墓に到る。隧《みち》を閉じて後、墓を見て大いに鳴《いよ》うて、一躍りて斃れぬ。群臣、大いに異とす。(50)

これらのエピソードに一貫しているのは、この黒駒が聖なる動物であり、それゆえに聖人としての聖徳太子に、最後まで付き随ったという観念である(51)。聖伝の観点からすれば、ブッダの愛馬カンタカの話との近似性も興味深い(52)。『ブッダ・チャリタ』によると、二十九歳の誕生日の夜に出家した際、ブッダは愛馬カンタカに乗って宮殿を後にした。神々は、町全体を熟睡させ、城門を開き、音が立たないように馬蹄を支え持った(53)。カンタカは、太子が剃髪して転身したのを見届けた後、死してインドラ天に生まれ変わったという(54)。

第五節　「法華経」を将来し講ずる太子

『日本書紀』や『聖徳太子伝暦』における聖徳太子が、道教や儒教、さらにシャーマニズムの要素をどれだけ反映していようと、「仏教」的聖者としての側面が最も強く打ち出されていることは否定しえない。そのことは、太子自身が仏教を篤く信奉し、造寺にも積極的だったと伝えられることのみならず、それらを伝えたのがもっぱら仏教徒であったという事情も関係しているであろう。太子が高麗僧慧慈に仏教を学んだことは、すでに『日本書紀』に記されているが[55]、同様の記事を『伝暦』にも見出すことができる。

（推古天皇）三年乙卯……五月、高麗の僧恵慈（慧慈）、百済の僧恵聰等、化来《けらい》せり。この両僧は博く内外に渉り、尤も釈義に深し。すなわち太子道を問いたもうに、一を聞いて十を知り、十を聞いて百を知りたもう。二人の僧あい語りていわく「これ実に真人なり。」[56]

ここで高麗僧の恵慈（慧慈）に加えて百済僧の恵聰の名が挙げられていることは、『日本書紀』の記載と『伝暦』のそれとを本質的に分けるものではない。重要なのはむしろ、両僧の教えに対して、太子は「一を聞いて十を知り、十を聞いて百を知りたもう」ほどであったがゆえに、両者は太子が「実に真人」であるとうわさした点である。太子の仏教的「真人」性は、仏教経典、とりわけ『法華経』とのかかわりにおいて際立っている。例えば、『上宮聖徳法王帝説』によると、慧慈は太子に「涅槃常住五種仏性の理」を説き、太子は法華等の経疏七巻を造ったとされる。また、太子が質問したことで、慧慈に答えられないものがあると、太子の夢の中に金人があらわれてその義を教え、覚めた後に慧慈に伝えると師も領解したという(57)。さらに『伝暦』には次のような記事が見られる。

（推古天皇）四年丙辰夏五月、太子、恵慈法師に謂りて曰く「『法華経』の中に、この句に字落ちたり。師の所見《みるところ》はいかん。」法師答えて啓《もう》すらく「他国の経にもまた、字あることなし。」太子の曰く「この句の際《はし》において一字落ちたるのみ。わが昔所持せしところの経には、この字ありと思う。」法師答えて啓す「殿下持したもうところの経は何れのところにかあるや。」太子微笑して答えて云く「大隋の衡州、衡山寺の般若臺の上にあり。」法師大いに奇として掌を合わせ礼拝す。(58)

太子が慧慈に『法華経』中の字句の脱字を指摘したところ、慧慈は、そのような事実は無いと答えたが、それに対して太子は、昔、自分が衡州衡山寺にいたとき所持していた経にはあったと語り、慧慈はそれを大いに不思議に思って合掌礼拝したというのである。

太子は、仏教を学ぶだけでなく、『日本書紀』も伝えるように、天皇に対して仏教を講じてもいる。『日本書紀』は、「秋七月に、天皇、皇太子を請せて、勝鬘経を講ぜしめたまふ。三日に説き竟へつ」(59)と、それをただ歴史的出来事として伝えるだけである。『伝暦』ではそれだけでなく、次のような奇瑞が伴っている。

（推古天皇）十四年丙寅……秋七月、天皇、太子に詔してのたまわく「諸仏所説の諸経、演《の》べ竟《おわ》りぬ。然るに『勝鬘経』いまだその説を具《つぶ》さにせず。よろしく朕が前にその義を講説したもうべし。」……太子、天皇の請を受けてその儀《よそおい》、僧のごとくして、三日ありて竟んぬ。講、竟りぬるの夜、蓮花零《ふ》る。花の長さ二、三尺にして、方三、四丈の地に溢てり。明くる旦《あした》、これを奏す。天皇、大いに奇として車駕《みゆき》して、これを覧そなわしたもう。(60)

三日続いた『勝鬘経』の講経が終わった日の夜、蓮華の花がどこからともなく降ったのを、天皇は大変不思議がり、わざわざ車を出して見に行ったというのである。ここで視覚的かつ象徴的に表現されているのは、仏と法と僧の三宝が一体となっている、いわゆる「一体三宝」であろう。ここで注目されるのは、太子が「僧のごとく」であったという点である。もちろん、聖徳太子は正式な仏僧ではない。にもかかわらず、三経義疏を製し、ここにあるように、天皇に講経もしている[61]。

『伝暦』は、この歴史的・政治的出来事と、その歴史的・政治的解釈とに対し、さらに神秘的でシンボリックな場面を挿入することによって、コスモロジカルで宗教的な解釈を要求しているように見える。すなわち、ここで――少なくとも『伝暦』の読者の多くにとって――最も重要なのは、『勝鬘経』の内容でも、皇太子と天皇の政治的関係でもなく、講経が竟った夜に蓮花が零ったということである。

周知のように蓮華は、仏教において当初から多様なシンボリズムに用いられてきた。泥中にあってそれ自体は清浄である蓮華が、煩悩から解脱した涅槃の境地の象徴とされ、また、大乗仏教の各経典では、浄土や理想の仏国土を叙述する際に、蓮華のシンボルが欠かせないものとなった。例えば『勝鬘経』に続いて聖徳太子が推古天皇に講経したとされる『法華経』は、その原名をSaddharma-puṇḍarīka-sūtra（妙法蓮華経）といい、仏の真理を大白蓮華に譬えたものである。また、中宮寺に伝わる「天寿国繡張」は、太子の死を偲んで妃の橘大女郎が、太子の往生した天寿国の様子を観ずるために采女に繡わせたものとされるが、そこにも蓮華が織り込まれている。浄土に往生することを、極楽の蓮台の上に生まれることに譬えて「蓮華化生」と呼ぶことがあるが、ここには蓮華に仮託した再生のシンボリズムが見られるのである[62]。

『ブッダ・チャリタ』が描くブッダ生誕の場面では、「雲一つない天からは栴檀の香もかぐわしい、青蓮、紅蓮を孕んだ雨が降ってきた」[63]と描写し、また、その場面を描いた一八世紀チベットの絵画においては、誕生したばかりのブッダが大きな蓮華の花の上に起立している姿に描かれ、七歩歩く場面では、一歩歩むごとにその足の下におのずと蓮華が生じるかのように描かれている[64]。また、悟りを得た後のブッダは、一週間、蓮華の上で瞑想に耽り、弟子たちに教えを説く際も、しばしば蓮華の上に座して法施したという[65]。さらに上座部仏教の伝統では、阿羅漢（arhan）[66]や縁覚（pratyeka-buddha）[67]の座る御座とされることもある。蓮華にまつわるこれらのイメージ、とりわけブッダ誕生の際に天から降ってきたとされる蓮華が、『伝暦』のこの場面でも想起されたであろうことは想像に難くない。同時にそれは、法身（経）と応身（ブッダ）の統合としての報身（聖徳太子）を予感させるものでもあった。

第六章

聖伝のメタヒストリカルな構造

序

『日本書紀』が伝える聖徳太子は、すでに聖者としての人格＝神格を獲得していた。しかし、国の正史として、天皇を中心とした日本「史」を編纂するという明確な意図をもってなされた歴史叙述は、聖徳太子を「聖なるものの顕現」として認めつつも、そのあらわれの「歴史的」意義を明らかにし、それを内外に表明することを第一の目的としていたのである。その意味で、『日本書紀』の聖徳太子記事は、少なくとも『日本書紀』の誕生に直接・間接にかかわった人々の間で共有されていた「歴史意識」の光によって照らし出されたものであり、したがってその「影」の部分は、記載されないか、あるいは曖昧な形で表現されていた。

しかし、歴史が移り行くように、歴史意識もまた変化を免れえない。特に、歴史が大きく動くときは、起こりゆく変化をどのように理解すればよいのかという切迫した思いに駆られて歴史意識も再構築を余儀なくされる。飛鳥時代の聖徳太子薨去（六二二年）後、奈良時代の『日本書紀』（七二〇年）の編纂や平安初期の『日本霊異記』（八二二年頃）の出現を経て、平安中期に成立する『聖徳太子伝暦』にいたる時代も、政治的にも外交的にも、また宗教的にも非常に流動的な時代であった。

例えば同時代の、日本を取り巻く東アジアの政治情勢は、決して安定したものではなかった。聖徳太子が没するわずか数年前には隋が滅んで唐が興っており、『日本書紀』の編纂時期には、新羅が半島を統一して三国時代に終止符を打つことに成功していた。しかし、一時は栄華を誇った唐や新羅の国々も、『伝暦』のころまでには相次いで滅んでしまう(一)。大陸における栄枯盛衰は、同時代の日本人たちにとっても他人事ではなかったはずである。

国内に目を戻せば、大化の改新（六四五年）に始まって、有間皇子の変（六五八年）、壬申の乱（六七二年）、藤原広嗣の乱（七四〇年）、法王道鏡の配流（七七〇年）、藤原薬子の乱（八一〇年）、承和の変（八四二年）、応天門の変（八六六年）、菅原道真の大宰府左遷（九〇一年）、そして平将門・藤原純友の乱（九三九年）と、叛乱や政争が相次いでいたし、蝦夷などによる辺境の地での反乱はなかば恒常化していた。また、光仁天皇の宝亀元年（七七〇）から『続日本紀』の終わる延暦十年（七九一）までの二十一年間のうち、十四年に飢饉・疫病の記事が見られるように、飢饉や疫病は当時慢性的であった。それらに合わせるように、宮都も、難波長柄豊碕宮（六四五年）、近江大津宮（六六七年）、飛鳥浄御原宮（六七二年）、藤原京（六九四年）、平城京（七一〇年）、難波京（七四四年）、平城京（七四五年）、長岡京（七八四年）、そして平安京（七九四年）と、わずか百五十年ほどの間に九回も遷都されている。

国の政治的・宗教的中心が、空間的に定着せず、転々と移り行くことを強いられたことと、流れ行く時の中で起こり来るさまざまな出来事が「歴史の恐怖」として人々に体験されたこととは、決して無関係ではありえない。かかる時間的・空間的カオスの状況の中で、安定して生きられるコスモスに対する希求《オリエンタチオ》が、人々をして、あるべき空間とあるべき時間とを模索せしめたのである。コスモスの再生に対する意志が空間的に表現されるとき、遷都という儀礼的・象徴的行為に結びつき、時間的に表現されるときには、（神話も含みこんだ）歴史叙述という儀礼的・象徴的行為に結実したのである。本章では、後者の具体的な事例を『聖徳太子伝暦』を中心としたテキスト群に求めつつ、それらの社会的・政治的・文化的文脈を考慮に入れながら、「聖なる歴史」叙述行為としての聖伝の宗教的オリエンタチオを考察したい。

第一節　過去を想起する太子——太子前生譚

『伝暦』には、太子の前生が繰り返し語られている[2]。例えば、先述したように[3]、推古天皇四年（五九六）、太子が慧慈に『法華経』中の脱字を指摘したところ、慧慈は、そのような事実は無いと答えたが、それに対して太子は、昔、自分が衡州衡山寺にいたときに所持していた経にはあったことを明かし、慧慈はそれを大いに不思議に思って合掌礼拝したという。

それより先、敏達天皇六年（五七七）冬にも、百済より経論がもたらされた際、六歳の太子はその閲読を欲し、昔、漢の衡山で「数十身を歴て」修行していたことを、以下のように明らかにしている。

（敏達天皇）六年丁酉冬十月、百済国に遣わしし大別王《おおわけのきみ》、経論ならびに律師・禅師・比丘尼らを将《ひき》いて還り来れり。この由、状を奏す。太子、天皇の牀の下に侍りたまいて奏してのたまわく「わが情《こころ》に、持来せる経論を見んと欲う。」天皇これを問いたもう「何の由ぞや。」太子、奏してのたまわく「われ昔、漢にいまして衡山の峰に住し、数十身を歴て仏道を修行しき。仏の教えを垂れたもう『有にもあらず、無にもあらず。諸善をば奉行すべし、諸悪をば作すことなかれ。』かるの故に今、百済より献るところの経、菩薩の諸論を見んと欲《おも》う。」天皇、大いに奇として、これを問う「汝、年六歳なり。独り朕が前にありつ。何の日か漢に在《いま》し、何をもってか詐言《いつわりごと》する。」太

子、奏してのたまわく「わが前身意《こころ》に慮《おぼ》ゆるところなり。」天皇、手を拍《う》ちて大いに異としたもう。(4)

また、推古天皇二六年（六一八）冬には、妃に対して、太子自身の七生の秘密が明かされる。すなわち、その第一生では、晋(5)の末世において、微賤の人として『法華経』に出会い、沙弥となって衡山で三十余年修行した。第二生では、宋(6)の文帝の時代、韓氏に生まれ、仏法を伝通せんとして出家し、衡山で五十余年の修行をした。第三生は劉氏に託生し、出家して四十余年を行道に費やした。第四生では、斉(7)の世に高氏に託生し、衡山で六十余年修行した。第五生では、梁(8)の大臣の子として生まれ、出家入道して衡山にあって七十年を過ごした。第六生は陳(9)および周(10)の世にあって、必ず東海の国に生まれて仏法を流通せんと請願した。この請願ゆえに、今、「倭国の王家に生まれ、百姓を哀矜《あいきょう》し、三宝に棟梁たり」という(11)。

聖徳太子は、その前生において繰り返し衡山に修行したと語っている。このことと、来朝の僧たちが太子を拝謁したという記事は、深く関連している。先に、百済の賢者日羅が、太子を「救世観世音大菩薩」と呼んで拝し、太子は日羅を「聖人」と評したことに言及したが(12)、さらに『伝暦』は、推古天皇一七年に同じく百済から来朝した僧道欣《どうきん》が、「この太子は、これ衡山の般若臺の東房第一の念禅比丘なり。われら廬嶽の道人とともに、時々、拝謁して、その法華一乗の妙義を聞きし者なり」(13)と語ったと伝える。また、翌一八年には高麗より、雲徽《どんき》(14)・法定《ほうじょう》の二人の僧が来朝したが、太子に対して、「昔、殿下の弟子として衡山に遊びし者なり」(15)と言って啓したとある。

これらの記事に関して注目されることは、第一に、聖徳太子の前身のみならず、来朝する僧の多くが衡山で修行したとされている点である。衡山は中国湖南省洞庭湖の南に位置する霊山で、南岳とも呼ばれた。衡山が有名になったのは、中国天台宗第二祖と称される慧思が、晩年、ここにこもって修行したからである。

第二に注目されるのは、外国から来朝した僧たちが、聖徳太子の前生において自分たちが教えを受けたことを表明している点である。彼らは聖徳太子を見るなり、彼我の前生における師弟の関係を悟り、述懐している。これらの挿話は、仏教の「先進国」であった中国・朝鮮半島から「後進国」である日本に対する一方的な文化的・宗教的流入という国際的・歴史的状況において、そのことを日本側から意味づけるという政治的意図を反映したものと見なすことも可能であろう[16]。しかし、より重要なことは、聖徳太子のみならず、これらの僧たちもお互いの前生を見抜く、いわゆる宿明や天眼の能力を具えた聖人と見なされていることである[17]。

第三に——そしてこれが最も重要であるが——、前生において繰り返し僧として修行を重ねてきた聖徳太子が日本においては為政者として生を送っている点が、注目に値する。すなわち、中国・朝鮮で繰り返し出家し、仏道修行を続けていた太子が、倭国では王家に生まれた後、一度も出家することなく生を終えているのである。このことの象徴的意味を、ゴータマ・シッダールタとの比較も交えて、考察しておきたい。

まず、王家に生を受けた点では、ゴータマと同じである。ゴータマは、太子であったときに、いわゆる四門出遊[18]の体験をして世俗を離れることを決意し、二十九歳の誕生日の夜に家族を残して出家したと伝えられる[19]。一方、聖徳太子は、摂政として天皇を助けながら、五十歳で遷化するまで、経を学び講することはあっても、出家して僧になることはしなかった。ここで重要なのは、聖徳太子が宗教家として生きるよりも政治家として生きる道を選択したことではない。むしろ、ある意味で聖徳太子は優れた宗教家なのであり、摂政という立場は、あくまでも表層的なものにすぎない。重要なのは、聖徳太子が、天皇でもなく、また僧でもない、ということである。聖徳太子が仏教だけでなく、後に続く日本の宗教全体の歴史において、聖者のパラダイムの一つとして受容されたことは、ひとえにこの事実、すなわち、聖徳太子が神道、仏教、儒教、道教のいずれの側面にも還元され得ないということに由来する。そしてそれゆえにこそ、神・仏・儒・道の相違を超越してそれら全体を包含するような「聖」のイメージを獲得しえたのであろう[20]。

『伝暦』によれば、推古天皇の即位に当たって皇太子位を授かった太子は、出家を願ったが、天皇がそれを許さな

かったという。すなわち、

（太子、のたまわく）「臣、天性薄愚にして、志、玄極《げんごく》〔奥深い極限〕に耽る。魂を彼岸に遊ばしめ、意を道場に銷《け》す。過去の世に身、数十を歴て漢土に遷化して、僅に王族と為って、法を練し覚を通じ浄土に到らん事を期す。……臣は出家入道して、外者を度し、仏教を興隆し、玄風《げんぷう》〔仏祖の家風〕を紹耀《しょうよう》せんと為《おも》う。」天皇、聴《ゆる》したまわず。勅してのたまわく「阿児《あじ》、違《い》うことなかれ。汝を耳目とす。𡚱《われ》、阿児にあらずば、何によりてか国を治めん。」太子、あえて固く辞したまわず。天下の人民、聞きて大いに悦ぶ。慈父、愛母に遭《あえ》るがごとし。(21)

ここにも太子の前生が語られているが、とりわけ、最後のくだりが、太子の薨去を悼む「天下の百姓」の描写と対照的であることが注目される。太子が出家しないことが、天皇のみならず「天下の人民」の希望でもあったとされているのである。ここで、「慈父、愛母に遭えるがごとし」と直喩的に表現されているのは、真理を追究するために生まれたばかりの息子を残してあえて出家したゴータマに対比して、衆生を救うために太子はあえて出家をあきらめたとする『伝暦』の歴史解釈であり、その行為を太子の菩薩行として称賛する、『伝暦』の評価である。

もっとも、聖徳太子は、現世においては出家することはなかったが、後の世では再び出家して衆生を救済することを願って、妃に次のように語り聞かせている。

法華一乗、翻伝してよりこのかた、修行し託生すること数十身を歴たり。今、扶桑の国に僧尼差多《しな》し。一乗の道、已に緇徒《しと》に溢てり。今この国において、妙義、未だ足らず。位、儲君となりて、門戸に到りて説くことをえず。今、思わく。この身命を捨てて微家に託生し、出家入道して衆生を救済せん。これ我が発心誓願なり。五百の身を経て、即ち彼岸に到らんに、如何と。[22]

ここに、聖徳太子は法華経が訳出されて後、修行托生を繰り返して数十身を重ねたこと、また出家入道して衆生を救済することが発心請願であり、五百身を経て彼岸にいたるであろうことが明らかにされる。しかしこれを単なる聖徳太子個人の菩提心の表明とのみ見なすのは、あまりにも近代主義的で個人主義的な見方に偏向しすぎであろう。この表現はむしろ、永遠の真理としての法（法華経）と、有限で歴史的な存在としての人（聖徳太子）とが相互に働き合うことによって、過去から現在を経て未来へいたる時間の流れが「聖なる歴史」へと昇華されることを宗教的に表現していると理解されるべきであって、そうであるとすれば、ここでの主体は、聖徳太子ではなく、むしろ聖徳太子に仮託ないし投影された——より正確にはシンボライズされた——救済の「歴史」である。

ここで、第五章第一節でも触れた、懐胎説話を思い起こしてみたい。すなわち、「救世の願」を有した金色の僧は、「尠しき人間に感ぜんことを」望んで聖徳太子の母の身体に入胎したのであり、その時点ですでに太子が「人間」としての生を送ることは予定されていたといってもよい。その生が、誕生から死にいたるまで「出家」——すなわち現世からの象徴的隠遁——の道を選ぶことなく、皇太子にしてかつ摂政という俗なる立場に在り通したこと、そして、俗でありながら——あるいは、誤解を恐れずにいうならば、むしろ俗なるものであったからこそ——聖なるものを「歴史」の中に顕現し続けることができたことは、『伝暦』のみならず、聖徳太子の聖伝全体にとって根本的に重要な意味を持っている。

第二節　伝統に同定される太子――慧思後身説の誕生

さて、『伝暦』において語られる太子の前身のうち、最も強調されるのが、太子が慧思の後身であるという、いわゆる慧思後身説の考えであろう。唐代に道宣（五九六―六六七）が撰述した『続高僧伝』は、梁の初めから唐にいたる高僧の事蹟を集録しているが、そこに所載された慧思伝には、さまざまな奇瑞譚が見られるという(23)。

ここで言われる後身説とは、ある人物が別の人物の生まれ変わりであるとする説であり、太子伝には、太子が別の人物の後身であるとする説と、ある人物が太子の後身であるとする説の、両方が見られる。前者の代表的なものが、太子を中国天台宗第二の祖慧思（五一五―五七七）の後身とする、慧思後身説である。慧思後身説の日本における初見は、『七代記』に引用されている『慧思禅師七代記』や『大唐伝戒僧名記伝』であり、また、思託（八〇五没）の『上宮皇太子菩薩伝』にも見える(24)。その『上宮皇太子菩薩伝』には、南岳の慧思禅師が聖徳太子に生まれ変わったとする説話が述べられている。まず慧思（惠思）の略伝と奇瑞譚を記し、慧思が法華経に帰依したこと、「余、今、東方の仏法無き処に往き、人を化して物を渡せん」と称して、入滅後、日本の橘豊日天皇の宮に聖徳太子として生まれたことを記す。そこからは太子の生涯の略述となり、方便を説いて多くの人を出家させたこと、小野妹子を隋に遣わして法華経を請来したが、隋ではすでに用意して待っていたこと（南岳取経説話ないし法華経請来説話）、将来、戒律が興隆することを予言したこと、などを説いている。この太子伝は、太子が慧思の生まれ変わりで日本に法華経を広めたことを強調することに特徴があるが、また、太子に「菩薩」の称号を付し、死して後は「大仙」となって最上の仏果を得たとする点も、注目に値する(25)。

奈良時代の貴族で著名な文人でもあった淡海三船（七二二―七八五）が宝亀一〇年（七七九）(26)に撰述したとされ

る『唐大和上東征伝』は、現存最古の鑑真伝として、また日本で最初の本格的な伝記文学としても知られるが[27]、その中で、唐の揚州大明寺において大和上（鑑真）自身が太子の慧思後身説を語る部分がある。伝中では七四二年のことと記されているが、それが史実であるとすると、慧思後身説は、留学僧などを通して唐においてすでに発生していたとも考えられる[28]。

慧思後身説は、一方で太子七生説話としても説かれているが、この説話は、宝亀二年（七七一）に四天王寺僧敬明によって撰述された『七代記』（『上宮太子伝』とも）を初見とする[29]。そこには、「大唐國衡州衡山道場釋思禪師七代記」を引いて、達磨大師が慧思に「海東」に誕生し、「彼國」の人を教化するように語ったという。その後慧思は転生を繰り返して第七生目に「倭國之王家」に生を受けたと説いている[30]。ここで注目されるのは、慧思七代記の形をとりながら、その七代目に聖徳太子として倭国に生まれたとすることで、実質的には太子七代記に変質していることである。

そもそも『仏教語大辞典』によれば、七生とは七度生まれ代わることを指し、同時にこの世に転生することのできる極限とされている[31]。また、『遊行経』のブッダ伝の中でも、クシナガラでブッダが入滅するのを悲しんだ阿難に向かってブッダが、「この地はかつて私が六度び転輪聖王となって骨を埋めた地である。今は無上正覚を成じて、またこの地に身を捨てるのである。したがって、これが最後の有であって、今より以後は生死を受けることがない」と語ったと記している[32]。ここからもわかるように、七生において最も重要なのはその最後の段階である第七生である。すなわち、第七生目は転生の最終段階であって、それゆえ、慧思の最後身としての太子は、慧思の仏願の完成者と見なされているといえる。

ここから、太子が中国仏教を正しく継承する日本仏教の祖であること、および太子がその前世から聖者であったことを、民衆に説いて教化しようとする意図を看取することも可能であろうし[33]、またその根底に、中国の仏教と日本の仏教とを一つの流れと見る見方が横たわっていると解釈することもできよう[34]。しかし、それ以上に重要なことは、太子を慧思の後身＝完成と見なすことによって、慧思の宗教的人格のみならず慧思の存在すべてが、聖徳太子という宗教的人格に限りなく収斂していくことである。

『伝暦』には、インドにおける仏教の始源としてのブッダ、中国仏教の大成者としての慧思、そして日本仏教の開祖としての聖徳太子、という三つの宗教的中心が、同心円状に展開するが、中でも最も重要な中心は、先行する仏・菩薩・聖者の「完成」としての聖徳太子であることは、明らかである。したがって聖徳太子の人格とその人生は、太子伝の構造的中心を占める。しかし同時に、太子の生は、聖伝の同心円的構造によって、飛鳥時代の日本という時間的・空間的および歴史的制約性を超越して、永遠で無限の存在へと昇華される。そこに聖伝の持つ求心力と遠心力の相互作用を垣間見ることができるのではないだろうか。

さて、太子七生説話とともに慧思後身説を裏付けるのが、南岳取経説ないし法華経将来説話としても知られる小野妹子遣隋説話である。すなわち、推古天皇四年（五九六）、太子は、百済僧恵慈に、『法華経』に一字抜けていることを指摘し、昔、自分の所持していた経にはその字があったが、それは現在、隋衡州衡山寺般若臺の上にあると告げた[35]。さらに推古天皇一五年（六〇七）、太子は、天皇に対して、自身が前生において所持していた経が衡山にあり、それを取り寄せて手許にある経の誤りを訂正したいと奏上する。その結果、同年秋、小野妹子が隋に派遣されたという。妹子が衡山にいたり、南渓から入ると一人の沙弥がおり、念禅法師の使者が到着したと叫んだ。すると三人の老僧があらわれ、妹子を三拝し、念禅法師はいま何と称せられているかと尋ねた。妹子は、念禅法師ではなく聖徳太子という人が仏法を流通させようと諸経を説き義疏を作っておられると答え、上出の趣旨を述べた。それに対して老僧らは妹子に経巻を託したという。

翌年四月に妹子はその経巻を携えて帰朝したが、妹子の招来した経は、太子が前生で所持していたものではなかった(36)。そこで太子は、推古一六年九月、夢殿に篭る。

……この月の望の日、太子、斑鳩の宮に在す。……諸経の「疏」を製したもう。もし義に滞るところあれば、夢殿に入りたもうに、常に東方より金人到りて告ぐるに妙義をもってす。戸を閉じて開きたまわざること七日七夜。御膳を進めず。侍従を召さず。……八日目の晨《あした》、玉の机《おしまずき》の上に一巻の経あり。筵を設けて恵慈法師を召して告げてのたまわく「これ吾が先身に衡山に修行せし時、持せしところの経なり。去年《いんしとし》、妹子が将来せしは、吾が弟子の経なり。三人の老比丘、吾が蔵めしところの處を識らずして、侘《た》の経を取りて送れり。故に吾れ頃《このごろ》、魂を遣わして取り来たれり。」落つるところの字を指して法師に示したもう。師、大いに驚きて、これを奇とす。妹子が将来せる経には、この字あることなし。(37)

一方、妹子は再度入隋して衡山般若臺に行ってみると、老僧二人はすでに遷化しており、残った一人が言うには、昨秋、聖徳太子が青龍車に駕し五百人を従えて東方よりいたり、旧房を探って一巻の経を取り虚空に去ったと告げた。そのことを妹子から報告された太子は、ただ微笑しただけだったという(38)。

田中嗣人は、これらの慧思禅師後身説や法華経将来説話が生まれてくる背景として、鑑真とともに唐から来朝した思託、東大寺法相宗の学僧明一、鑑真の伝記『唐大和上東征伝』の撰者淡海三船らの親交を推定し、それぞれの国の仏教的偉人に話が及んで、作為的ではなく、自然な形で生まれてきたと推察している(39)。また、金治勇は、この説話の根底に「因果の理法」の存在を指摘した上で、「このように、史実と伝奇が入り混り、現在と過去とが重なりあい、日本国と海の彼方の国とが夢幻の間に往復できる距離に縮まっているのは、この物語そのものが一種の霊異譚として物語られている証拠である」と述べている(40)。

いずれにしろ、太子を慧思の後身とする説、あるいは視点を変えれば、慧思を太子の前身と見なす説は、その両者をよく知る人々の手によって聖伝の構造の中に取り込まれた。それが可能であったのは、聖伝の構造そのものが、そのような時間・空間を超えた宗教的人格の融合ないし統合に向かって開かれているからに他ならない。しかし、同時にそのような人格的融合が生じうるのは、慧思と太子それぞれの人格が、同時代人およびそれに続く時代の人々にとって生きたリアルなものとして体験され、想起されていたからであって、それゆえにこそ、聖伝は、一方で「歴史」叙述としての役割を果たしつつ、他方でそれを「超歴史的に」意味付けるということをなしえるのである。

第三節　現在に再生する太子――太子後身説の論理

慧思後身説は、太子の側に主体を置けば太子前生譚といえるが、『伝暦』は、太子の前生だけでなく、その後生まで語っている。それは未来の太子転生説でもある。聖徳太子の生まれ変わりと見なされた人物のうち、主なものを時代順に列挙すると、聖武天皇（七〇一―七五六）、伝教大師最澄（七六七―八二二）、弘法大師空海（七七四―八三五）、聖宝（八三二―九〇九）、藤原道長（九六六―一〇二七）などであろう。

九世紀初めに景戒によって編まれた、日本最初の仏教説話集である『日本霊異記』は、大部《おお》（大伴《ともの》）連《むらじ》屋栖野古《やすのこ》に関する興味深い説話を載せている(41)。この屋栖野古伝によると、「太子の肺脯の侍者」とまで評された屋栖野古は、太子薨去の際、天皇に出家を願い出たが許されなかった。その後、推古天皇三三年（六二五）の冬、難波で死去したが、その屍体からは良い香りが漂ったという(42)。屋栖野古は三日後に生き返り、妻子に向かって次のように語っている。

五つの色の雲有り、霓《にじ》の如く北に度れり。其よりして其の雲の道を往くに、芳しきこと名香を雑ふるが如し。観れば道の頭に黄金の山有り。即ち到れば面炫く。爰に、薨りましし聖徳皇太子待ち立ちたまふ。共に山の頂に登る。其の金の山の頂に、一の比丘居り。太子に敬禮して曰はく、「是れ東の宮の童なり。今より巳後、逕ること八日、夜、銛《と》き鋒《さき》に逢はむ。願はくは仙薬を服せ」といひて、比丘、環の一つの玉を解きて授け、呑み服せ令めて、是の言を作す。「南无妙徳菩薩」と三遍誦禮せ令む。彼れより罷り下る。皇太子言はく、「速かに家に還りて、佛を作る處を除へ。我悔過し畢らば、宮に還りて佛を作らむ」といふ。然して先の道より還り、即ち見れば驚き蘇めたり。(43)

この「臨死体験」の表現からただちに窺えるのは、死後の世界についての象徴的イメージであって、そこでは仏教と道教が未分離である。五色の雲の「五色」は、青・黄・赤・白・黒であり、瑞相を予告している。雲の道は数々の名香を交えたような芳香が漂い、その先には、顔を照らすほどの輝きを放つ黄金の山がそびえる。屋栖野古はそこで、亡き聖徳太子に再会し、ともに黄金の山を登るのであるが、それは宇宙の中心へといたる上昇のシンボリズムに対応している。山の頂上＝天頂には一人の比丘がいて、それが妙徳＝文殊菩薩の化身であることは、その言葉より推察される。太子が「東の宮」と言っているのは、後段から「日本」のこととわかるが、そこからすればこの黄金の山は西方浄土に同定されうるかもしれない(44)。

屋栖野古伝は、それ自体独立した一つの聖伝として考察の対象となりえるが、本節の主題に関連してより興味深いのは、それを引用した後で付け加えられている景戒の解釈である。景戒によると、「八日過ぎて剣の難に会う」とは、蘇我入鹿の乱を指す。なぜなら死後の世界の八日は現世の八年に当たるからである。また、「黄金の山」は五台山(45)であり、「東の宮」は日本国に他ならない。「宮に帰って仏を造る」と太子が言っているのは、聖徳太子が聖武天皇として再び日本に生まれ、造寺（東大寺）造仏（大仏）することの表明だという。景戒によるこれらの解釈は、彼自身の独創というよりは、当時の一般的な見解を反映しているか、あるいは少なくとも景戒の同時代人に受容――もしくは「共観」――されうるものとしてあった[46]。

聖徳太子＝聖武天皇という、「共観」されたイメージは、他にも、東大寺の記録として平安末期に編集された『東大寺要録』や、四天王寺において『伝暦』を基軸として太子の事績を編纂した『太子伝古今目録抄』などに散見される聖武天皇太子後身説と、基底において共通している。すなわち、『東大寺要録』は、「聖徳太子遊行の時、佐保河以北に立ちて、この地を指して云う。わが歿後この南岡において精舎を建立し、仏法を興隆するはわが後身なり、われ三度び日本国に誕まる。その名諱共に聖の字あり、聖徳太子、聖武天皇、聖宝僧正なり」[47]と述べ、また『太子伝古今目録抄』にも、「皇太子は仏子勝鬘とあり、聖武天皇をば宝号勝満とあり。仏法を興隆し、伽藍を造立したまう。これを推すに太子の後身か」[48]とある。東大寺や四天王寺あるいは薬師寺[49]、さらにそれらに属さない私度僧など、宗派・学派の相違や「共観」する共同体の違いを超えて、聖武天皇を聖徳太子の後身とする信仰が広く受容されていたことを、これらの事例から推察できる。

聖武天皇以外にも、聖徳太子の後身と見なされた例を挙げることができる。例ば、『伝暦』の注釈書として正和三年（一三一四）に橘寺の僧法空が撰した『聖徳太子平氏伝雑勘文』には、「また弘法大師二巻伝下巻に云わく」として、「日本神仙記に云う、弘法大師は昔勝鬘夫人、また大唐衡山に於ては慧思禅師たり、また日本国に於ては聖徳太子たり」とある[50]。また、金治勇によれば、伝教大師についても、次のような事例が見られる。すなわち、聖宝ゆかりの醍醐三宝院の『太子伝』に、『松子伝』を引いて、太子自らが「われ大願を発して入滅一百七十余年の後、辺土に託生して下賎の衆生を利益し、然る後、彼の高岳に於て鎮護国家の大伽藍を建て、一乗円宗の教法を崇めて悪魔を払い、皇基を千万歳に守らん」と予言したが、その言葉通り太子滅後百七十余年の後、近江国に伝教大師が生まれ、十九歳のとき叡山に登って五種の大願を発し、一乗止観院を開いた。それが後の延暦寺であって、これを思えば、太子の予言に「彼の高岳に於て鎮護国家の大伽藍を建て云々」とあったのは、この比叡山のことであるに相違ない。したがって、伝教大師こそは太子の後身であると結論付けている[51]。

聖宝に関しては、『伝暦』の推古一二年（六〇四）条に、泉河の北で、太子自身が「われ死して後二百五十年に、一人の釈氏ありて修行し、道を崇め、寺を此地に建てん。この釈氏、佗（他）にあらじ。これわが後身の一体ならん。その弟子ら、法を尊び、燈を伝え、末法の初め、仏教繁興せん」[52]と予言しているが、年代的に見て、この「釈氏」を聖宝に、「此地」を醍醐寺[53]に比定することができる。

さらに、一一世紀に成立した『栄花（栄華）物語』や『大鏡』などの歴史物語は、編年体（栄華）ないし紀伝体（大鏡）で歴史を記述するが、その中心となるのは藤原道長の栄華である。これらの「歴史」物語の中に、道長を聖徳太子ないし弘法大師の生まれ変わりとする考えがあることが窺われるという[54]。

これらの太子後身説の信仰的背景として、前節で見たように、聖徳太子自身が、没後、五百身を経て衆生を救済することを約束したという、『伝暦』の記事を指摘することができよう。この転生五百身の説話は、『伝暦』以降の太子信仰、とりわけ太子後身説の普及に重要な役割を果たした。もちろん、既述したように、『伝暦』に先立つ『霊異記』記載の屋栖野古伝に対する景戒の解釈に、聖武天皇を太子の後身とする考えがすでに窺えるのであるが、それは、聖武天皇が「造寺造仏」によって仏教を興隆せしめ、みずからも鑑真から受戒したという「歴史的」出来事に対して、景戒が仏教的・神話的意味付けを行ったことに基づく。そこに、聖武天皇の時代を最も高く評価する景戒自身の歴史意識を看取することもできよう。

しかし、太子後身説が、思託、明一、淡海三船らの、いわば太子カルトや、私度僧階級に読まれることを強く意識した『霊異記』[55]を超え出て、多くの文献に登場するのは、先の『東大寺要録』や『太子伝古今目録抄』、あるいは『栄花物語』や『大鏡』を初めとする歴史物語が相次いで成立した一一世紀から一三世紀にかけてである。この平安中期から鎌倉前期にあたる時代は、道長に代表される貴族の栄華と没落、それに代わって台頭してきた武士（その中でも平家の全盛と没落）など、時の「無常」を人々に実感させるに十分であった。一方でこの無常観が、他方で、永承七年（一〇五二）より末法の時代に入ったとする末法意識が、相互に連関しながら当時の人々の「歴史」認識を規定していた。その時代に太子後身説が流布したことは、時代の要請と言えないこともないが、それにあたって決定的な役割を果たしたと考えられるのが、『荒陵寺御手印縁起《あらはかでらごていんえんぎ》』である。

『御手印縁起』は、寛弘四年（一〇〇七）四天王寺金堂内の六重宝塔の中から出現したと伝えられる文書で、内容はいわば「四天王寺縁起並流記資財帳」とでもいうべき性格のものであるが、聖徳太子がこれを自書した上で、紙面に二十六の手印[56]をおしたと信じられ、それが名前の由来にもなっている。この書が太子の自筆ではなく、太子に仮託して作られたものであることはすでに指摘されているが[57]、その一節に太子自身の言葉として、次のようなことが語られている。

吾入滅の後、或は国王・后妃と生まれて数大の寺塔を造建し、国々所々において数大の仏・菩薩の像を造置し、数多の経論、疏義を書写し、数多の資財・宝物・田園等を施入せん。或は比丘・比丘尼・長者・卑賤の身と生まれて教法を弘興し、有情を救済せん。是れ他身にあらず、吾が身是れのみ。[58]

『霊異記』や『伝暦』を通じて、太子の聖伝を「共観」していた人々にとって、前段で「国王」とあるのは聖武天皇を、「后妃」とあるのは光明皇后を、それぞれ指していることは、容易に推察しえたであろう。ここでは聖武天皇のみならず、光明皇后もまた太子の後身とされているが、さらに後段では、出家在家、貴賤貧富を問わず、教法を広め、衆生を救済するものは、みな太子の後身であるというところまで展開している。この信仰からすれば、太子の後身は、ただ聖武天皇や行基や最澄、あるいは空海や聖宝だけにとどまらず、「日本仏教展開の節となって、興法利生に功績を遺した人はみな太子の後身ということになる」[59]。

ここに太子後身説は、一つの頂点に到達する。そこに窺えるのは、太子のいのちが永遠であることに対する宗教的理解とその伝記的表現である。太子の後身と見なされた人々は皆、太子を尊崇していた。さらにそれらの人物を太子の後身と見なした人々もまた、それらの人物を通して太子を崇拝した。このようにして聖徳太子の聖伝は、厩戸王という歴史的存在を超越して、同時代性を獲得していく。そして同時にそれは、太子の衆生済度の誓願が久遠であることへの救済論的願望を反映した「聖なる歴史」にもなっている。

初期の太子伝に見られる慧思後身説から、『聖徳太子伝暦』以後の太子伝において中心的となる太子後身説への展開は、単に後身の本地が慧思から太子に移ったことを意味するだけではない。前者に、中国天台宗の日本での正統な継承者として太子を位置づける意図が窺われるとすれば、後者は、それを前提としながらも、さらに日本において仏法興隆を志す者をみな太子の後身と見なすことによって、一方で、太子を、「和国の教主」としてあがめたてまつり、他方で、同時に、仏法興隆者をその後身とすることによって日本仏教の祖としての太子の正統な継承者であることを確認するという、太子伝の内的展開の歴史的帰結にして太子像の新たな神話的創造でもあったのである。

第四節　未来を予言する太子――「未来記」の展開

太子伝において聖徳太子が非凡な才能を示していることは、これまでにも繰り返し指摘してきたところであるが、その能力のうちでも際立っているのは、予知・予言である(60)。第三章で指摘したように、『日本書紀』にも「未然を知る」太子が描かれているが、『伝暦』では、繰り返し太子の予言が語られる。そのことが聖伝においていかなる宗教的意味を開示しているのか、事例に則しつつ考察したい。

『伝暦』における太子は、五歳のときにすでに予言の能力を示している。

（敏達天皇）五年丙申春三月、天皇、豊御食炊屋姫尊を立てて皇后とす。太子この日、嬭母《めのと》に抱かれて皇后の前に侍《そうら》いたもう。群臣入りて拝せんとす。……太子みずからその身を顧みて衣袴《いこ》を調え定めて、逡巡《しつ》としりぞき徐《よそよそ》に歩みて、大臣の前に立ちて北面して再拝したもう。時に五歳なり。……嬭母、太子に問うてもうさく「わが皇子、何のゆえに群臣とともに皇后を拝したもう。」太子密かに謂りて宣く「汝が知るところにあらず、これわが天皇ならん。」遂にその言のごとし。(61)

豊御食炊屋姫が即位し、その甥である太子に政務を委任するのは、この記事から十七年後のことであるが、幼い太子はすでにそのことを予知していたというのである。

太子の予言は、しばしば天の運行を読むことに基づいている。例えば太子九歳時の記事として、ある人が天皇に、歌のうまいことで知られる土師連八島《はしのむらじやしま》が毎夜何者かの歌うのを聴いて不審に思い、追跡してみると住吉の浜にいたり、その歌の主は夜が明けると海に入ってしまったという話を奏上した。それを脇で聞いていた太子は、それが「熒惑星」であると指摘した。驚いて意味を訊ねる天皇に向かって太子は、次のように答えたという。

天に五星あり。五行を主《つかさど》る。五色に象《かたど》る。歳星は色青し。東を主る。木なり。熒惑は色赤し。南を主る。火なり。この星、降り、化して人となりて、童子の間に遊びて好みて謡歌を作り、未然のことを歌う。けだしこの星ならん。[62]

熒惑星とは五星の一つである火星の別名で、天変地異や戦乱の前兆と信じられていた。『日本書紀』には、推古一〇年（六〇二）に百済から来朝した僧観勒が「暦本と天文・地理の書、并せて遁甲・方術の書とを貢」ったとあり、これらの道教的知識に聖徳太子が親しんでいたことは十分考えられうるし、また讖緯説についてはすでに論じた[63]。さらに、次の予言は、太子が陰陽道にも通じていたことを推測させる。

（推古天皇）七年己未春三月、太子天気を候望して奏して曰く「まさに地震を致すべし。」すなわち天下に府せて屋舎を堅めしむ。夏四月、大いに地震す。屋舎ことごとく破る。太子密かに奏して曰く「天をば男とし陽とす。地をば女とし陰とす。陰の理足らざる時は、陽迫りて通ずること能わず。陽の道塡たざる時は、陰塞がり達することを得ず。かるが故に地震あり。陛下女主として男の位に居たまえり。ただし陰の理を御《おさ》めて陽の徳を施したまわず。かるが故にこの譴《せめ》あり。伏して願わくは徳沢物を潤し、仁化民に被らしめたまえ。」天皇大いに悦びて勅を天下に下して、今年の調庸、租税、並びに免したもう。[64]

ここで重要なのは、太子が地震を前もって予言したことだけではない。むしろ、それはこのエピソードにおいては緒言であって、肝心なことは、天皇に対して、地震などの天変地異の事由を、陰陽道の概念を用いながらコスモロジカルに説明していること、およびそのことで、間接的にではあるが、民衆の苦しみを軽減していることである。ここでは、宇宙論的・神話的な側面と、救済論的・歴史的側面とが融合している。『伝暦』を読む人々にとっても、地震に対する恐怖や租庸調の重荷は、他人事ではなかった。ここにおいて聖伝は、通時的にではなく共時的に読まれることになる。

聖徳太子はまた、未来の天皇や帝都についても以下のように予見している。

（推古天皇）二十五年丁丑……秋九月、太子、駕に命じて出て、諾良《なら》の邑に遊びたもう。東の山の下を指して左右の侍従に謂りてのたまわく「吾れ死して二百五十年の後に一人の帝皇ありて、仏法を崇め貴び、彼の谷の前に於て、この岡の上に於て並びに伽藍を建て妙典を興隆せん。」また西の原の下を指してのたまわく「彼の平原において塔廟を興せん。」遍く四方を望みて、のたまわく「この地は帝都なるべし。気を今に近うして一百餘歳にあり。一百余年、竟りて、京を北方に遷さんこと三百年の後にあらん。」(65)

『伝暦』作者自身の注によれば、「帝皇」と「伽藍」はそれぞれ「聖武天皇」と「東大寺」を指し、後段の平安遷都予言と同様、数字の伝写に誤りがあったとする。しかし、重要なのは、年数の齟齬ではない。むしろ、日本仏教を含めた国家全体の「歴史」的展開において決定的に重要な出来事を、聖徳太子が前もって見通していたことであり、逆に言うと、日本の「歴史」が、聖徳太子の語ったとおりに「実現」されていることである。太子の予言（予め言うこと）は、「語り」において「現在化された未来」であるとも言えよう。

そのことは次の予言にも通じている。

（推古天皇）二十七年巳卯春正月、……便ち近江に越したまい、志賀・栗本等の郡の諸寺を巡検し竟りて、駕を栗津に駐めて、左右に命じてのたまわく「吾れ死して後、五十年の後に一人の帝王ありて都をこの處に遷し、国を治むること十年ならん。」……即ち住吉を略《めぐ》りたまいて河内に到り、茨田の寺の東の側《ほとり》に駐《とま》りたもう。密に左右に謂りてのたまわく「われ死しての後の二十年の後に一人の比丘ありて、智行聰悟にして三論を流通し、衆生を救済し、衆のために貴ばれん。この比丘、佗に非らじ。是れ吾が後身の一体ならん。」北の方、大縣山《おおがたのやま》の西の下を望みて左右に謂りてのたまわく「一百年の後に一人の愚僧ありて、彼において寺を立て、像を造ること高く大ならん。一万の袈裟を縫うて諸々の比丘に施さん。」[66]

ここでは、中大兄改め天智天皇（在位六六一―六七一）による近江大津宮遷都が予見され、行基菩薩による衆生救済の福田行が聖徳太子に帰されている。

金治勇は、『伝暦』を『霊異記』と比較し、後者において個々の聖者たちが示す神秘的な能力は、ほぼすべて『伝暦』の聖徳太子にも見られるが、逆に『伝暦』の太子の持つ予言の能力は、『霊異記』にはほとんど見出すことができないことから、『伝暦』における予言は、際立って太子の聖性の特殊性を象徴していると論じているが[67]、その違いはむしろ、時間の観念にかかわる、説話集と聖伝の構造的相違に由来するものと言えよう。すなわち、前者の『霊異記』が、因果の観念を通じて、過去を現在化しつつ説明するのに対し、後者の『伝暦』では、後身の論理によって、絶えず未来が現在化されるのである。

もっとも、『伝暦』が因果の思想を無視しているわけではないことは、次の引用からも明らかである。

元年丙午春正月、……天皇微言を詔して曰く「朕は、兒《あこ》が胤子の続かざらんことを恤《うれ》う。朕が年命の永からざらんことをば悦ぶ。」太子答えて曰く「過去の因なり。わが身僅かに脱れて子孫に及ぶとも、尸《かばね》、解けて仙に登り、魂、蓮花に胎まれなば、また何の恨みかあらん。如何とすべきことなし。」天皇、黙然としたもう。(68)

ここには因果の思想が強く見られる。「蕃国」の宗教である仏教が、民衆の間に受容されていく上で、奇跡や霊異によって彩られた聖なる人間の物語は、重要な役割を占めた。それは、『日本霊異記』から『今昔物語集』を経て種々の『往生伝』に脈々と受け継がれた、民衆宗教のエッセンスであった(69)。それらの背景として浮かび上がるのは、学僧たちが民衆の生活とは無縁の伽藍の中で、仏教教理を修めることに専念している一方で、俗聖や私度僧たちが、一般庶民の日常生活の中で理解可能な仏教の教えを流布していったことに象徴される、エリートの宗教と民衆の宗教との分化である(70)。後者の布教手段の一つが因果応報の説話であった。例えば『霊異記』は、正式な書名を『日本国現報善悪霊異記』というが、そこに扱われている説話の多くは、現世にあらわれた因果応報話や、この世の果報を前世の宿因と説く話である。聖徳太子が慧思の後身であるという話は、後者の場合に属するが、その話自体は『霊異記』に先立つ(71)。

もっとも、民衆の間にも広く流布した因果応報の思想は、単なる観念として受け取られたのではなかった。それは具体的な時間・空間に結びついて経験的な出来事として語られ、伝えられたのである。その際、観念の具象化に不可欠だったのが、具体的な聖なる人物にまつわる種々の物語であり、またその集大成としての聖伝であった。聖徳太子が前世において修行した南岳衡山の様子が詳しく物語られ、南岳から経を取ってくる話が詳らかに語られるのも、まったくのフィクションではない。聖徳太子が小野妹子を隋に派遣したという史実がまず背景にあって、それが聖伝に取りこまれて宗教的時間・空間の一部を形成する。ここでは史実と伝説が輻輳し、過去と現在が重層的に重なり合い、日本と大陸が連続している。聖なる時間と聖なる空間において歴史的出来事と神秘的伝承とが融合して、聖なる伝記の世界を構築するのである。

『霊異記』と『伝暦』の双方において、因果応報的な時間・空間を舞台とした多くの物語が語られる点では共通しているが、前者の目的が、あくまでもそれらの物語を通して民衆を教化しようとする「説話」的なものであるのに対し、後者の場合は、むしろ聖徳太子が偉大な聖者であり、また「菩薩」[72]であったことを示すために、因果応報的挿話が用いられている点で、大きく異なる[73]。すなわち、前者の中心は仏教の教え（法）であるが、後者の中心は、あくまでも聖徳太子個人である。

第五節　メタヒストリーとしての聖伝

時間概念に、循環的（円環的）なものと直線的なものの二つのタイプがあることを宗教学的に明らかにしたのは、エリアーデであった。前者の例としてエリアーデは、その著『永遠回帰の神話』において、アルカイックな文化や東洋の諸文明を挙げ、そこに、「原初の聖なる歴史」を儀礼的に反復して再現することによって永遠の今を生きようとする、宗教的志向性を指摘した。一方、後者の例としては、時間の始まりと終わり、およびその間に生起する出来事すべてが神の啓示であるとする、アブラハムの宗教の目的論的な歴史観が示された。それと同時に、「歴史の恐怖」とかかわって、俗なる歴史を撥無して聖なる原初的時間へと回帰する（アヒストリカルな）救済論と、歴史そのものを絶えず聖化することによってそれを克服しようとする（メタヒストリカルな）救済論とが対比された。これらの区分は、それが発表されてからすでに半世紀を経ているとはいえ[74]、その重要性は今でも失われていない。

しかしながら、円環的時間と直線的時間のどちらか一方しか知らない社会を想定することは困難である。なぜなら、自然現象は容易に前者の観念を想起せしめるのに対し、個人の生は（そしてその類推で国家や社会の「歴史」も）一回性の不可逆的なものとしてまずは受け取られるであろうからである。その意味で、「歴史」を欠く共同体――古代のそれを含めて――の存在は想定し難い(75)。

また、神話が円環的時間観念に基づくのに対し、歴史は直線的時間観念に基づく、とする通念も、いったん括弧に入れて考える必要がある。なぜなら、両者の単純な区分は、実際の宗教現象――とりわけ聖伝――の理解に際して、しばしば再考を余儀なくされるからである。人間の現実の生においては、個人のレベルにおいても共同体のレベルにおいてもそれら二つの時間観念は並存しており、しばしば対立して、歴史にパラドキシカルな構造を与えている。

しかし、聖伝の宗教的構造を理解する上で、円環的時間と直線的時間というこの区分は、方法論上、取り合えず有効である。というのは、実際の聖伝では、この両者の対立をいかに止揚し、統合するかが重要な問題となってくるからである。

聖徳太子と蘇我馬子によって録された歴史は、蘇我家の滅亡とともに焼失＝消滅してしまった。それ以後、皇室に対抗しうるほどの勢力は、平安時代の藤原氏まであらわれない(76)。このことと関連して興味深いのは、聖徳太子が歴史編纂に携わったことが『日本書紀』に記されているのに、それ以後の太子伝には、平安中期に成立する『聖徳太子伝暦』にいたるまで、そのことについての記述が見られない点である。『日本書紀』以降の太子伝には、太子の多才を強調する傾向が窺えるのであり、太子が歴史書の製作にかかわったことは、当然、エピソードとして取り入れてもよいはずであるが、実際は、そうなっていない。その理由は推察するしかないが、それに関して、『伝暦』に記載された推古二八年の以下の記事は参考になろう。

冬十二月に、天に赤気《せっき》あり。長さ一丈余。形、鶏の尾のごとし。太子・大臣ともにこれを異とす。百済の法師、奏していわく「蚩尤旗兵《しゆうきへい》の象とす。恐くは太子遷化の後七年に兵ありて太子の家を滅ぼさんか。」太子これを頷《うなず》きたもう。即ち、大臣に命じて、『国記』ならびに『氏々等の本記』を録さしめたもう。(77)

ここで「赤気」とあるのは、「空にたちこめる赤い色の気」(78)であり、それを見て太子も蘇我馬子も不思議に思った。そのとき、百済の法師が、太子没後、七年経って兵が上宮家を滅ぼすであろうと予言した。太子はすぐに馬子に命じて「国記」と「氏々等の本記」を記させたとする。

先に引用した『日本書紀』の記事にも、赤気に関する同様の記事が見える。しかし、書紀ではただそのような異変が起こったことを伝えるだけであるのに対し、『伝暦』では、それゆえに国記・本記を記録させたというふうに、解釈が加えられている。さらにここでは、「国記」と「氏々等の本記」は登場するが、「天皇記」についてはやはり触れられていない。また、太子と馬子が「共に議」ったのではなく、太子が馬子に命じたことになっている。すなわち、太子自身がもはや「歴史」の書き手ではないのである。

このことは、先に述べたように『日本書紀』以降『伝暦』以前の太子伝が太子の歴史叙述に言及しないことと併せて、象徴的な意味を持っている。それは、太子と馬子がともに歴史叙述に従事したこと（書紀）から、太子が馬子に命じて歴史を記録させたこと（伝暦）へと、太子と馬子の関係が水平的なものから垂直的なものへと転換したことを意味するだけではない。聖徳太子を、あくまでも「歴史的」偉人ないし聖者とする視点に立つ『日本書紀』に対し、救世観音の化身であり垂迹であってこの世に仮にあらわれた姿とする『伝暦』にとって、「歴史叙述」という行為は、過去を構成することによって過去を理解しようとし同時にまたその「過去」によって束縛されてしまうがゆえに、あまりに人間的である。また、聖伝の叙述が同時に「歴史」の叙述でもあることから、太子崇敬の念を共有する『日本書紀』以降の太子伝の作者たちは、同じ歴史作者として太子を同格の位置に貶めることに躊躇したとも考えられる。

ここで「百済の法師」[79]によって予言された内容が何を指すのかを検証することは無意味であろう。また、『伝暦』の作者は、蘇我入鹿が聖徳太子の息子の山背大兄王とその一族を滅ぼしたという史実を知っており、聖徳太子を神秘化するために、そのことを「予言」の形で挿入したと、「合理的」に解釈しても、ここでは重要な意義を持ちえない。要は、『伝暦』のこの記事を読む（または聞く）者は、当然、その悲惨な出来事を「想起」するであろうし、そのことを念頭に置きつつ、太子が馬子に「歴史」を書くように命じたことの真意を推察するであろう、ということである[80]。

蘇我入鹿が巨勢徳太と土師娑婆に命じて斑鳩を襲わせ、山背大兄王をはじめとする聖徳太子一族を滅ぼしたのは、実際には七年後ではなく二十三年後の皇極二年（六四三）であった。『法王帝説』では一五王、『太子伝補闕記』によると二三王が自害し、ここに上宮王家は滅亡する。しかし、皮肉なことに、その蘇我入鹿もまた、わずか二年後に、中大兄皇子によって皇極天皇の目前で斬殺された。『日本書紀』を援用して『伝暦』は、山背大兄王らの死に伴い、「時に雲の色、変化して五色の播蓋となる。種々の伎楽、空に照灼して寺に臨み垂れり」[81]と、異変があったことを伝えている。このように、聖伝に描かれる歴史的出来事が、しばしばコスモロジカルな表現を伴っていることは注目に値する。歴史が動くときは、コスモスそのものも照応して変化を見せるのである。

これら一連の出来事は、『伝暦』の作者・読者にとって、もはや単なる「過去」の出来事ではない。それは聖伝において、絶えず「現前する過去」である[82]。聖徳太子がその前生において繰り返し出家修行したこと、現身の太子が先行する聖者の「完成」であること、衆生済度の誓願ゆえにその後生に繰り返し「現在」し続けていること、これらの出来事は、直線的時間観念に基づいた「歴史」としてではなく、円環的時間観念に基づく「神話=歴史」として、聖伝の救済論的構造を支えている。

　ここには、近代以降の歴史中心主義的な「過去」の理解に対して、根本的な転換が要請されている。すなわち、「史実」に照らして記事の内容の事実性を問題にするのではなく、逆に記事の出来事の「真実性」に基づいて「過去」（と同時に「今」）の歴史的意味を理解するという、解釈のコペルニクス的転換である。あるいはまた、「通時的に表現された共時性」とも言えようか。いずれにせよ、その歴史叙述は、歴史の（コスモロジカルな）「意味」を明らかにするという点で「メタヒストリカル」であり、その傾向は、「歴史」解釈の中心に「聖人＝天子」としての聖徳太子を置く太子伝において、いよいよ顕著となっていくのである。

結論

本書の主要な目的は、宗教的人格をめぐって創造されてきた伝記を、その人物を中心として展開する宗教的意味世界を明らかにする独特な宗教的表現様式の一つとして捉え、その構造を明らかにすることにあった。そのことは同時に、「聖なる伝記」（聖伝）が宗教学のカテゴリーとしてどの程度まで普遍性を有しているかを比較宗教学的に検証することを要求する。

伝記一般にいえることであるが、聖伝も、ある特定の「個人」を中心に記述され、またその個人はあくまでも歴史内存在として扱われる。しかし、聖伝は対象となる「個人」について記述するだけでなく、同時に、その「個人」を媒介としてあらわれる、超越的なるもの、永遠なるものの表現・解釈を志向する点で他の俗なる伝記と異なる。すべての聖伝において、ミソ＝ヒストリカルな叙述のスタイルの要請される理由が、そこにある。聖伝に登場する人物には、さまざまな象徴的エピソードが付随しているが、神秘と謎に満ちたそれらの出来事のシンボリックな意味の解釈は、それら全体を整合的かつ統合的に理解させる聖伝の構想力にかかっている。その全体的理解の解釈の枠組みを提供するのが聖なる人物の「人生」であり、それゆえにイエスやブッダや聖徳太子は、「個人」でありながら、同時に「パラダイム」として、また「ヒストリカル・プロトタイプ」として、それぞれの聖伝の宗教的中心において、固有の意味世界を開示する。

聖なる「個人」についての叙述は、歴史に規定されつつも、その歴史を超越し、逆に歴史を意味付ける。本書が聖徳太子伝を考察の対象に選んだのも、それが聖伝の構造に特徴的なこのダイナミックな展開を明らかに示しているからであった。聖徳太子に関する伝記は、日本の宗教史のみならず、おそらく日本の歴史全体を通じて、もっとも豊富なヴァリエーションを持つものの一つであることは疑いえない。特に、古代から中世初期にかけて編まれた太子伝群において展開し『聖徳太子伝暦』において結晶化された「聖徳太子」のイメージが、その後の聖伝叙述にとって一つの「ヒストリカル・プロトタイプ」と見なされており、さらにそこに描写される「聖者」像は、日本宗教における聖なる人間の「パラダイム」として、現在にまで受容され続けている。したがって、『伝暦』を中心とする太子伝を、その歴史性を考慮に入れながら比較考察することは、日本における聖伝の展開を歴史的に跡付けることになると同時に、聖伝の普遍的な構造について考察する上で重要な手がかりを提供する。

かかる問題意識に則って、本書は、聖徳太子について書かれたいくつかの伝記を比較検討し、それらを生み出し語り伝えていった人々の救済論的願望を中心軸に、「聖なる伝記」ないし「聖伝」の生成に見られる歴史的・宗教的なダイナミズムを通時的かつ構造的に明らかにしようとした。

国家の「正史」として成立した『日本書紀』記載の厩戸王＝皇太子関連記事は、それ以後の聖徳太子伝に聖徳太子の「原像」を提供している点できわめて重要である。もちろんそれらの記事は、書紀成立期の日本および東アジア全体における宗教的・政治的状況を反映したものであり、そこでは古代日本国家における政治的・宗教的偉人としての太子像が描かれている。しかし、同時にそこには、「兼ねて未然を知ろしめす」力や尸解仙を見破る力などの神秘的な能力を持つ聖なる存在としての太子も顕現しているのであって、そこにはすでに後の聖伝の伝統における太子の神秘化の一端が窺えるのである。

もっとも、書紀の聖徳太子は、まず第一にその歴史意識に基づいてヒストリオグラフィカルに再構成された聖徳太子であった。そこでは太子の事績を叙述することと歴史を正当化することがパラレルな関係にある。そこに、飛鳥・白鳳時代の宗教的・政治的状況を背景として、「氏族仏教」から「国家仏教」への転換、律令体制の整備、渡来人の帰化、そして宗教伝統の土着化などの過程を見出すことも可能であろう。一方、太子に関する記事に散見される聖徳太子の「聖」としての聖性からは、書紀の歴史（叙述）そのものを意味付け、方向付ける政治的・宗教的志向性《オリエンタチオ》を読み取ることができる。それは書紀の神話＝歴史記述全体にメタヒストリカルな構造を与えるものでもあった。

しかし、聖徳太子の神秘化は同時に太子を歴史的コンテクストから解き放つ。そのことは、書紀の「歴史」記述を踏襲しつつもそれらを新たに意味付けすることで新たな聖徳太子を絶えず再生する、後の聖伝の伝統に顕著である。重要なことは、それぞれの聖伝が個々の歴史的・宗教的コンテクストにおいて新しい聖徳太子像を描くと同時に、聖なる聖徳太子はその枠組みを超越してしまうことである。ここには、直線的時間と円環的時間の緊張や歴史と神話の緊張、さらに俗なる人間と「聖」の緊張などを内包しつつ、それらの緊張関係が新たな聖伝の展開を促すという、聖伝のパラドキシカルな構造を読み取ることができるのである。

聖伝を歴史として見れば、その「歴史叙述」においては、一方で、歴史的出来事がもたらすカオス的状況としての〈歴史〉を解体しつつ、他方で、過去―現在―未来という時間の流れを意味あるもの＝生きられ得るものとすることを目指した〈歴史〉の創造が図られている。それゆえにこそ、それぞれの宗教的・歴史的状況に応じた聖伝が必要とされたのであり、また、そのようにして叙述された「過去」は、聖徳太子を中心として「物語的に現在化された過去」として、それぞれの伝記の読者に「現前」する。このダイナミズムこそ、「神話＝歴史」としての聖伝の救済論的構造を支えているものなのである。このようにして聖徳太子の聖伝は、厩戸王という歴史的存在を超越して、すべての歴史的コンテクストにおいて同時代性を獲得していくと同時に、それはまた、太子の衆生済度の誓願が久遠であることへの救済論的願望を反映した「聖なる歴史」にもなっていく。

注

序論

（1）Mircea Eliade, *The Sacred and the Profane: The Nature of Religion*, San Diego: Harcourt Brace Jovanovich, 1959, p.11.〔風間敏夫訳『聖と俗』法政大学出版局、一九六九年、三頁。〕

（2）Ibid., *Patterns in Comparative Religion*, New York: New American Library, 1974, p.2.〔久米博訳『太陽と天空神　宗教学概論1』（エリアーデ著作集第一巻）せりか書房、一九七四年、一九頁。〕

（3）Ibid., *The Sacred and the Profane*, pp.17-18.〔『聖と俗』、一〇頁。〕

（4）Ibid., p.12.〔同、五頁。〕

（5）北川三夫『現代世界と宗教学』新教出版社、一九八五年、五五頁。ルドルフ・オットーがその著『聖なるもの』において試みたのも、「宗教体験のさまざまな形態を分析」することであった。

（6）Eliade, *Patterns in Comparative Religion*, p.xiii.〔『太陽と天空神』、一九―二〇頁。〕

（7）Eliade, *The Quest: History and Meaning in Religion*, Chicago: University of Chicago Press, 1969, p.7.〔前田耕作訳『宗教の歴史と意味』（エリアーデ著作集第八巻）せりか書房、一九七五年、一三頁。〕

（8）Ibid., "Methodological Remarks on the Study of Religious Symbolism," in Eliade and J. M. Kitagawa, eds., *The History of Religions: Essays in Methodology*, Chicago: University of Chicago Press, 1959, pp.88-89.

（9）北川三夫、前掲書、五五頁。

（10）Eliade, *Shamanism*, p.xvi.

（11）Ibid., p.xv.

（12）Ibid, *The Myth of the Eternal Return*, Princeton: Princeton University Press, 1954, p.141.〔堀一郎訳『永遠回帰の神話』未来社、一九六三年、一八三頁。〕真木悠介は、〈直線としての時間〉と〈円環としての時間〉とを時間観念の二つの基礎的類型として設定する考え方に、すでにわれわれの先入見であるところの「時間は連続的に動いていくはずだ」という前提が入り込んでいることを指摘し、より原的な時間感覚としてエドマンド・リーチが〈振動する時間〉を取り上げていることを紹介している。（真木悠介『時間の比較社会学』岩波書店、一九九七年、一九頁、および、エドマンド・リーチ〔青木保、井上兼行訳〕『人類学再考』思索社、一九七四年、二〇七―

一三一頁。）

（13）Eliade, *The Myth of the Eternal Return*, pp.150-51.〔『永遠回帰の神話』、一九四―一九五頁。〕

（14）北川三夫、前掲書、九七―九八頁。

（15）同、一〇〇頁。

（16）荒木美智雄「新しいアルカイズムと民衆宗教の時代」『仏教』2号、法藏館、一九八八年一月、一六〇―一六一頁。

（17）北川三夫、前掲書、一〇七頁。

（18）Eliade, *The Quest*, p.8. note.〔『宗教の歴史と意味』、三〇頁。〕

（19）荒木美智雄『宗教の創造』法藏館、一九八七年、一三五頁。

（20）同、一八〇頁。

（21）Raffaele Pettazzoni, "The Supreme Being: Phenomenological Structure and Historical Development," in Eliade and Kitagawa, eds., *The History of Religions: Essays in Methodology*, p.66.

（22）荒木美智雄、前掲書、一四四頁。

（23）同、一三四頁。

（24）同「新しいアルカイズムと民衆宗教の時代」、一五三頁。

（25）Rudolf A. Makkreel, *Dilthey: Philosopher of the Human Studies*, Princeton: Princeton University Press, 1975, p.264.

（26）Joseph M. Kitagawa, "The History of Religions (Religionswissenschaft) Then and Now," in Kitagawa, ed., The History of Religions: Retrospect and Prospect, New York: Macmillan, 1985, p.130.

（27）Ibid.

（28）麻生健『解釈学』世界書院、一九八五年、一五七―一五八頁。

（29）H. A. Hodges, "Dilthey, Wilhelm," in *Encyclopedia Britannica*, 1971, vol.7, p.439.

（30）Kitagawa, ibid., p.131.

（31）レーウは、ディルタイが体系づけた解釈学の方法に基づいて、現象学的方法の手順を、「体験（erleben）、把握（begreifen）、公言（sprechen）」という三つの段階に分けた。その場合、「体験というものは隠されたもの」であり、「体験されたものの再構成」が把握である。そして「公言という最終段階」は、「現象学の学にあたる」〔ヴァン・デ・レーウ〔田丸徳善、大竹みよ子訳〕『宗教現象学入門』東京大学出版会、一九七九年、一三頁〕。このようにしてレーウは、宗教現象を、主体と客体の関係としての現象と見なすことによって解釈学への道を準備したが、実際の研究においては、宗教現象の本質をすべて「力」という概念に還元してしまうことによって、主体を無視し、客体を修正するという、彼の方法論的枠組みとは矛盾する方向へ進んでしまった。〔荒木美智雄『宗教の創造』、一三二一―一三三頁。〕

（32）Eliade, *Shamanism*, p.xv.

（33）Ibid., *The Quest*, p.58.〔『宗教の歴史と意味』、一〇八頁。〕

（34）Ibid., *Shamanism*, p.xiii.

（35）Ibid., *The Quest*, pp.7-8.〔『宗教の歴史と意味』、二四頁。〕

（36）Ibid., p.8〔同。〕

（37）Ibid., "Methodological Remarks on the Study of Religious Symbolism," pp.90-91.

（38）Ibid., *The Quest*, p.60.〔『宗教の歴史と意味』、一一一頁。〕

（39）Ibid., pp.61-62.〔同、一一三頁。〕エリアーデの宗教学における「創造的解釈学」と「包括的解釈学」の関係については、拙論「Mircea Eliade and the Total Hermeneutics of the History of Religions」筑波大学哲学・思想学系『哲学・思想論集』第二五号、二〇〇〇年、一四〇―一五〇頁。

（40）荒木美智雄「民衆宗教」『宗教学がわかる』（アエラムック）朝日新聞社、一九九五年、九二頁。

（41）Charles H. Long, *Significations: Signs. Symbols, and Images in the Interpretation of Religion*, Philadelphia: Fortress Press, 1986, p.43.

（42）荒木美智雄「新しいアルカイズムと民衆宗教の時代」、一六三頁。

（43）北川三夫、前掲書、一一八―一一九頁。

（44）同、一一九―一二〇頁。

（45）J. M. Kitagawa, *The History of Religons: Understanding Human Experience*, Atlanta: Scholars Press, 1987, pp.156-57.

（46）聖伝の場合、さらに「文学的」という形容詞を付け加えてもよかろう。

（1）「聖者」も「聖人」もともに「聖なる人間」を指すが、本書では、後者をもっぱら道教や仏教の伝統におけるそれを指すために用い、それに対して前者は「聖なる人間」一般を指す宗教学のカテゴリーとして用いる。さらに「聖なる人間」を意味する仏教用語では「菩薩」がある。例えば『日本霊異記』では、聖徳太子のほか、行基、道昭、役行者、願覚、一禅師、猿聖、観規に「聖人」の称号を与える一方、行基、金鷲、永興、寂仙、猿聖は「菩薩」と呼ばれている。金治勇も指摘しているように、同一人物で聖人とも菩薩とも呼ばれている例が見られるのは、その両者がほとんど同義語と考えられていたことの証しであろう。（金治勇『聖徳太子信仰』増補版、春秋社、一九八〇年、一〇四—一〇五頁。）

（2）そのまれな例として、Martin Dibelius, *From Tradition to Gospel*（Cambridge: James Clarke, 1971、ドイツ語の初版は一九三五年に出版）と Frank E. Reynolds and Donald Capps, eds., *The Biographical Process*（The Hague: Mouton, 1976）、および Michael A. William, *Charisma and Sacred Biography*（JAAR Thematic Studies 48/3 & 4. AAR, 1982）を挙げることができよう。また、対象が東・東南アジアの仏教に限定されてはいるが、Juliane Schober, ed., *Sacred Biography in the Buddhist Tradition of South and Southeast Asia*（Honolulu: University of Hawai'i Press, 1997）も、最近の学際的な聖伝の比較研究として注目に値する。

（3）「聖伝」は、「聖なる伝承」も意味しうるが、ここでは、聖なる伝記に意味を限定して用いたい。

（4）「伝記」はまた、「しるしぶみ」と読ませて、記録ないし文書を意味することもある。例えば、『日本書紀』宣化天皇記に、「皇后の崩りましし年、伝記に載すること無し」とある。

（5）諸橋轍次・鎌田正・米山寅太郎『広漢和辞典』上巻、大修館書店、一九八一年、一五九頁。

（6）*The Concise Oxford Dictionary of Current English*, 9th ed., Oxford: Clarendon Press, 1995, p.128.

（7）Paul M. Kindall, "Biography," in *Encyclopedia Britannica*, 15th ed., Macropedia, 1980, vol.2, p.1011.

（8）Ken Plummer, *Documents of Life: An Introduction to the Problems and Literature of a Humanistic Method*, London and Boston: George Allen and Unwin, 1983, p.8.

（9）William R. LaFleur, "Biography," in M. Eliade et al. eds., *The Encyclopedia of Religion*, Macmillan, 1987, vol.13, p.220.

（10）Juliane Schober, "Trajectories in Buddhist Sacred Biography," in Schober, ed., *Sacred Biography in the Buddhist Tradition of South and Southeast Asia*, p.1.

（11）堀一郎『日本のシャーマニズム』講談社、一九七一年、宮田登『生き神信仰』塙書房、一九七〇年、など。

（12）中村元『東洋人の思惟方法』春秋社、一九六一年、一一四－一四〇頁。

（13）もっとも中村元自身はそのことを意識していたと考えられる。

（14）ここでいう「クラシカル」とは、「古典的」という意味であるよりは、むしろ「典型的」であると同時に「模範的」という意味で理解されるべきであろう。 Joachim Wach, “The Concept of the ‘Classical’,” in *Types of Religious Experience* (Chicago: University of Chicago Press, 1951), pp.48-57.

（15）Joseph M. Kitagawa, *On Understanding Japanese Religion*, Princeton: Princeton University Press, 1987, p.196.

（16）五来重『日本人の仏教史』（角川選書）、角川書店、一九八九年、一三一頁。

（17）LaFleur, ibid., p.220. また仏伝研究においても、「神話的潤色を排して、歴史的人格としての仏陀像に肉薄せんとする情熱は、傍らこれら神格化・神話化の過程を冷静に整理し、系統だてようとする学問的な営み（subtraction method）を結果した」とされる。（アシヴァゴーシャ〔原実訳〕『大乗仏典第一三巻　ブッダ・チャリタ』〔中央公論社、一九七四年〕所収の、原実による「解説」、三三九頁。）

（18）英語では *From Tradition to Gospel* として出版された。

（19）Dibelius, *From Tradition to Gospel*, pp.108-109. キタガワは、空海を例にこの「法則」を論じている。 Kitagawa, ibid., p. 192.

（20）Joachim Wach, *Sociology of Religion*, Chicago: University of Chicago Press, 1944, p.341.

（21）Ibid., p.343.

（22）Ibid., pp.133ff. 師弟間の心理的・社会的相互依存関係の宗教的意味については、J. Wach, “Master and Disciple: Two Religio-Sociological Studies,” in *Essays in the History of Religions*（ed. by J. M. Kitagawa and G. D. Alles, New York: Macmillan, 1988）を参照。

（23）Frank E. Reynolds and Donald Capps, eds., *The Biographical Process.*

（24）Peter Brown, *The Cult of the Saints: Its Rules and Function in Latin Christianity*, Chicago: University of Chicago Press, 1981; Caroline W. Bynum, *Holy Feast and Holy Fast: The Religious Significance of Food to Medieval Women*, Berkeley: University of California Press, 1987.

（25）Stanley Jeyaraja Tambiah, *The Buddhist Saints of the Forest and the Cult of Amulets*, Cambridge University Press, 1984; John S. Strong, *The Legend and Cult of Upagupta: Sanskrit Buddhism in North India and Southeast Asia*, Princeton: Princeton University Press, 1992.

（26）Reynolds and Capps, eds., *The Biographical Process*, Introduction, p,3.

（27）その意味で「神話的過去」とは、〈現在化し続ける過去〉でもある。（真木悠介、前掲書、一〇一頁。）

（28）同時に、聖なる伝記が「クラシカル」な「聖なる人間」の宗教的エトスによって触発され、生成される一方で、そのような聖なる伝記が「クラシカル」な「聖なる人間」そのものの救済者としてのイメージを、その伝記的イマジネーションによってたえず喚起し、再構成していくという解釈学的循環の事実も忘れられてはならない。

（29）Mircea Eliade, *Myth and Reality*, New York: Harper & Row, 1975, p.141.〔中村恭子訳『神話と現実』（エリアーデ著作集七）せりか書房、一九八六年、一六〇頁。〕

（30）Ibid, pp.5-6.〔同、一二頁。〕

（31）Eliade, *Myths, Dreams, and Mysteries: The Encounter between Contemporary Faiths and Archaic Realities*, New York: Harper & Row, 1960, p.24.〔岡三郎訳『神話と夢想と秘儀』国文社、一九八五年、三〇頁。〕

（32）Eliade, *Myth and Reality*, p.5.〔『神話と現実』、一二頁。〕

（33）Ibid, p.11.〔同、一七頁。〕

（34）Ibid, pp.18-19.〔同、二四―二五頁。〕

（35）Eliade, *Myth, Dreams and Mysteries*, p.30.〔『神話と夢想と秘儀』、三七頁。〕

（36）Reynolds and Capps, eds., *The Biographical Process*, p.2.

（37）Kees W. Bolle, "Myth: An Overview," in *The Encyclopedia of Religion*, vol.10, p.262.

（38）その点からすれば、「アルカイック」（archaic）はむしろ始源的と言い換えてもよいだろう。

（39）Paul Brockelman, *The Inside Story: A Narrative Approach to Religious Understanding and Truth*, Albany: State University of New York Press, 1992, p.23.〔小松加代子訳『インサイド・ストーリー』玉川大学出版部、一九九八年、三八頁。〕

（40）Mircea Eliade, *Ordeal by Labyrinth*, Chicago: University of Chicago Press, 1982, p.156.

（41）Brockelman, *The Inside Story*, p.105.〔『インサイド・ストーリー』、一四〇頁。〕

（42）Ibid., p.23.〔同、三八頁。〕

（43）R・ブルトマン『新約聖書と神話論』新教出版社、一九八〇年、一四一―一五頁。

（44）人間の物語る行為およびその産物としての物語を研究する学問分野としての物語論は、ふつう、narratologyという語を意識的に使ったT・トドロフの『デカメロンの文法』（一九六九年）を嚆矢とするとされている。（富山太佳夫「ナラトロジー」『岩波哲学・思想事典』岩波書店、一九九八年、一二〇二頁。）もっとも、神話や民話に対する構造分析は、さらに時代を遡ることができる。例えば、ロシア・フォルマリストの一人とされるV・プロップは、『昔話の形態学』（一九二八年）において、昔話の登場人物の役割を七種類、その行動を三一の機能に分類し、そこから、登場人物や筋がいかに多様に見えようと、その〈機能〉の配列の仕方や基本構造は同一であるという結論を導き出した。このような機能的な構造分析は、C・レヴィ=ストロースによる神話の構造分析に大きな影響を及ぼし、A・J・グレマスの『構造意味論』やC・ブレモンの『物語の論理』に代表される、現代のフランスにおける物語研究につながっている。（F・シュタンツェル〔前田彰一訳〕『物語の構造――〈語り〉の理論とテクスト分析』岩波書店、一九八九年、所収の、前田による「解説」、二八〇頁。）

他方、物語の内容よりもむしろその形式（叙法）や文法を研究しようとする流れがあり、同じくロシア・フォルマリストの一人V・シクロフスキーを先駆として、G・ジュネットの『フィギュールIII』などに結晶した。物語の内容に焦点を置く研究が物語の深層構造にかかわる研究であるとすれば、物語の形式を重視する研究は物語の表層構造（表現の形式）にかかわる研究であるといえる。後者は物語が語られるときの視点や想定されている読者の性格も考案されている点で、前者に対してよりダイナミックな枠組みであるといえよう。例えばジュネットは前掲書で、出来事が語られる順序、語りに要する時間、語りの様式と視点などを軸とするテクスト分析を展開している。

もちろん、これらのいわゆる構造主義的ナラトロジーの立場を代表する理論家として、ロラン・バルトを忘れてはならない。特にバルザックの小説に構造主義分析を施した『S/Z』は、それ以後、テクストを歴史的背景や文化的状況や作者の個人史から理解するのではなく、あくまでテクスト内在的に構造分析するような研究法のイニシアティブと見なされるようになり、フランスだけでなく、英米の物語研究にも影響を及ぼしている。

このように、現代の物語論の主流は、構造主義的ナラトロジーであるが、それと並行して、物語る行為を人間の精神活動の基本と考え、世界認識の重要な方法の一つと見なす流れがある。例えば、A・C・ダントは、『物語としての歴史』（一九六五年）において分析哲学の立場から歴史哲学を論じた。その中でダントは、「物語文」と「理想的年代記」という概念を独創的に提起することで、「歴史の分析哲学」に一種の「パラダイム転換をもたらした」とされる。（野家啓一「物語行為論序説」市川浩ほか編『現代哲学の冒険八　物語』岩波書店、一九九〇年、七五頁。）

また、ダントと並んで「歴史の物語派」の代表と見なされているヘイドン・ホワイトは、「一九世紀ヨーロッパにおける歴史的想像力」という副題を持つ『メタヒストリー』（一九七三年）において、歴史を記述した作品を「物語的散文的言述の形態をとった言語構造体」と受け止め、∧歴史の詩学∨のもとにその構造体のメタヒストリカルな分析を試みた。この分析を通じて彼は、客観的真実を自称する歴史記述の中に、いかにフィクションが深く入り込んでいるか、隠喩（metaphor）や換喩（metonymy）などの修辞的技法がどれほど駆使されているかを明らかにして、歴史記述という行為はそれ自体が本質的に詩的な行為であることを立証した。

歴史認識の場における物語の不可欠性を強調するホワイトの立場は、時間認識における物語の重要性に注目するP・リクールの立場と近似している。特に、大著『時間と物語』（全三巻、一九八三―八五年）でリクールは、「歴史物語」と「フィクション物語」における時間の統合形象化のプロセスを具体的に分析することを通して、時間が、言語に媒介され、物語によって分節化されることによって初めて人間的な時間経験となることを論じた。「なぜ人間は物語ることによって時間を人間化することをやめないのか」という問いを一貫して問い続ける『時間と物語』は、同じく「なぜ人間は象徴（隠喩）を問うことをやめないのか」という問いに基づいて構想され執筆された『生きた隠喩』とともに、言語の意味創造の問題を追究している。

なお、物語神学をめぐる論争については、堀江宗正「『物語と宗教』研究序説――リクール『物語神学を目指して』を読む」『東京大学宗教学年報』一五号、一九九七年、が参考になる。

(45) たとえばアリスデール・マッキンタイアー、スタンレイ・ハワーワス、ポール・リクール、サリー・マクファギュ、ヨーハン・バプティスト・メッツ、ハンス・フライ、テランス・ティリー、デイヴィッド・トレイシーなど。

(46) 神話と聖伝の差異は、一般にこれまで以下の点を中心に論じられてきた。第一に、前者がもっぱら神的存在について語るのに対し、後者は人間が主人公であること、第二に、前者はその作者を特定することが不可能であると考えられているのに対し、後者は一般にその作者を特定することが可能であること、そして第三に、神話は前歴史的な出来事を描写するのに対し、後者はあくまでも歴史的時間の中で生起したと考えられていることについての記述であって、したがって神話は空想に基づいているが聖伝は史実に基づいている、などの点である。しかし、聖伝の主人公は、ふつう俗なる人間とは異なる聖なる存在として描かれ、それゆえにしばしば崇拝の対象にもなる。また、史実のみが真実であり、聖伝の中で史実とは見なしがたいものは「神話的な」エピソードとして削除するのであれば、そもそも聖伝を聖伝たらしめている要素、すなわち聖なるものの体験という要素が、十分に理解されえないであろう。

(47) 島薗進「宗教思想と言葉――神話・体験から宗教的物語へ――」脇本平也・柳川啓一編『現代宗教学2　宗教思想と言葉』東京大学

出版会、一九九二年、九頁。

(48) 正確には「大王」とすべきであろうが、便宜上「天皇」で統一する。

(49) 野家啓一『物語の哲学――柳田國男と歴史の発見』岩波書店、一九九六年、一四七頁。

(50) 小松和彦「序　物語る行為をめぐって――『歴史』から『神話』へ――」『岩波講座文化人類学第一〇巻　神話とメディア』岩波書店、一九九七年、一〇頁。

物語論の観点からすれば、歴史そのものが、しばしば救済願望に基づいて記述される。歴史は進歩し、生活はますます豊かになる、という近代の歴史観も、それ自体が一つの宗教的物語であったと解釈することが可能である。そしてそれがあまりにも楽観的であったがゆえに、現在、新しい救済論的歴史の記述が、さまざまな形で模索されている。(いわゆる「自虐史観」をめぐる論争も、二つの相異なる救済論的歴史記述への志向性の反映と見なすことも可能ではなかろうか。) ヒロシマやアウシュヴィッツなどの歴史上の出来事を、単なる偶然の出来事として叙述するのではなく、それらを意味ある全体に結びつけるような歴史、すなわち「聖なる歴史」は、物語の形をとった歴史解釈なのである。

(51) また、例えば英語の **relate** (関係させる、物語る) が示唆するように、語ることは同時に関係させることでもある。ある特定の出来事やその主人公について語ることによって、語り手はその語りの対象に関係させられる。言い換えるならば、語りの主体を離れて語りという行為は成立しえない。∧意味∨が常に誰かにとっての∧意味∨であり、語りの場においてその誰かとは、語りの主体そのものだからである。また、語りが独白 (モノローグ) ではなく、対話 (ダイアローグ) となるとき、語り手と聞き手は語りを通して関係させられ、そのことで∧意味∨が共有される。

(52) 野家啓一、前掲書、一〇一頁。

(53) **Brockelman, *The Inside Story*, p.109.** 〔『インサイド・ストーリー』、一四五―一四六頁。〕

(54) 聖伝は、その全体性において、宗教的行為のための/についての多様なモデルを提供する。すなわち、C・ギアツの用語を援用して説明すれば、ある特定の人物のライフ・ストーリーが直接・間接に宗教的原理を表現するという意味で、聖伝は宗教的な生 (生き方)「についてのモデル」となる。聖伝は同時に、ライフ・ストーリーにおいて理想化された宗教的表現を模倣するよう、その読者に促すという点で、宗教実践「のためのモデル」ともなる。そのようなものとして聖伝は、完全な救済へといたる潜在的な可能性が無限に保証されていることを暗示するのである。

(55) トポローフ「宇宙論から歴史記述へ」(イワーノフ、トポローフ〔北岡誠司訳〕『宇宙樹・神話・歴史記述』岩波書店、一九八三年、所収)、二五四頁。
(56) 同、二〇二頁。
(57) 同、二〇九頁。
(58) 第一に火を、第二に電気を利用するすべを学んだことで、人間の生活のリズムが大きく変わったことはつとに知られている。
(59) キリスト教関係の新宗教では、とりわけ、エホバの証人、セブンスデイ・アドベンティスト、モルモン教などに千年王国論的傾向がうかがえる。
(60) その代表的な事例として、大本、ほんみち、天理教などを挙げることができよう。それらがしばしば、土着主義的、反近代・反西洋的な傾向を有し、ナショナリズムや復古主義とも結びついていったことは、それらの新宗教が、近代日本における記紀神話と天皇信仰への回帰という現象と非常に近い歴史意識を共有していたことを物語るものである。
(61) トポローフ、同論、二一二—二一三頁。
(62) 同、二一九頁。
(63) 同、二二六頁。
(64) 同、二三一頁。
(65) 同、二四五頁。
(66) 同、二四六頁。
(67) 田村圓澄『聖徳太子』中央公論社、一九六四年、はじめに。
(68)『日本書紀』から『聖徳太子伝暦』にいたる諸太子伝の関連については本書末の参考資料(一)諸太子伝の系統推定図を参照。

第二章

(1) 坂本太郎『聖徳太子』新装版、吉川弘文館、一九八五年、一頁。
(2) 聖徳太子に関する伝記的史料のうち、最も古い『日本書紀』でも、太子薨去後、約百年を経ている。
(3) そもそも聖徳太子の薨去の日付すら、複数の伝承がある。

（4）「聖徳」は死後の諡号（おくりな）であり、『日本書紀』の中では、もっぱら「皇太子（ひつぎのみこ）」と呼ばれている。また、書紀には「聖徳太子」という成語はなく、この語の初見は天平勝宝三年に書かれた懐風藻序文あたりらしい。（家永三郎『上代佛教思想史研究』法藏館、一九四二年、七―八頁。）

（5）ちなみに太子の生年については、複数の説があり、たとえば『聖徳太子伝暦』では敏達天皇元年（五七二）生誕とするが、『上宮聖徳太子伝補闕記』では敏達天皇三年（五七四）を太子生誕とする。『上宮聖徳法王帝説』も敏達三年説であり、現在ではこれが定説となっている。（坂本太郎、前掲書、一九―二〇頁、吉村武彦『聖徳太子』岩波書店、二〇〇二年、三頁。）

（6）『元興寺伽藍縁起并流記資財帳』により、『上宮聖徳法王帝説』もそれに従う。『日本書紀』に基づいて欽明一三年（五五二）とする考え方もあるが、現在はその史実性が疑われている。（速見侑「仏教伝来」今泉淑夫編『日本仏教史辞典』吉川弘文館、一九九九年、八八八頁。）

（7）聖徳太子の父方の祖母と母方の祖母双方が、蘇我馬子と兄弟姉妹であった。

（8）『日本古典文学大系六八　日本書紀　下』岩波書店、一九六五年、一六三―一六四頁。

（9）書紀は、乱が鎮まった後、摂津国に四天王寺が建てられたと記す。坂本太郎によれば、この記事は四天王寺の古縁起を史料にして書かれた公算が大きいという。（坂本太郎、前掲書、三〇頁。）

（10）東漢氏は六世紀後半から蘇我氏に用いられた渡来系の氏族。

（11）「殯」は「あらき」とも訓み、貴人の本葬をする前に、棺に死体を納めて仮に祭ること、また、その場所を意味する。当時、天皇の薨去に際して殯も行わず埋葬してしまうのは、異例のことであった。（坂本太郎、前掲書、三三頁。）

（12）女性が正式に天皇位に就くのは初めてのことであった。神功皇后は『扶桑略記』において神功天皇と称せられるほど実質的に天皇の権能を行使したが、正式な身位は皇后のままであった。なお、この後、七世紀から八世紀にかけて、皇極＝斉明、持統、元明、元正、孝謙といった女帝が相次いで誕生し、女帝の世紀とも呼ばれる。

（13）現在の奈良県高市郡明日香村豊浦。

（14）ここでいう「摂政」は後の時代のそれ、例えば平安時代に藤原良房が清和天皇の、藤原基経が陽成天皇の、それぞれ摂政となった事例とは性格を異にする。後の世の摂政は幼少の天皇に代わって大権を行使したが、太子の摂政はあくまでも天皇の政治の輔弼であった。

(15)『日本古典文学大系六八　日本書紀　下』、一八〇―一八一頁。「十二月戊辰朔壬申、始行冠位。大徳・小徳・大仁・小仁・大礼・小礼・大信・小信・大義・小義・大智・小智、并十二階、並以當色絁縫之。……十二年春正月戊戌朔、始賜冠位於諸臣、各有差。」

(16)「上宮聖徳法王帝説」藤原猶雪編『聖徳太子全集　第二巻　聖徳太子伝（上）』復刻版、臨川書店、一九八八年、一八頁。

(17)『書き下し「聖徳太子伝暦」』世界聖典刊行協会、一九九五年、六二頁。書き下し文は奥田清明による。比較対照のために、日中文化交流史研究会編『「聖徳太子伝暦」影印と研究』（桜楓社、一九八五年）を参照した。

(18) 若月義小「冠位十二階」黛弘道・武光誠編『聖徳太子事典』新人物往来社、一九九一年、一一八―一一九頁。

(19)『日本古典文学大系六八　日本書紀　下』、一七八頁。

(20) 坂本太郎、前掲書、七八頁。もっとも冠位制が実質化するのは大化期に入ってからであり、当初はむしろ外交の場における儀礼的・象徴的側面が強かったとされる。（若月義小、前掲論、一一六―一一七頁。）

(21)『日本古典文学大系六八　日本書紀　下』、一八〇頁。もっとも、内容に関してこの憲法が後世の造作であるとする説も津田左右吉や田村圓澄などによって主張されているが、ここでは深く立ち入らない。

(22) 坂本太郎によれば、このように全文が載せられるのは、『日本書紀』の記事の一般的性質からいって、きわめて異例である。（坂本太郎、前掲書、八四頁。）

(23)『日本古典文学大系六八　日本書紀　下』、一八〇頁。「忤ふる」は「逆らう」の意。

(24) 同、一八二頁。「群卿」は上級官人、「百寮」はそれ以下の中下級官人を意味する。

(25) 坂本太郎、前掲書、九三頁。

(26)『日本古典文学大系六八　日本書紀　下』、一八一頁。「四生」とは『法華経』随喜功徳品に「四生ハ衆生ノ卵生・胎生・湿生・化生」とあるように、生類一切を指す。（『岩波仏教辞典』岩波書店、一九八九年、「四生」、三五四頁。）

(27)『日本古典文学大系六八　日本書紀　下』、一八四頁。「忿」も「瞋」もともに仏教用語で、怒りを表す。

(28) 坂本太郎はさらに、憲法が理想とする国家の君・臣・民は仏国浄土の仏・菩薩・衆生に対応しており、菩薩の利他行によって衆生が救われることを太子は想定していたのではないかと推論しているが、傾聴に値する。（坂本太郎、前掲書、九四頁。）

(29) **Kitagawa, *On Understanding Japanese Religion*, p.264.**

(30)『隋書』「倭国伝」に記す。なお、「倭国伝」によれば、使者を遣わしたのは「倭王、姓は阿毎、字は多利思比孤、阿輩雞彌と号す」

人物であったが、家永三郎や坂本太郎などによって聖徳太子に同定されている。（菊地克美「遣隋使」黛弘道・武光誠編『聖徳太子事典』、二二四―二二二頁。）

(31)『日本古典文学大系六八　日本書紀　下』、一七四頁。

(32)同、一八八頁。ただし、『法隆寺伽藍縁起幷流記資財帳』（『法隆寺資財帳』）および『上宮聖徳法王帝説』は講経の年を推古六年（五九八）とする。（田村圓澄『飛鳥・白鳳仏教史』下、吉川弘文館、一九九四年、一六四―一六五頁。）

(33)田村圓澄、前掲書、下、一六八頁。

(34)「上宮聖徳太子伝補闕記」藤原猶雪編『聖徳太子全集　第二巻　聖徳太子伝（上）』、五七頁。もっとも、「三経義疏」に関しては、『日本書紀』にはまったく触れられておらず、津田左右吉、小倉豊文、田村圓澄など、「『聖徳太子』信仰・鑽仰の高揚の中で、『聖徳太子』に仮託して制作された」（田村圓澄、前掲書、下、一七〇頁。）と考える見解も少なくない。

(35)「上宮聖徳法王帝説」、一三頁。

(36)「寺」が脱落している可能性がある。

(37)「上宮皇太子菩薩伝」藤原猶雪編『聖徳太子全集　第二巻　聖徳太子伝（上）』、五〇―五一頁。

(38)「聖徳太子伝暦」同、一一三頁。

(39)坂本太郎、前掲書、一八一頁。もっとも、「正確に太子の建立といえるのは四天王寺と法隆寺で、他の五箇寺はむしろ太子ゆかりの寺とみるべきであろう」（金治勇、前掲書、五九頁。）と指摘する向きもある。他に吉村武彦、前掲書、九四頁、など。

(40)聖徳太子には、生涯に四人の妻があったと伝えられる。すなわち、敏達天皇とその皇后豊御食炊屋姫（後の推古天皇）の娘、菟道貝鮹皇女（うじのかいたこのひめみこ）、膳臣傾子（かしわでのおみかたぶこ）の娘、菩岐々美郎女、蘇我馬子の娘、刀自古郎女（とじこのいらつめ）、そして尾張皇子の娘、位奈部橘王（いなべのたちばなのおおきみ）である。尾張皇子は敏達天皇と豊御食炊屋姫の間の子であるから、菟道貝鮹皇女と位奈部橘王とは叔母と姪の関係にあたる。菟道貝鮹皇女には子がなかったが、菩岐々美郎女は四男四女を、刀自古郎女は山背大兄王を含む三男一女を、そして位奈部橘王は一男一女を、それぞれ産んでいる。菩岐々美郎女は、子供の数の多さ――太子には全部で十四人の子供がいるが、そのうち八人までが菩岐々美郎女との間の子供である――からも、また死後太子と合葬されていることからも、太子から最も寵愛を受けたと考えられている。（瀧音能之「聖徳太子の妻たち」黛弘道・武光誠編『聖徳太子事典』、八〇―八四頁。）

(41) 天寿国曼荼羅繡帳とも言う。なお、この帳は、長い間その所在が不明であった。文永一〇年(一二七三)、当時、信如という比丘尼が中宮寺を再興しようとしていたが、その本願とされる穴穂部間人皇后の忌日が不明であったため、これを知ろうとして念仏を修した。その間に同行の尼発心は、法隆寺の僧が一つの曼荼羅を持ち来り、その中に皇后の忌日が記されていると告げる夢を見た。信如はすぐにこのことを法隆寺に伝え、捜索したところ、翌一一年に夢の通り曼荼羅が発見されたという。(大橋一章『天寿国繡帳の研究』吉川弘文館、一九九五年、六三頁。

(42) この繡帳を伝える中宮寺は、太子の母穴穂部間人皇后のためにその宮を改めて寺にしたと伝えられ、そのことは『上宮皇太子菩薩伝』に「皇后宮」を挙げていることからも窺い知れる。

(43) 東野治之「聖徳太子関係銘文史料」石田尚豊編『聖徳太子事典』柏書房、一九九七年、四八九―四九〇頁。「時多至 波奈大女郎 悲哀嘆 息白畏天 皇前曰啓 之雖恐懐 心難止使 我大王与 母王如期 従遊痛酷 无比我大 王所告世 間虚仮唯 仏是真玩味其法謂 我大王応 生於天寿 国之中而 彼国之形 眼所叵看 悕因図像 欲観大王 住〔ママ〕生之状」

(44) 天寿国を兜率天に比定する説は辻善之助、重松明久らによって、無量寿国すなわち極楽浄土と見なす説は家永三郎、常盤大定らによって、妙喜浄土とする説は大矢透と青木茂作によって、霊山浄土説は大屋徳城によって、漠然と理想境とみる説は橋本凝胤、会田範治らによって、さらに神仙思想の影響を重視する考えは望月信成、下店静市、林幹彌によって、それぞれ唱えられた。これら諸説を詳細に検討した大橋一章は、現状では無量寿国説と兜率天説の二説が有力であり、特に前者がより有力であると結論付けている。(大橋一章、前掲書、一二五―一四〇頁。)

(45) 当初約5メートル角であったとされるが、現在は88.8センチ×82.7センチの大きさに綴り合わされている。(『岩波仏教辞典』、「天寿国繡帳」、五九二頁。)

(46) 林幹彌『太子信仰』評論社、一九八一年、二五頁。田中嗣人は、太子の浄土往生の考えが直ちに太子信仰と結びつくかどうか検討の余地があるとしながらも、概ね林幹彌のこの説を受け入れている。(田中嗣人『聖徳太子信仰の成立』吉川弘文館、一九八三年、一五三頁。)

(47) 田村圓澄、前掲書、上、序、四五頁。田村は同書下巻において、この白鳳時代に、皇祖神であり、また日本の国土と人民の統合の根元とされる天照大神の観念および天皇=現人神思想が出現していることを指摘しているが、きわめて注目に値する。

(48) もっとも「四天王寺」という名称は後のもので、当初は荒陵寺と呼ばれていた。

(49) ちなみにこの法興寺は、蘇我馬子が物部氏に対する戦勝を祈願して建立したものであると伝える。崇峻元年（五八八）に造営を開始し、推古四年（五九六）に完成した。聖徳太子が創建したとされる法隆寺とともに「仏法興隆」の「興」と「隆」を分け合っていることが注目される。

(50) 田村圓澄、前掲書、上、一二二―一二三頁。

(51) ただし、十七条憲法太子真撰説には賛否両論があって未だに決着がついていない。（田中嗣人、前掲書、一一六―一二〇頁。）

(52) 田村圓澄「日本書紀・上宮聖徳法王帝説・聖徳太子伝暦　解題」、一二三頁。

(53) 田村は、少なくとも聖徳太子の時代には、隋の影響よりも朝鮮半島の影響の方が重要であることを指摘して、次のように述べている。「聖徳太子時代の外来文化、すなわち学問・仏教・芸術などは、その源流が中国にあったのは当然であるとしても、直接に、朝鮮半島三国の指導・影響を受けている。そしてこれは、聖徳太子に限られたことではなく、太子の時代とその文化全般についても妥当するのである。隋との直接交渉を開いたのは聖徳太子であったが、しかし太子とその時代の文化に、隋の直接の影響を見ようとするのは非歴史的といわねばならない。聖徳太子とその時代の文化は、朝鮮半島の三国の枠を出るものではなかったからである。」（田村圓澄「百済・新羅仏教と飛鳥仏教――聖徳太子研究の問題点――」田村圓澄・川岸宏教編『日本仏教史論集　第一巻　聖徳太子と飛鳥仏教』吉川弘文館、一九八五年、四八頁。）

(54) 田村圓澄『飛鳥・白鳳仏教史』上、一七五頁。

(55) 稲垣晋也「考古学から見た初期寺院の造営――畿内を中心として――」『東洋学術研究』一八巻三号、一九七九年。

(56) 田村圓澄「聖徳太子」、一七二頁。

(57) 田村圓澄『聖徳太子』中央公論社、一九六四年、九三頁。

(58) 巻末資料（三）参照。

(59) もっとも、田村に拠れば、飛鳥仏教の連続として「国家仏教」があらわれたのではない。すなわち、唐で学んだ学問僧によって「国家仏教」が導入される以前に、新羅仏教の流れを引く半跏像＝救世者の私的な信仰があり、さらにそれが「廐戸王」＝「聖徳太子」に結びつくことで、最終的に日本の「国家仏教」の基盤が確立したという。（田村圓澄「聖徳太子」、一七二―一七三頁。）また、中村元は、諸部族の政治的・軍事的対立の時代から、普遍的統一国家へと移行する過程において、共同体の原理としての「和」を強調する聖徳太子があらわれたとする視点を設定し、インドのアショーカ王、チベットのソンツェンガンポ王、ビルマのアナウラーター王、カンボジアのジャヤヴァルマン七世、隋の文帝などに比定している。（中村元「普遍的国家の理想——聖徳太子の世界思想史的考察——」『日本仏教』第一号、一九五八年、後に、田村圓澄・川岸宏教編『日本仏教史論集　第一巻　聖徳太子と飛鳥仏教』（吉川弘文館、一九八五年）に所収。および、『中村元選集［決定版］別巻六　聖徳太子』春秋社、一九九八年、とくに第三章４。

（60）田村圓澄「百済・新羅仏教と飛鳥仏教」、五一頁。

（61）同、五二―五三頁。

（62）建長（一二四九―五六）ごろに書かれた『聖徳太子伝私記』によれば、「四十六個寺院」に増えている。

（63）ここで、『日本書紀』の第一の性格が国の正史であったということを、改めて想い起こしたい。

第三章

（1）田村圓澄「日本書紀・上宮聖徳法王帝説・聖徳太子伝暦　解題」出口常順・平岡定海編『仏教教育宝典二　聖徳太子・南都仏教集』玉川大学出版部、一九七二年、二三頁。また、カムストラは、「誕生、講経、造寺、および死は、聖徳太子がすでに八世紀のはじめにどれだけ理想化されていたかを示す事実に関する一群の＜主題＞を形成する」（J. H. Kamstra, *Encounter or Syncretism: The Initial Growth of Japanese Buddhism*, Leiden: E. J. Brill, 1967, p.398.）と論じ、『日本書紀』の意義を強調している。

（2）坂本太郎「日本書紀と聖徳太子の伝記」『坂本太郎著作集第二巻　古事記と日本書紀』吉川弘文館、一九八八年、三八六―三八八頁。この最後の点が示唆していることは重要である。このことは、『日本書紀』が参照したとされる太子伝の他にも太子に関する伝承が存在していたことを裏付ける。

『日本書紀』それ自体は独立した太子伝ではない。しかし、以降の太子伝に与えた影響からしても、また、太子に関してこれより古い史料が他に見当たらないことからしても、太子伝を研究する上で看過することができない。（飯田瑞穂「聖徳太子伝の推移——『伝暦』成立以前の諸太子伝——」田村圓澄・川岸宏教編『日本仏教宗史論集　第一巻　聖徳太子と飛鳥仏教』吉川弘文館、一九八五年、三三一頁。〔初出は『国語と国文学』第五〇巻第一〇号、一九七三年、のちに『飯田瑞穂著作集一　聖徳太子伝の研究』（吉川弘文館、二〇〇〇年）に所収。〕）

（3）例えば、神野志隆光『古事記と日本書紀——「天皇神話の歴史」』講談社、一九九九年。

（4）日野昭「日本書紀における聖徳太子」『龍谷史壇』五〇号、一九六二年一〇月、八九―九一頁。ちなみに、記事の数は数え方によって若干異なり、例えば田中嗣人は二十八条とし、そのうち太子が表面に出るものは二十三条数えられるとしている。（田中嗣人、前掲書、七四頁。）

（5）飯田瑞穂、前掲論、三三二頁。

（6）津田左右吉、『日本古典の研究　上』改版、岩波書店、一九七二年（初版一九四八年）、七〇―七四頁。

（7）同、三七頁、七三頁。

（8）「日本」は律令国家が創出した国号であり、対外交渉において七世紀後半以降から使用される。

（9）田村圓澄『飛鳥・白鳳仏教史』下、九六―九九頁。また、太子の仏教の師であった慧慈、儒教の師であった覚哿、そして太子の側近として重要な位置を占めた秦河勝が、それぞれ高句麗、百済、および新羅の出自であることは、注目に値する。それぞれの本国においては対立と闘争を繰り返している朝鮮半島の三国が、聖徳太子との関係においては、微妙にバランスをとっているのである。（田村圓澄「百済・新羅仏教と飛鳥仏教」、四七頁。）

（10）直木孝次郎「歴史書としての『日本書紀』」『新編日本古典文学全集三　日本書紀②』小学館、一九九六年、五頁。このことは同時に、「日本国家形成の由来を語って天皇による日本支配を正当化する」（同書、六頁。）という政治的イデオロギーが『記』よりも『紀』においてより強く見られることともかかわっている。

このことに関連して、伊藤益の次の指摘は示唆的である。「書紀は、もとより、古代王権の支配のイデオロギーと無縁であるわけではないけれども、史書（正史）たることをみずからの基本性格とする。一方、古事記は、そのイデオロギーに基づいて、天皇の支配者としての正統（当）性を示し、かつ、諸氏族を一定の秩序（血縁的秩序）のもとに配することを第一義とする書であると言ってよいであろう。しかし、古事記において、イデオロギーは、生のままの形で呈示されるわけではなく、歴史記述の体裁のもと、いわば比喩的に述べられる。そこで語られるのは、内実はともかく、おもてむきは、あくまでも歴史であり、そのかぎりにおいて、古事記もまた史書であると言えよう。つまり、記紀ともに、全編にわたってみずからが歴史とみなすところを語ろうとする。それゆえ、これら二書の冒頭部に神代の記事が据えられていることは、両書の編者たちのあいだで、神代が、歴史の一部（冒頭）と観ぜられていたことを意味する。歴史は、過去から現在へ、そして未来へと、連続して流れてゆく。したがって、記紀は、神代を歴史の一部（冒頭）として措定することによって、神代と『今』とのあいだにつながり（連続性）をみとめる観点に立っていることになる。」（伊藤益『ことばと時間――古代日本人の思想――』大和書房、一九九〇年、九三―九四頁。）

このように（少なくとも記紀の歴史観念を共有する）古代日本人にとって、神代が、歴史の始原に位置すると同時に、歴史の流れを介して現在へと連続するものであると理解されていたことは、決定的に重要である。

（11）もっとも、『紀』の各巻すべてが同様に語られているわけではない。例えば、『古事記』では中つ巻にあたる神武から応神までの巻は、「物語の展開の主要なところに神の言葉が夢告ないしそれに準ずる形をとって現われる」ように、神話性が強いのに対し、仁徳天皇以後の記事は神話性が減じ、歴史性が増してくる。（直木孝次郎、前掲論、七頁。）

（12）中西進、前掲書、六九—七〇頁。

（13）野家啓一「はしがき」同責任編集『岩波新・哲学講義8　歴史と終末論』岩波書店、一九九八年、v頁。

（14）同『物語の哲学』、一九頁。続けて野家は、「無常迅速な時の移ろいの中で解体する自己に拮抗するためにこそ、われわれは多種多様な経験を記憶にとどめ、それらを時間空間的に整序することによってさまざまな物語を紡ぎ出すのである」と語っている。

（15）中西進、前掲書、七一頁。

（16）西宮一民「『日本書紀』を読む」『新編日本古典文学全集二　日本書紀①』小学館、一九九四年、七頁。

（17）神野志隆光、前掲書、一五八—一六二頁。

（18）川勝義雄『中国人の歴史意識』平凡社、一九八六年、六二頁。

（19）同、六五頁。

（20）同、六五—六七頁。

（21）陰陽道では、甲子の年を革令、戊辰の年を革運、辛酉の年を革命とし、合わせて三革（「革」は改まるの意）と総称する。これらの年には変事が多いとして、改元などが行われた。

ここで「讖」は予言を意味する。また「緯」は、儒学の経典である四書・五経などの経書に付託して禍福・吉凶・祥瑞・予言（讖）を記した緯書のことで、詩緯・易緯・書緯・礼緯・楽緯・春秋緯・孝経緯の七緯が有名である。これらの緯書は、秦によって国家が統一される西暦紀元前二二一年以前の時期に起こり、漢代以降盛んに用いられたが、伝統的な儒家の思想に反するとされ、また、流言によって社会不安を招く弊害があるとして、煬帝によって焚書に処せられ、大部分が散逸してしまったという。（佐藤均「紀年論」『古代史研究の最前線　第四巻［文化編］下』雄山閣出版、一九八七年、一三九頁。）

（22）坂本太郎『聖徳太子』、七三頁。

『日本書紀』は初代天皇の神武天皇即位を辛酉と定めるが、明治初期の東洋史学者那珂通世は、辛酉の年には大変革が起こるという讖緯説の辛酉革命説によって、初代の天皇の神武天皇の即位元年が、推古九年（六〇一）から一蔀（いちほう）遡った年をもって神武元年（西暦前六六〇）に定められたとする説を唱え、それ以来その見解が学界の定説となっているようである。（岡田芳朗「神武天皇即位紀年の成立」『「古事記」「日本書紀」総覧』新人物往来社、一九九〇年、六四頁。佐藤均、前掲論、一三五頁。）ちなみに一蔀とは、讖緯説で「三七相乗二十一元」をもって「一蔀」とし、大変革の年として最も重視される。

聖徳太子が天皇記を編纂したのは推古天皇二八年（六二〇）のことであった。その天皇記は焼失したとされるが、そこにすでに神武紀元を辛酉とする観念が反映されていたであろうことは想像に難くない。すなわち緯書は、中国においては煬帝によって禁止され、大部分は散逸してしまったが、その歴史観は、その後も日本の歴史において重要な影響を及ぼした。たとえば、『日本書紀』をはじめとする六国史には、緯書からの引用が多数見られ、辛酉革命、甲子革令にあたる年に政治的、制度的改革を実施したり、改元したりすることは、推古朝以来継続的に見られる。その中でも最も顕著な例は、平安前期の学者三善清行（八四七—九一八）である。彼は昌泰三年（九〇〇）、明年が辛酉革命にあたることを理由に、当時の右大臣菅原道真に辞職を求めたがそれを断られたので、朝廷に辛酉革命の予言をもとに君側の奸を除くことを上奏して、道真に謀叛の計略があることを示唆したのである。道真が左遷されると清行は改元を主張し、昌泰四年が延喜元年とされた。（岡田芳朗、前掲論、六五—六六頁。）その後、幕末の文久元年（一八六一）にいたるまで、管見に拠れば十七回の辛酉のうち、戦国時代の二度を除いて十五回改元が行われていることは、近代以前の日本の歴史観において、讖緯説や、それが基づく陰陽五行説がいかに深く影響していたかを物語るもので興味深い。

(23) Eliade, *The Myth of the Eternal Return*.〔『永遠回帰の神話』〕

(24) Ibid., p.142.〔同、一八四頁。〕

(25)「古代人は、出来る限りのあらゆる手段を用いて、逆転不可能な、予測できない、自律的価値をもつ一連の出来事としての歴史に敵対する傾向を有している。」（Ibid., p.95.〔同、一二七頁。〕）

(26) 川勝義雄、前掲書、六八頁。

(27) Xinzhong Yao, "Chinese Religions", in Jean Holm and John Bowker, eds., *Myth and History*, New York: Pinter, 1994, p.170.

(28) 記紀における「神代」の存在論的・規範的性格については、伊藤益、前掲書、一〇〇—一一二頁を参照。

(29) それは同時にメタミソロジカルでもあった。

（30）このことに関連して注目されるのが、神野志隆光による以下の指摘である。「『古事記』は中国についてふれることがない。中国との関係は切り捨て、中国に関わらざるをえない近い時代は扱わない。大八島国の外は朝鮮半島（百済・新羅）についてのみ語り、応神天皇がこれを服属させ、朝鮮半島が天皇の『天下』のもとにある由緒を示す。一方、『日本書紀』は中国とのかかわりを含めて述べるが、朝鮮半島諸国を支配する大国として、一貫して中国の冊封を受けず、対等な関係において一つの独自な世界たることをたもってきたと語る。そうした『歴史』（虚構といえば虚構だが、それが自己を確信できる物語として機能する）が律令国家の正統性をささえるのである。」（神野志隆光、前掲書、一六〇―一六一頁。）

（31）『日本古典文学大系六八　日本書紀　下』、一七二―一七五頁。「立廐戸豊聡耳皇子、為皇太子。仍録摂政。以萬機悉委焉。橘豊日天皇第二子也。母皇后曰穴穂部間人皇女。皇后懐妊開胎之日、巡行禁中、監察諸司。至于馬官、乃當廐戸、而不労忽産之。生而能言。有聖智。及壮、一聞十人訴、以勿失能辨、兼知未然。且習内教於高麗僧慧慈、学外典於博士覚哿、並悉達矣。父天皇愛之、令居宮南上殿。故稱其名、謂上宮廐戸豊聡耳太子。」

（32）黒部通善『日本仏伝文学の研究』和泉書院、一九八九年、六五頁。飯田瑞穂、前掲論、三三二頁。林幹彌によると、『史記』黄帝本紀に「生れて神霊あり、弱（わか）くして能く言ふ」とあり、また『神仙伝』の老子条には「生れて能く言ふ」と見えるという。黄帝・老子ともに神仙を極めた聖人であり、神仙思想を背景にした太子像と言える。（林幹彌、前掲書、二七頁。）

（33）坂本太郎「日本書紀と聖徳太子の伝記」同著『古典と歴史』吉川弘文館、一九七二年、四四頁。（後に『坂本太郎著作集第二巻　古事記と日本書紀』吉川弘文館、一九八八年、に所収。）

（34）「過去現在因果經」巻第一『昭和新纂國譯大蔵經　經典部第一二巻』東方書院、一九二九年、一五―二〇頁。『今昔物語集』では、文殊も同様に右脇から出生したと伝える。『今昔物語集』巻第一天竺、および巻第三天竺『新日本古典文学大系三三　今昔物語集一』岩波書店、一九九九年、五―七頁、二〇九頁。なお、インドでは右を尊び、左を穢れたものだとする観念がある。（中村元『ブッダ入門』春秋社、一九九一年、四〇―四二頁。）

（35）楠山春樹『老子伝説の研究』創文社、一九七九年、三三九頁。

（36）カムストラも、まったく痛みを伴わない出産、生まれてすぐに話し始めること、比類無き知恵を有していることなどは、西洋中世の聖人伝と大して違わないことを指摘している。（Kamstra, *Encounter or Syncretism: The Initial Growth of Japanese Buddhism*, p.405.）

（37）『久米邦武著作集第一巻　聖徳太子の研究』吉川弘文館、一九八八年、一八頁。（初出は、久米邦武『上宮太子実録』井洌堂、一九〇五年。)
(38) 境野黄洋『聖徳太子伝』増補版、丙午出版社、一九〇八年。
(39) 城島正祥「厩戸皇子御生誕伝説」『芸林』四巻六号、一九五三年。
(40)『新編日本古典文学全集三　日本書紀②』小学館、一九九四年、五三一頁の注。
(41) 鎌田東二「新しいカミとしての『仏』」日本仏教研究会編『日本の仏教』第三号(特集神と仏のコスモロジー)法藏館、一九九五年、一一九頁。(のちに鎌田東二『神と仏の精神史──神神習合論序説』春秋社、二〇〇〇年、に所収。)さらに鎌田は、「知未然=神道」、「内教=仏教」、「外典=儒教」と同定した上で、この順序が、少なくとも建前上は、『日本書紀』(およびそれを生み出した律令体制)におけるそれらの思想的位置の高低を表しているという。(鎌田東二『神と仏の精神史』、一二二頁。)
(42)『日本古典文学大系六七　日本書紀　上』岩波書店、一九六七年、二四四—二四五頁。「於是、天皇姑倭迹迹日百襲姫命、聡明叡智、能識未然。」
(43) 現在の奈良県天理市和珥。
(44) 倭迹迹日百襲姫命(ヤマトトトビモモソヒメノミコト)は、『古事記』では、同じく孝霊天皇の娘である夜麻登々母々曾毘売命(ヤマトトモモソビメノミコト)に同定されうるが、記においては、崇神天皇は夢の中で大物主神から直接神託を受ける。また、記にも童女の歌が出てくるが、その隠された意味を解釈するのは崇神天皇自身である。ここには、夜麻登々母々曾毘売命が登場しない。
(45)『日本古典文学大系六七　日本書紀　上』、二三八—二三九頁。
(46) 後に倭迹迹日百襲姫は大物主神の妻となり、有名な箸墓伝承の主役となる。それ自体、興味深いテーマを喚起するが、ここでは扱わない。
(47) 神の託宣が童女の歌によって語られる例は数知れない。たとえば、御霊信仰でも重要な役割を果たしている。
(48) もっとも、『日本書紀』には邪馬台国を支配する巫女王に関する記述はない。シャーマン的女王としての系譜は、それほど前面に出てこないのである。『日本書紀』における倭迹迹日百襲姫は、国を支配する天皇(この場合は崇神天皇)の統治を、「能く未然を識る能力によって助ける協力者にとどまっている。鎌田東二はここに、祭政一致的神祇体制から祭政の乖離への第一歩を示唆し、「卑弥呼や琉球王朝の聞得大君のようなシャーマン的女性の宗教的権威が低下し、天皇や豪族の政治的権力が増大してくる過程を暗示」したものであることを指摘している。鎌田東二、前掲書、一二八頁。

(49)同、一二五頁。

(50)トヨは豊作を、ミケは食事を、カシキヤは食物を炊(かし)ぐ家屋を、それぞれ意味する。登由宇気神(トヨウケノカミ)や豊宇賀能売神(トヨウカノメノカミ)などの食物神同様、穀霊、とりわけ稲霊と深いかかわりがあることを推察できる。『古事記』では豊御食炊屋比売命(トヨミケカシキヒメノミコト)とする。ちなみに『古事記』は、この天皇の代をもって記述を終える。

(51)推古天皇二年二月条(『日本古典文学大系六八　日本書紀　下』、一七四頁)。

(52)同一三年四月条(同、一八六頁)。

(53)『日本古典文学大系六八　日本書紀　下』、一八八―一八九頁。「朕聞之、曩者我皇祖天皇等宰世也、跼天蹐地、敦禮神祇。周祠山川、幽通乾坤。是以、陰陽開和、造化共調。今當朕世、祭祀神祇、豈有怠乎。故群臣共爲竭心、宜拜神祇。」なお、「天に跼り地に蹐む」というのは、非常に恐懼するさまをいう。

(54)同、一八八頁。

(55)あるいは鎌田の言い方を借りれば、聖徳太子が日本の神道と神々を「審神(さにわ)」したということになろうか。鎌田東二、前掲書、一三三頁。

(56)天寿国繍帳銘に見られ、聖徳太子が生前語っていたとされる「世間虚仮、唯仏是真」の言葉は、その無常観を表現したものとして、あまりにも有名である。

(57)『日本古典文学大系六八　日本書紀　下』、一九八―二〇一頁。「十二月庚午朔、皇太子遊行於片岡。時飢者臥道垂。仍問姓名。而不言。皇太子視之與飮食。即脱衣裳、覆飢者而言、安臥也。則歌之曰、斯那提流、箇多烏箇夜摩爾、伊比爾恵弖、許夜勢屢、諸能多比等阿波禮、於夜那斯爾、那禮奈理雞迷夜、佐須陀気能、枳弥波夜那祇、伊比爾恵弖、許夜勢留、諸能多比等阿波禮。辛未、皇太子遣使令視飢者。使者還来之曰、飢者既死。爰皇太子大悲之。則因以葬埋於當処。墓固封也。數日之後、皇太子、召近習者、謂之曰、先日臥于道飢者、其非凡人。必真人也。遣使令視。於是、使者還来之曰、到於墓所而視之、封埋勿動。乃開以見、屍骨既空。唯衣服畳置棺上。於是、皇太子、復返使者、令取其衣。如常且服矣。時人大異之曰、聖之知聖、其實哉。逾惶。」

(58)ここでいう片岡は、現在の奈良県北葛城郡王寺町のあたりで、聖徳太子の宮があった斑鳩からは西南に約四キロ離れている。この一帯は、交通の要衝で、この地を経由する竜田道は、大和盆地と難波を結ぶ古代の幹線道路の一つであった。
なお、『万葉集』巻三には、「上宮聖徳皇子出遊竹原井之時、見龍田山死人悲傷御作歌一首　家有者(イヘニアラバ)　妹之手将纏

（イモガテマカム） 草枕（クサマクラ） 客爾臥有（タビニコヤセル） 此旅人 怜（コノタビトアハレ）」とある。

(59) 津田左右吉『日本古典の研究 下』改版、岩波書店、一九七二年（初版一九五〇年）、一一八頁。漢の劉向の『列仙伝』や晋の葛洪の『神仙伝』などに多くの例が見える。（飯田瑞穂「聖徳太子片岡山飢者説話について」『飯田瑞穂著作集一 聖徳太子伝の研究』、三三四頁。）また、僧伝ではとりわけ『梁高僧伝』に多く見えるという。（『新編日本古典文学全集一〇 日本霊異記』小学館、一九九五年、三八頁、注。）

(60) 福永光司『道教と日本文化』人文書院、一九八二年、七九頁。

(61) この神仙になる方法にはいく通りかあるが、尸解仙はその一つに数えられるもので、凡人には死んだと見せかけ、実際は尸（しかばね）もろとも消えて神仙になるものを指す。前漢時代にはすでにその記録が認められるが、後に、四世紀初めに神仙思想を集大成した葛洪の『抱朴子』において、神仙が天仙・地仙・尸解仙の三種にまとめられるにあたって、尸解仙は神仙の最下位に位置付けられた。

(62) 飛鳥時代における道教・陰陽道の普及については、天皇号の使用をはじめ、十七条憲法の条文、推古二二年紀の薬猟、蘇我馬子を嶋大臣と称した理由（池泉庭園の造営）や飛鳥の須弥山像・道祖神石など、多くの事蹟に窺うことができる。また七世紀後半の天武天皇の和風諡号や八色姓に「真人（まひと）」が用いられていることも注目される。

(63) 『日本古典文学大系六八 日本書紀 下』、一七八頁。

(64) 『日本古典文学大系六七 日本書紀 上』、三一〇—三一一頁。「時日本武尊化白鳥、従陵出之、指倭國而飛之。群臣等、因以、開其棺櫬而視之、明衣空留而、屍骨無之。」

(65) 『古事記』では、倭建命が白鳥になって飛び去ったことは記されてあるが、その遺骸や衣服については言及されていない。『日本古典文学大系一 古事記 祝詞』岩波書店、一九五八年、二二三—二二四頁。

(66) 飯田瑞穂は、神仙思想との関係の深い帰化系の人々か、神仙説と集合した仏教関係者の可能性を示唆している。（飯田瑞穂、前掲論、三三七頁。）なお、田中嗣人も指摘しているように、奈良時代末の『七代記』の注記では、禅の真人＝達磨に同定されていることも太子伝の発展の見地から興味深い。（田中嗣人、前掲書、一三五頁。）また、高壮至は、『上宮聖徳太子伝補闕記』に見える「調使家記」が、『日本書紀』の編纂に際して参照されたことを推定している。（高壮至「上代伝承試論——聖徳太子片岡説話をめぐって——」『万葉』第五三号、一九六四年一一月。）

（67）飯田瑞穂「聖徳太子伝の推移」、三三二―三三三頁。

（68）田村圓澄「聖徳太子」『岩波講座　日本文学と仏教　第一巻　人間』岩波書店、一九九三年、一六二―一六三頁。ほかに、黒部通善（前掲書、六三―六四頁）や林幹彌（前掲書、二八―三〇頁）も同様の指摘を行っている。

（69）平安時代に大江匡房によって書かれた『本朝神仙伝』によれば、上宮太子は、「甲斐の黒駒に乗りて、白日に天に昇りたまふ」とある。ここでの聖徳太子は、『聖徳太子伝暦』のイメージに基づいている。すなわち、もはや真人を見分ける存在としてではなく、むしろ神仙術の体得者、すなわち「真人」そのものと見なされているのである。（『日本思想大系新装版　続・日本仏教の思想一　往生伝　法華験記』岩波書店、一九九五年、二五八頁。『聖徳太子伝暦』については第五章で扱う。

（70）古代ヘブライ社会に関する、西山清の次の指摘は、比較の参考になろう。「古代社会では固有の名は聖なる者だけがもつものであり、それを口にすることはタブーとされた。名前を使うことはその本質を露呈することになり、名前を知ればそのものの存在を支配したり、存在自体にかかわりをもつことになると考えられたからだ。……だから、神がモーセに名を名乗ったことは、神が自分の正体を明かしたというにひとしい。洗礼を受けてキリスト教徒になると洗礼名（Christian name）を授かるが、生れたときにつけられた名前（given name）が個別の性格をあらわすのに対して、洗礼名は個我を滅して神に仕えるという共通の使命をおびた人間（Common Man）になったことを意味する。」（西山清『聖書神話の解読』中央公論社、一九九八年、六八頁。）

（71）Frank E. Reynolds and Donald Capps, eds., *The Biographical Process.*

（72）『岩波仏教辞典』、「逆修」、一六七頁。

（73）五来重『日本人の仏教史』角川書店、一九八九年、二六―二七頁。五来はそれを「擬死再生」の信仰ないし儀礼とも呼び、そのような「逆修」の事例として、浄土宗の「五重相伝」、融通念仏宗の「伝法」、および浄土真宗の「帰敬式」（おかみそり）、真言宗の「結縁灌頂」などを挙げている。

（74）『日本古典文学大系六八　日本書紀　下』、二〇三頁。「是歳、皇太子嶋大臣共議之、録天皇記及國記、臣連伴造國造百八十部并公民等本記。」

（75）田中嗣人、前掲書、一三六―一三七頁。

（76）船史（ふねのふびと）は、六世紀に渡来した新来漢人（いまきのあやと）と呼ばれる豪族中の有力者。恵尺（ゑさか）は道照（道昭とも）の父に当たる。（『新編日本古典文学全集三　日本書紀②』、四二二頁、注、『新編日本古典文学全集四　日本書紀③』小学館、一九九八年、一〇三頁、注。)

(77)『日本古典文学大系六八　日本書紀　下』、二六四頁。

(78)この記事に関しては、聖徳太子の手による「天皇記」には、奈良時代初期の皇室に都合の悪い記事があったので、それを焼けたことにして、事実上禁書としたとする解釈もある。(武光誠『古事記・日本書紀を知る事典』東京堂、一九九九年、一五二頁。)

(79)この前年には、富士川辺りに住む豪族、大生部多(おおふべのおお)が常世の虫と称する神を祀り、その熱狂的な信仰は都にまで及んだため、秦造河勝がそれを討つという、いわゆる「常世神事件」が起こっている。このように、極度の社会的緊張の中で突然民衆の間に流布する宗教現象は、他にも天慶の乱直前の天慶八年(九四五)に流行した志多羅神(しだらがみ)や江戸時代の「ええじゃないか踊り」など、多数見られる。荒木美智雄が指摘しているように、それらの背後には、「国家と民衆、エリートと民衆のあいだにひろがった落差」があり、また「疎外の状況」があった。そのような状況からの救済を目指す「日本の民衆宗教においては、しばしば、教祖や宗祖のようなカリスマ的指導者が宗教運動の中心的役割を演ずるが、教祖や宗祖の具体的イメージや物語や遺物は聖性を帯び、しばしば『崇拝』の対象となる。それは、個人的人格の『崇拝』ともよばれるような、特定の聖性を帯びた人格への宗教的帰依であり、その帰依の表現にはその人格の聖伝や救済の物語があり、それらの物語はそれぞれの集団にとっては宇宙創造神話に匹敵する重要な物語である」という指摘は、本書にとっても極めて重要である。(荒木美智雄「日本の民衆宗教——日本宗教の統合的理解のために」ミルチア・エリアーデ原案『世界宗教史8』筑摩書房、二〇〇〇年、二二二—二二三頁。)

(80)坂本太郎『聖徳太子』、一九二頁。

(81)『日本古典文学大系六八　日本書紀　下』、二〇四—二〇五頁。「廿九年春二月己丑朔癸巳、半夜廐戸豊聡耳皇子命、薨于斑鳩宮。是時、諸王諸臣及天下百姓、悉長老如失愛児、而塩酢之味、在口不嘗。少幼如亡慈父母、以哭泣之聲、満於行路。乃耕夫止耜、舂女不杵。皆曰、日月失輝、天地既崩。自今以後、誰恃哉。」

(82)「常陸国風土記」では、日本武尊は倭武天皇と称され、記紀に見られない伝承を伝えている。『日本古典文学大系二　風土記』、岩波書店、一九五八年。

(83)野田嶺志によると、「第一代神武天皇から第四一代持統天皇の四一代三九人の天皇の皇子女の総数は三〇六人である」(野田嶺志「『記紀』の中の皇子・皇女」『「古事記」「日本書紀」総覧』(別冊歴史読本・事典シリーズ二) 新人物往来社、一九九〇年、五二頁)。

(84)『日本古典文学大系六七　日本書紀　上』、二八三頁。上田正昭によれば、中国史書に、怪力の表現として鼎(三足両耳の釜)を持ち上げることが用いられているという。（上田正昭『日本武尊』（人物叢書・新装版）吉川弘文館、一九八六年、一八頁。）

(85)『日本古典文学大系一　古事記　祝詞』、二〇七頁。

(86) 同、二二三頁。

(87)『日本古典文学大系六七　日本書紀　上』、三一〇頁。

(88) このことで興味深いのは、聖徳太子の薨去記事を載せない『古事記』では、倭建の死を悼むのは、天皇ではなく、その妻子である。また、その時に歌われた四首の歌は、それ以来、天皇の大葬の時に歌われるようになったと、『古事記』にはある。（『日本古典文学大系一　古事記　祝詞』、二二二―二二三頁。）

(89) 田村圓澄、前掲論、一六三―一六四頁、飯田瑞穂、前掲論、三三三頁。

(90)『日本古典文学大系六七　日本書紀　上』、二四七頁。

(91) 鎌田東二「浄土と神国――仏教と神道の他界観と国土観」山折哲雄編『講座仏教の受容と変容六　日本編』佼成出版社、一九九一年、二五六―二五八頁。（のちに、鎌田東二『神と仏の精神史――神神習合論序説』春秋社、二〇〇〇年、に所収。）

(92)『日本古典文学大系六八　日本書紀　下』、二〇四―二〇五頁。「高麗僧慧慈、聞上宮太子薨、以大悲之。為皇太子、請僧而設斎。仍親説経之日、誓願曰、於日本國有聖人。曰上宮豊聡耳皇子。固天攸縱。以玄聖之徳、生日本之國。苞貫三統、纂先聖之宏猷、恭敬三寶、救黎元之厄。是實大聖也。今太子既薨之。我雖異國、心在断金。其独生之、何益矣。我以来年二月五日必死。因以遇上宮太子於浄土、以共化衆生。於是、慧慈當于期日而死之。是以、時人之彼此共言、其独非上宮太子之聖。慧慈亦聖也。」

(93) 鎌田東二によれば、あとにも先にも、「日本国」において「異国」の人より、これほど「聖人」と言われた者は聖徳太子をおいては他に類を見ないという。鎌田東二、前掲論、二五九頁。

(94)『日本古典文学大系六八　日本書紀　下』注、二〇四頁。

(95) 紀元前二一～一六世紀頃の、中国最古の王朝とされる。禹が舜の禅譲を受けて建国したと伝説にある。最近の考古学上の発見により、「伝説」ではなく「史実」であったことが確認された。

(96) 史記の殷本紀によれば、前一六世紀頃、湯王が夏を滅ぼして創始した。後、前一一世紀頃、周の武王に滅ぼされた。高度の青銅器と甲骨文字によっても知られる。

(97) 武王の父、文王によってその基礎が作られた。第一二代幽王までは鎬京に都があったが、前七七一年に犬戎の侵略を受けて一度滅亡した。第一三代平王は東遷して、翌年即位し、都を成周（今の洛陽付近）に移した。東遷以前を西周、それ以後を東周という。前二五六年に滅亡。

(98) 飯田瑞穂、前掲論、三三三頁、田村圓澄、前掲論、一六三頁。

(99) このことに関連してエリアーデは、民衆の記憶においては、「出来事の代わりにカテゴリーが、歴史的人物（historical personages）の代わりにアルケタイプが現われる。歴史的人物はその神話的モデル（英雄等）に同化され、一方、出来事は神話的行為（怪物や敵対する兄弟との戦いなど）のカテゴリーと一致させられる」（Eliade, *The Myth of the Eternal Return*, p.43.〔『永遠回帰の神話』、五九頁。〕）と論じ、また、「集合体の記憶は非歴史的である」（Ibid., p.45.〔同、六〇頁。〕）と断じているが、これらについては次の二つの点で再考の余地があろう。まず第一に、（歴史を記録しない）民衆の記憶は必然的に神話化を伴うとするが、歴史を叙述する行為そのものに「神話化」の傾向を見出すこともできるのではないか、という点、第二に、集合体の記憶は常に「非歴史的」であると言いきれるかどうか、という点である。これらの問題は、「意識的かつ自発的に歴史を創造する『歴史的人間』（近代人）」と「歴史に対して否定的態度をとる伝承文化の人間」という、エリアーデによって呈示された二つの存在様式の間の緊張とともに、聖伝に関する以下の考察において、直接・間接に問題とされるであろう。（Ibid., p.141.〔同、一八三頁。〕傍点は筆者による。）

(100) 小倉豊文『聖徳太子と聖徳太子信仰』綜芸社、一九七二年。本書において小倉は、「歴史的真実としての聖徳太子」と「伝説的信仰上の聖徳太子」とは明確に峻別されねばならないと主張する。（一六頁。）また、聖徳太子伝だけでなく、聖伝一般において対象を「人間化」しようとする傾向と「霊化」しようとする傾向の両方が見られることは、レイノルズとカップスによって、指摘されている。（第一章第二節参照。）

(101) 田村圓澄、前掲論、一六二頁。

(102) もちろん、田村も指摘するごとく、『日本書紀』の基本的立場は、「厩戸王」ではなく、あくまでも「聖徳太子」を記述することにあった。ここで「聖徳太子」は、「聖人である皇太子」をあらわす名である。

(103) 田中嗣人、前掲書、はしがき。

(104) 津田左右吉『日本古典の研究』（上・下）改版、岩波書店、一九七二年。（初版は上が一九四八年、下は一九五〇年。）

(105) 坂本太郎『聖徳太子』。

(106) 大山誠一『〈聖徳太子〉の誕生』吉川弘文館、一九九九年、同『聖徳太子と日本人』風媒社、二〇〇一年。

（107）田中嗣人、前掲書、はしがき。

（108）林幹彌『太子信仰の研究』吉川弘文館、一九八〇年。藤井由紀子の近著『聖徳太子の伝承』（吉川弘文館、一九九九年）は、中世に焦点を合わせてはいるが、同様の問題意識に貫かれている。

（109）田中嗣人、前掲書、はしがき。

（110）鎌田東二に倣って言うならば、「聖徳太子の『虚像』ないし神話の奥にあって、そうした『像』を生み出し支える歴史的構想力や神話的思考をこそ」問題にしなければならない。（鎌田東二「聖徳太子――宗教国家構想」同著『神と仏の精神史――神神習合論序説』春秋社、二〇〇〇年、一一〇頁。）

（111）田村圓澄「日本書紀・上宮聖徳法王帝説・聖徳太子伝暦　解題」出口常順、平岡定海編『仏教教育宝典二　聖徳太子・南都仏教集』玉川大学出版部、一九七二年、二三頁、および、田村圓澄・川岸宏教編『日本仏教史論集　第一巻　聖徳太子と飛鳥仏教』、はじめに、一―二頁。

（112）「聖なるもののあらわれの形式と手段は、民族や文明によって異なる。しかし、聖なるものが姿を現わし、それによって自己を限定し、絶対であることを止めるという逆説的な――すなわち、理解しがたい（incomprehensible）事実が、常に残っている。このことは宗教体験の特殊性を理解する上で、きわめて重要である。……最大の神秘は、聖なるものが自らをあらわにするという事実そのものにある。なぜなら、すでに見たように、聖なるものはそのように自らを顕在化することによって自らを限定し、＜歴史化＞するからである。」（Eliade, *Myth, Dreams and Mysteries*, p.125.〔『神話と夢想と秘儀』、一六六頁。〕傍点はオリジナル。）

（113）望月海淑『釈尊伝――新仏所行讃物語』宝文館、一九九二年。「仏至涅槃処　……猶如夜雲冥　星月失光明　……猶如喪慈父　孤女常独悲」（巻五涅槃品）

（114）田村圓澄「聖徳太子」、一六四―一六五頁。

（115）同、一六五頁。

（116）このことは、エリアーデが「神話」について説明するところと重なってくる。例えば、Eliade, *Myth, Dreams and Mysteries*, p.23.〔『神話と夢想と秘儀』、二九―三〇頁。〕この点については、後で改めて考察する。

（117）家永三郎「聖徳太子の研究」同著『上代仏教思想史研究』新訂版、法蔵館、一九六六年。

（118）もっとも「厩戸皇子」の由来をめぐっては、「諸説紛々」（田中嗣人、前掲書、七九頁）であり、結局、「事実は地名か扶養氏族名によるものであろう」（『新編日本古典文学全集三　日本書紀②』、五〇〇頁、注）というのが、今日の一般的見解のようである。

(119) 田村圓澄「日本書紀・上宮聖徳法王帝説・聖徳太子伝暦　解題」、五九頁。なお、田村によれば、「蘇我馬子の名も、聡明の讃辞を含んでいた」という。

(120) 中西進『神々と人間』講談社、一九七五年、一五八頁。

(121) 同、一六七頁。

(122) そのことを最も端的にあらわしているのが、厩戸王に冠された、聖王・法王などの漢語系の頌徳的な称号であろう。そのうち最も有名なものは言うまでもなく「聖徳太子」であるが、これは薨去後の諡号であって、その初見は、法隆寺僧顕真が著した『古今目録抄』（別名『聖徳太子伝私記』）に記載する「法起寺塔露盤銘」であるとされている。この銘に「上宮太子聖徳皇」とあるが、同じ銘文に、丙午年（文武天皇慶雲三年＝七〇六年）に露版を作ったとある。（坂本太郎、前掲書、一五頁。）銘文そのものは、『日本仏教史辞典』（吉川弘文館、一九九九年）の九四三頁に見える。しかし聖王・法王は生前の称であり、いずれにしろ、頌徳的な意味を持つ聖王・法王などの漢語または仏語の称号を生前からささげられたのは、前例のない画期的なことであった。（坂本太郎、前掲書、一八頁。）

第四章

(1) 飯田瑞穂「聖徳太子伝の推移」、三三二頁。

(2) 大橋一章、前掲書、三三五頁。

(3) 家永三郎『上宮聖徳法王帝説の研究』増訂版、三省堂、一九七〇年。

(4) 家永は、内容・構成上、本書を、第一部　法王の系譜、第二部　法王の行実、第三部　法王の行実に関する古文の引証、第四部　法王の行実及び関係史実の再録補遺、第五部　法王関係五天皇及び法王の略歴、の五つに分類し、それぞれの成立年代を、第一部　皇極天皇二年（六四二）—大宝（七〇一—七〇三）、第二部　奈良初期、第三部　延喜一七年（九一七—平安中期、第四部　天智朝（六六一—六七一）—平安初期、第五部　大宝以前、と推定している。

(5) 飯田瑞穂「伝記のなかの聖徳太子」『飯田瑞穂著作集一　聖徳太子伝の研究』、一一頁。（初出は『歴史公論』第四八号、雄山閣出版、一九七九年一一月。）

(6) これに関して、この『上宮聖徳法王帝説』が片岡山飢者説話を取り上げていないことは注目される。法隆寺にとっては重要でなかったということである。飯田瑞穂「聖徳太子片岡山飢者説話について」『飯田瑞穂著作集一　聖徳太子伝の研究』、三三七頁。（初出は、坂本太郎博士古稀記念会編『続日本古代史論集』中、吉川弘文館、一九七二年。）
(7) 飯田瑞穂「聖徳太子伝の推移」、三三七頁。
(8) 田村圓澄『聖徳太子』、九三頁。
(9) 『上宮聖徳法王帝説』によれば一五王が、『上宮聖徳太子伝補闕記』によれば二三王が、山背大兄とともに自経したと伝える。また、『日本書紀』を援用して『伝暦』は、山背大兄王らの死に伴い、「時に雲の色、変化して五色の播蓋となる。種々の伎楽、空に照灼して寺に臨み垂れり」と、異変があったことを伝えている。（『書き下し「聖徳太子伝暦」』、世界聖典刊行協会、一九九五年、一四二頁。）
(10) 田村圓澄『飛鳥・白鳳仏教史』下、吉川弘文館、一九九四年、九一頁。
(11) とりわけ金堂は、聖徳太子信仰の理念を象徴するものとして、聖徳太子ゆかりの釈迦如来像、聖徳太子の父、用明天皇にゆかりの薬師如来像、そして同じく母の穴穂部間人皇后にゆかりの阿弥陀如来像を安置しているが、それは天竺における釈尊と父の浄飯王、母の摩耶夫人の釈尊一家とも重なっていた。（田村圓澄、前掲書、下、九二頁。）
(12) 飯田瑞穂、前掲論、三三五—三三六頁。
(13) 田村圓澄「日本書紀・上宮聖徳法王帝説・聖徳太子伝暦　解題」、二三一—二四頁。
(14) 田中嗣人は、法隆寺関係の史料と若草伽藍発掘の成果を斟酌し、法隆寺が、太子薨去後に太子の冥福を祈り、釈迦像を本尊として祀った太子追善の寺院であると結論づけている。（田中嗣人、前掲書、二四五頁。）
(15) 飯田瑞穂「伝記のなかの聖徳太子」、一一—一二頁。
(16) 田中嗣人、前掲書、二八—二九頁。
(17) ちなみに、この『七代記』の書名は、『大唐国衡州衡山道場釈思禅師七代記』を引用していたことに由来する。
(18) 飯田瑞穂「聖徳太子伝の推移」、三三九頁。
(19) 同「小野妹子法華経将来説話について」『飯田瑞穂著作集一』、二五六頁。（初出は、坂本太郎博士還暦記念会編『日本古代史論集』上、吉川弘文館、一九六二年。）
(20) 同「聖徳太子片岡山飢者説話について」、三四三—三四四頁。

(21) 嘉禄三年（一二二七）に書かれた四天王寺の『古今目録抄』には、四天王寺の絵堂が、太子の死後「百三十年許り」ごろに作られたという記事があるという。記事の通りだとすると、天平勝宝四年（七五二）頃になる。（林幹彌、前掲書、九九頁。）また、藤原頼長の日記『台記』には、久安四年（一一四八）五月に天王寺を参詣し、絵堂で絵解きを聴聞したことが記されている。（同、八八頁。）

(22) 新川登亀男『上宮聖徳太子伝補闕記の研究』吉川弘文館、一九八〇年、一〇五頁。

(23) 同、一〇六頁。

(24) 同、一〇八頁。

(25) 同、一一一頁。

(26) Joseph M. Kitagawa, *On Understanding Japanese Religion*, Princeton: Princeton University Press, 1987, p.335.

(27) ちなみに、天智九年（六七〇）に焼亡した法隆寺が、律令体制下において再建されるのは、和銅元年（七〇八）頃である。

(28) 田中嗣人、前掲書、四一頁。

(29) 飯田瑞穂「聖徳太子伝の推移」、三四六―三四七頁。

(30) 田中嗣人、前掲書、四一頁。

(31) 飯田瑞穂「聖徳太子伝の推移」、三四六頁。

(32) 『岩波仏教辞典』、「慧思」、七二頁。

(33) 飯田瑞穂「聖徳太子慧思禅師後身説の成立について」『飯田瑞穂著作集一　聖徳太子伝の研究』、三一〇―三一一頁。（初出は、森博士還暦記念会編『対外関係と社会経済』塙書房、一九六八年。）

(34) 同、三一七頁。

(35) 同。もっとも、慧思の入寂年（五七七年）は聖徳太子の生年（五七四年）より後なので、その点だけを取り上げれば矛盾している。（同、三一五頁。）

(36) 第一章の注1を参照。

(37) 伊藤唯真『伊藤唯真著作集　第一巻　聖仏教史の研究　上』法藏館、一九九五年、三一一―三八頁。

(38) 「上宮聖徳太子伝補闕記」藤原猶雪編『聖徳太子全集　第二巻　聖徳太子伝（上）』、五五頁。「日本書紀、暦録、并四天王寺聖徳王伝、具見行事奇異之状、未尽委曲、憤々不尠、因斯略訪者旧、兼探古記、償得調使膳臣等二家記、雖大抵同古書、而説有奇異、不可捨之、故録之云爾。」

（39）「補闕記」という書名は、ここに由来する。

（40）坂本太郎「日本書紀と聖徳太子の伝記」、三七五頁。

（41）飯田瑞穂「聖徳太子伝の推移」、三四七頁。

（42）「聖徳太子伝暦」、一二一頁。

（43）林幹彌、前掲書、六八頁。

（44）神野志隆光、前掲書。

（45）「上宮聖徳太子伝補闕記」、五五頁。

（46）もっとも藤井由紀子は、『伝暦』における「金色僧」は聖徳太子が観音菩薩の化身であることを示しているのに対し、『補闕記』におけるそれは、国家仏教の理想的具現者、菩薩行実践の慈悲者としての太子のイメージを反映したものであるとして、両者を峻別している。（藤井由紀子、前掲書、二四―三四頁。）

（47）田中嗣人、前掲書、四四―四五頁。

（48）J. M. Kitagawa, *Religion in Japanese History*, New York: Columbia University Press, 1966, p.34.

（49）田中嗣人「聖徳太子伝の整理 ――『聖徳太子伝暦』成立以前を中心に――」『日本書紀研究』一一、塙書房、一九七九年、九八―一〇〇頁。

（50）同、前掲書、六六頁。

第五章

（1）林幹彌（前掲書、一〇一頁。）もそれを踏襲している。

（2）例えば、飯田瑞穂「『政事要略』所引聖徳太子伝について」『中央大学文学部紀要』第六一号（史学科第一六号）、一九七一年三月、坂本太郎「『日本書紀』と『聖徳太子伝暦』」同著『日本古代史叢考』吉川弘文館、一九八三年、および、田中嗣人、前掲書など。

（3）『岩波仏教辞典』、「意生」、二六頁。

（4）田中嗣人、前掲書、六五―六六頁。

（5）例えば、金治勇、前掲書、二二二頁。

（6）『日本書紀』では「穴穂部間人皇女」である。『伝暦』の「間人穴太部皇女」は、むしろ『上宮聖徳太子伝補闕記』と同じで、『古事記』の記す「間人穴太部王」に近い。

（7）『書き下し「聖徳太子伝暦」』、一―二頁。「（欽明天皇）三卅二年辛卯春正月朔。甲子夜。妃夢有金色僧容儀太艶。對妃而立。謂之曰。吾有救世之願。願暫宿后腹。妃問。是為誰乎。僧曰。吾救世菩薩。家在西方。妃曰妾腹垢穢。何宿貴人。僧曰。吾不厭垢穢。唯望尠感人間。妃曰。不敢辭讓。左之右之隨命。僧懐歡色。躍入口中。妃即驚寤喉中猶似呑物。妃意太奇謂皇子。皇子曰、儞之所誕必得聖人。自此以後。始知有娠。」（「聖徳太子伝暦」、七一頁。）

（8）『書き下し「聖徳太子伝暦」』、二―三頁。「（敏達天皇）元年壬辰春正月一日。妃巡宮第中。到于廐下。不覺有産。（物經一十二箇月矣、入胎正月一日、開誕亦正月一日。）女孺驚抱。疾入寢殿。妃亦无恙。安宿幄内。皇子驚詢侍者會庭。忽有赤黄光明。至西方照燿殿内。良久而止。……天皇以裰受之。授皇后。皇后授父皇子。皇子亦授妃。妃披懐受。身體太香。」（「聖徳太子伝暦」、七二頁。）

（9）第三章第二節。

（10）『上宮聖徳太子伝補闕記』、五五頁。「后夢有金色僧容儀太艶、對妃而立、謂之曰、吾有救世願、願暫宿后腹、妃夢中許諾、自此以後始知有脹。」

（11）堅田修「僧伝にみえる夢中托胎説話」同『日本古代信仰と仏教』法藏館、一九九一年、二六一―二七四頁。例えば、『弘法大師御伝』の伝えるところでは、空海は、「母阿刀氏也。父母夢。聖人自天竺飛来。入我等懐、仍妊胎。経十二月誕生」とされる。空海の場合、聖徳太子とよく似ており、『太政官符案并遺告』には、母親が夢で聖人を感じて懐妊したとある。（これ以前の空海伝には懐妊譚が見られない。）また、行基の誕生譚は、『日本往生極楽記』によれば、胞衣（胎盤）に包まれて出生したので、それを忌みた父母が樹の上に棄て置いたところ、翌日、胞から出てすぐに「能く言ふ」ので、養い育てた、とある。『黒谷源空上人伝』は、法然について、「長承元年壬子七月上旬。妻ノ夢ニ。剃刀ヲ飲ト見テ有身玉フ」とある。日蓮の場合は、『日蓮聖人註画讃』が、「母清原氏。恒仰朝曦念誦。夢日光映　而娠」と伝える。また、『一遍上人年譜略』によると、一遍は、「母大江氏。暦仁元戊戌五月十五日夜。夢菩薩入口中。従是有身。誕生号松寿丸」という。

（12）堅田修、前掲論、二六四―二六五頁。

（13）アシュヴァゴーシャ〔原実訳〕『大乗仏典第一三巻　ブッダ・チャリタ』中央公論社、一九七四年、八頁。この白象入胎説話は、紀元前二世紀のものと推定されるインドのバールフト彫刻にすでに見られる。そこでは、円形の構図の上部に両足をまげた白象、その下に右脇を下にして横たわるマーヤー夫人、その枕許で合掌する女性、夫人の下方に二人の侍女がそれぞれ配置され、枠の外に「世尊の降下」と説明が付けられているという。

(14) マリアは大天使ガブリエルから受胎告知を受けている。また、アレクサンダー大王や中国の天子感生説にも、母親が夢で異常な体験をして身篭ったことが伝えられている。

(15) 三品彰英『神話と文化史』(三品彰英論文集第三巻)平凡社、一九七一年、四八九―五〇〇頁。日本でも、先に引用した日蓮の例をはじめ、円珍、良源などの僧伝にそのような事例を見出すことができるという。(堅田修、前掲論、二六六頁。)

(16) 同、五二一―五二二頁。

(17) 堅田修、前掲論、二六八頁。

(18) 西山清、前掲書、一一〇―一一五頁。

(19) また、聖なるものを宿すという身体的―直接的な宗教体験は、シャーマニスティックなポゼッション体験と共通の構造を有し、さらにその神話=歴史的意味付けは、日本新宗教の教祖伝に顕著である。(拙論「男性教祖と女性教祖」『宗教研究』第二八六号、一九九〇年一二月、参照。)

(20) マリアの「処女懐胎」における純潔・無垢/原罪の二元論と比較することも可能であろう。

(21) アルカイックでコスモロジカルな宗教性からすれば、そもそも受胎そのものが神秘的出来事である。それは常に解釈を要求する宗教体験であった。その点に関して、エリアーデの以下の指摘が参考になろう。「大地のヒエロファニーは、それが真に地下的なものとなる以前に、形としては宇宙的なものであったということを確信させるのは、子供の起原に関する信仰の歴史である。……受胎の生理学的原因が知られる以前には、人々は女性の胎内に子供が直接挿入されるものと考えていた。……人間の父は、ただその子供たちを、すべての縁組みの特徴を持つ儀礼によって合法的なものとするだけである。子供たちは先ず第一に、その『場』に、彼らを取り囲む小宇宙に、属する。母親はただ子供たちをうけ入れたにすぎない。彼女は子供たちを『歓迎』し、そしてせいぜいそれを人間の形に仕上げるだけである。このことから、彼らを取り巻く小宇宙、その『場』との連帯感情が、心的発達のこの段階における人々に対して、というよりも、このように人間生命を直観する人々にとって、支配的なものであったことは容易に理解されよう。われわれはある意味で、人はまだ生れていなかった、といえるかもしれない。すなわち人は、その生物学的な種に、全体的に属することをまだ知らなかったと。この段階では、人間生命はまだ生れる前の段階にあったと考える方がよいかも知れない。すなわち人間はまだ、直接には人みずからのものでない生命、『宇宙 - 母的』生命にあずかりつづけていたのである。人は、いうなれば、存在の『系統発生的』経験を持ってはいたが、それを人はただ部分的にしか理解していなかったのである。」（Mircea Eliade, *Patterns in Comparative Religion*, New York: A Meridian Book, 1974, pp.243-44.〔堀一郎訳『大地・農耕・女性――比較宗教類型論――』未来社、一九六八年、八五―八七頁。〕

（22）『書き下し「聖徳太子伝暦」』、四頁。「（敏達天皇）二年癸巳春二月始十五日平旦。合掌向東稱南無佛而再拜。……七歳之後。此態永止。」（「聖徳太子伝暦」、七二頁。）

（23）「因縁物語（ニダーナカター）」中村元監修・補註『ジャータカ全集一』春秋社、一九八四年、六〇―六一頁。もっとも、「天上天下唯我独尊」の言葉は、後代の仏伝でブッダが神格化されていく過程で出てきたものであろうと推測されている。（中村元『ブッダ入門』春秋社、一九九一年、四二頁。）

（24）Eliade, *Myth, Dreams and Mysteries*, p.111.〔『神話と夢想と秘儀』、一四九頁。〕

（25）Ibid, p.112.〔同、一五二頁。〕

（26）Ibid, p.113.〔同。〕

（27）エリアーデはまた、天界への上昇によって世界を超越するというシンボリズムが、前仏教的なものであることを指摘している。（Ibid, p.112.〔同、一五〇頁。〕）

（28）『書き下し「聖徳太子伝暦」』、一四―一六頁。「（敏達天皇）十二年癸卯秋七月。百濟賢者葦北達率日羅。隨我朝召使吉備海部羽嶋來朝。此人勇而有計。身有光明。如火焔。……太子聞日羅有異相者。奏天皇曰。兒望隨使臣等往難波舘。視彼爲人。天皇不許。太子密諮皇子。御微服。從諸童子入舘而見。日羅在牀。望四觀者。指太子曰。那童子也。是神人矣。于時。太子服麁布衣。垢面帶繩。與馬飼兒。連肩而居。日羅遣人指引。太子驚去。日羅遥拜。脱履而走。諸大夫等大奇。出門而見。即知太子。太子隱坐易衣而出。日羅迎兩段再拜。……日羅跪地而合掌白曰。敬禮救世觀世音大菩薩。伝燈東方粟散王。云云。人不得聞。太子修容。折磬而謝。日羅大放身光。如火熾。太子眉間放光。如日輝須臾即止。太子謂日羅曰。子之命盡。可惜被害。聖人猶亦不免。吾亦如何。……冬十二月晦夕。新羅人殺日羅。更蘇生曰。此是我驅使奴等所爲。非新羅也。言畢而死。太子乍聞。謂左右曰。日羅聖人也。兒昔在漢。彼爲弟子。常拜日天。故放光明。寃仇不離。斷命而賽。捨生之後。必生上天。」（「聖徳太子伝暦」、七六頁。）

(29) ちなみに『日本書紀』には、聖徳太子が予言したことを裏付ける記述は見当たらない。

(30) 『書き下し「聖徳太子伝暦」』、五四頁。「(推古天皇)五年丁巳夏四月。百濟王使。王子阿佐等來貢調。語領客曰。僕聞。此國有一聖人。僕自拝観。意願足矣。太子聞之。直引殿内。阿佐驚拝。熟見太子之顔。復見左右手掌。左右足掌。而更起再拝兩段。退而出庭。右膝著地。合掌恭敬曰。救世大慈。観音菩薩。妙教流通。東方日國。四十九歳。傅燈演説。大慈大悲。敬禮菩薩。太子合目須奏叟。眉間放白光。長三丈計。良久縮入。阿佐更起。再拜兩段而出。太子謂左右曰。是吾昔身為我弟子。故今來謝耳時人大奇。」(「聖徳太子伝暦」、八八―八九頁。)

(31) 聖王とも。在位は五二三年から五五三年。

(32) 『伝暦』が書かれたのとほぼ同時期の八一五年(弘仁六)に成立した『新撰姓氏録』によると、京・山城・大和・摂津・河内・和泉の千百八十二氏のなかで、未定雑姓の百十七氏を除く千六十五氏のうち、皇別(橘氏・源氏・平氏など、天皇家から分れて臣籍に降下した氏)が三百三十五氏、神別(天児屋根命を祖先とした藤原氏など、神々の子孫と称した氏)が四百四氏、そして諸蕃(秦氏・漢氏・百済氏など、渡来人の子孫と称した氏)が三百二十六氏とされる。単純に計算すれば、畿内の氏族の約三割が渡来系であったことになる。(田村圓澄『飛鳥・白鳳仏教史』下、吉川弘文館、一九九四年、九七頁。)

(33) 『書き下し「聖徳太子伝暦」』、一三―一四頁。「(敏達天皇)十一年壬寅春二月太子率童子三十六人。遊後園中。皇子修威。左侍二人。右侍二人。左立四人。右立四人。以二十四人庭前兩陣。共擧其音。令申各志。諸童子等或以戯浪。或以私實。一共擧音。或長或短。太子居搨。仰首而聞。待了而答。一一反覆。句无一墮。複了即答。各以其志。……又童子之中。力不能勝弓石之戯。儕不得比。輕擧如雲氣。在數十丈虚中。疾走如雷電。在前忽焉在後。身躰香亦非尋常。沐浴之後。皇子及妃。天皇皇后。并後宮貴人等抱之時。妙香發起。一著人衣。數月不滅。」(「聖徳太子伝暦」、七五―七六頁。)

(34) 『書き下し「聖徳太子伝暦」』、五〇―五二頁。「(推古天皇)三年乙卯……聽政之日。宿訟未決者八人。共聲白事。太子一一能辨答。各得其情緒。无復再諮。大臣率群臣已下。敢獻御名。稱厩戸豊聰八耳皇子。又稱大法王皇太子。太子辭讓。」(「聖徳太子伝暦」、八七―八八頁。)

(35) 第三章第三節参照。

(36) 『岩波仏教辞典』、「神通」、四六五頁。

(37) 同、「六神通」、八四七頁。

(38) 同、「三明」、三三二頁。

(39) 仏伝においても、菩提樹の下で禅定に入ったゴータマ・シッダールタが、宿命通、天眼通、漏尽通の三明通を次々に獲得してブッダになったと説く。（金治勇、前掲書、一三三一—一三三一頁。）

(40) 同、一三三一—一三三三頁。

(41) たとえばシャーマニズムについては、Mircea Eliade, *Shamanism: Archaic Techniques of Ecstasy*（Princeton: Princeton University Press, 1972）、ヨーガについては、Mircea Eliade, *Yoga: Immortality and Freedom*（Princeton: Princeton University Press, 1962）、道教では、アンリ・マスペロ『道教』（平凡社、二〇〇〇年）の、とりわけ「老子と荘子における聖人と生の神秘的体験」が、仏教に関しては、Stanley Jeyaraja Tambiah, *The Buddhist Saints of the Forest and the Cult of Amulets*（Cambridge: Cambridge University Press, 1984）、John S. Strong, *The Legend and Cult of Upagupta: Sanskrit Buddhism in North India and Southeast Asia*（Princeton: Princeton University Press, 1992）、および、Reginald A. Ray, *Buddhist Saints in India: A Study in Buddhist Values and Orientations*（New York: Oxford University Press, 1994）などが挙げられよう。また、キリスト教については、とりわけ共観福音書に描かれたイエスの奇跡について、Martin Dibelius, *Die Formgeshichte des Evangeliums*（Tübingen: J.C.B.Mohr, 1933. 英訳では *From Tradition to Gospel*〔New York: Scribner, 1935〕）およびRudolf Bultmann, *Die Geshichte der synoptischen Tradition*（Göttingen: Vandenhoeck & Ruprecht, 1958. 英訳では *The History of the Synoptic Tradition*〔New York: Harper & Row, 1963〕）が様式史的方法を適用して分析している。カリスマの観点からは、David L. Tiede, *The Charismatic Figure as Miracle Worker*（Missoula: Society of Biblical Literature for the Seminor on the Gospels, 1972）が、聖人の奇跡とその社会学的意味に関しては、Peter Brown, *The Cult of Saints: Its Rise and Function in Latin Christianity*（Chicago: University of Chicago Press, 1981）や、Donald Weinstein and Rudolph M. Bell, *Saints and Society: The Two Worlds of Western Christendom, 1000-1700*（Chicago: University of Chicago Press, 1982）などが参考になろう。イスラム教については、Reynold A. Nicholson, *The Mystics of Islam: An Introduction to Sufism*（London: Routledge, 1960.〔中村廣治郎訳『イスラムの神秘主義』東京新聞出版局、一九八〇年。〕やAnnemarie Shimmel, *Mystical Dimensions of Islam*,（Chapel Hill: University of North Carolina Press, 1975）などを挙げることができる。

(42) Wach, *Sociology of Religion* およびGerd Theissen, *Urchristliche Wundergeschichten: Ein Beitrag der zur formgeschichtlichen Erforschung der synoptischen Evangelien*（Gutersloh, 1974. 英訳では *The Miracle Stories of the Early Christian Tradition*〔Philadelphia: Fortress Press, 1983〕）。

(43) Manabu Waida, "Miracles: An Overview," in *The Encyclopedia of Religion*, vol.9, p.542.

（44）『書き下し「聖徳太子伝暦」』、五五―五六頁。「（推古天皇）六年戊午……夏四月。太子命左右求良馬。府諸國令貢。甲斐國貢一驪駒四脚白者。數百匹中。太子指此馬曰。是神馬也。餘皆被還。命舎人調使麿。加之飼養秋九月。試馭此馬。浮雲東去。侍臣仰觀。麿獨在御馬右。直入雲中。衆人相驚。三日之後。廻轡皈來。謂左右曰。吾騎此馬。躡雲淩霧。直到富士嶽上。轉到信濃。飛如雷電。經三越竟。今得皈來。麿汝忘疲隨吾。寔忠士也。麿啓曰。意不履空。兩脚猶歩蹈陸地。唯看諸山。在脚之下。」（「聖徳太子伝暦」、八九頁。）

（45）修験道では「役行者」と呼ばれ、その始祖に仮託されている。また、寛政一一年（一七九九）には、光格天皇から「神変大菩薩」の諡号を授与された。

（46）正式な書名は『日本国現報善悪霊異記』。薬師寺僧景戒により弘仁年間（八一〇―八二三）に成立。

（47）『日本古典文学大系七〇　日本霊異記』岩波書店、一九六七年、一三四―一三七頁。

（48）Wendy Doniger O'Flaherty, "Horses," in *The Encyclopedia of Religion*, vol.6, pp.463-68.

（49）例えば、水野祐『増訂日本古代王朝史論序説』小宮山書店、一九五四年、井上光貞『日本国家の起源』岩波書店、一九六〇年、小林行雄『古墳時代の研究』青木書店、一九六五年、石田英一郎編『日本国家の起源―シンポジウム』角川書店、一九六六年、江上波夫『江上波夫著作集六　騎馬民族国家』平凡社、一九八六年、江上波夫、佐原真『騎馬民族は来た？来ない？』小学館、一九九〇年、など。

（50）『書き下し「聖徳太子伝暦」』、一三〇頁。「太子薨日驪駒悲鳴不喫水草被太子鞍。隨輿到墓。閉隧之後。見墓大鳴。一躍而斃。群臣大異。」（「聖徳太子伝暦」、一一二―一一三頁。）

（51）五来重は、東北地方の秘事法門や「かくし念仏」において、しばしば「黒駒太子像」が、親鸞聖人像や六字名号とともに、本尊として用いられることを指摘している。黒駒太子像とは、太子が黒駒に乗り、従者の調子丸（調子麻呂）を従えて富士山の上を飛ぶ図であり、この掛軸には、死者を成仏往生させる功徳があると信じられているという。（五来重『日本人の仏教史』（角川選書一八九）、角川書店、一九八九年、二九頁。）

（52）もっともカンタカは白馬であった。

（53）『ブッダ・チャリタ』、一一三頁。

（54）太子の黒駒やカンタカに限らず、古来、馬は霊力に敏感な動物と目され、それ自体が崇拝されることもある。たとえば、東北地方を中心に各地の駒形神社で祀られている蒼前様（そうぜんさま）は、馬（および蚕）の神とされる。また、その霊力ゆえに神と人とをつなぐ動物と考えられたことは、絵馬に端的に現れている。さらに、仏教とも習合して馬頭観音が生み出された。

(55) もっとも、『伝暦』の記事からも分かるとおり、慧慈や慧聡が来日したのは推古天皇三年であり、太子はすでに二十四歳であった。それ以前の太子が、どのような形で仏教を学んでいたのかは不明である。

(56) 『書き下し「聖徳太子伝暦」』、五〇—五一頁。「(推古天皇) 三年乙卯……五月。高麗僧惠慈。百濟僧惠聰等化來。此兩僧慱渉内外。尤深釋義。則太子問道。聞一知十。聞十知百。二僧相語曰。是實眞人也。」(「聖徳太子伝暦」、八七頁。)

(57) 「上宮聖徳法王帝説」、一二—一三頁。

(58) 『書き下し「聖徳太子伝暦」』、五二—五三頁。「(推古天皇) 四年丙辰夏五月。太子謂惠慈法師曰。法華經中。此句落字師之所見者如何。法師答啓。佗國之經亦无有字。太子曰。於此句際落一字耳。吾昔所持之經。思有此字。法師答啓。殿下所持之經。在何處哉。太子微笑答云。在衡州衡山寺般若臺上。法師大奇之。合掌禮拜。」(「聖徳太子伝暦」、八八頁。)

(59) 『日本古典文学大系六八　日本書紀　下』、五五四頁。

(60) 『書き下し「聖徳太子伝暦」』、七三—七六頁。「(推古天皇) 十四年丙寅……秋七月。天皇詔太子曰。諸佛所説諸經演竟。然勝鬘經未具其説。宜於朕前講説其義。……太子受天皇請。其儀如僧。三日而竟。講竟之夜。蓮花零。花長二三寸。而溢方三四丈之説場。明旦奏之。天皇大奇。車駕而覽之。」(「聖徳太子伝暦」、九五頁。)

(61) 「皇太子」が天皇に講経したことの、歴史的・政治的意味は、田村圓澄によって以下のように簡潔に論じられている。「推古大王は、仏教に対する傍観・中立の立場を堅持した。推古大王は寺を建てたことがなく、仏事法会を修したこともない。しかし推古大王を仏教に対する傍観・中立者として置くかぎり、推古大王は厩戸王に対する帰依者にはなりえず、したがって『聖人』『法王』の地位に厩戸王がつくことは不可能であった。厩戸王を『日本の釈尊』＝『法王』にするには、何よりも推古大王を奉仏者にしなければならない。推古大王を非仏教者としておくことは、厩戸王の『聖人』化にとって、重大な障礙であることはあきらかであった。……推古大王は『皇太子』の講経を聴聞するが、これによって倭の仏教は、国家の政治・制度のなかにおいて占めるべき座を獲得した。『皇太子』が『憲法十七条』を作成し、そのなかで『篤敬三宝』を説いたことの意義は、『皇太子』の推古大王に対する講経の事実によって、さらに深められたといえよう。つまり『篤敬三宝』が倭においてもつべき存在理由は、『皇太子』による仏典の講説を聴聞した推古大王により、はじめて付与されることになった。」(田村圓澄『飛鳥・白鳳仏教史』上、吉川弘文館、一九九四年、一六六―一六七頁。)

(62) インドの大叙事詩『マハーバーラタ』にも蓮華が登場する。すなわち天地創造神話において、ヴィシュヌ神は千頭を持つアナンタ竜王の上で世界について眠りながら瞑想するが、その神秘的な眠りから覚めたヴィシュヌの臍から金色の蓮華が生じ、その蓮華上に坐している梵天が世界万物を創造したとされる。

(63) 『ブッダ・チャリタ』、一三頁。

(64) ボワスリエ、前掲書、四六―四七頁。

(65) 同、五七頁、八一頁、八三頁。

(66) Ray, ibid., p.188.

(67) Ibid., p.219.

第六章

(1) 唐は九〇七年に、新羅は九三五年に滅んでいる。

(2) 「前生」(ぜんしょう)も「前世」(ぜんせ)も、この世に生まれる前の生涯を意味する。本書では、「今生」(こんじょう)や「後生」(ごしょう)に対比させる場合に前者を用い、それ以外には後者を用いる。なお、漢語の「前世」には「いにしえ」の意味もある。

(3) 第五章第五節。

(4) 『書き下し「聖徳太子伝暦」』、八―九頁。「(敏達天皇)六年丁酉冬十月。遣百濟國大別王將經論并律師禪師比丘尼等還來。此由奏状。太子侍天皇牀下。奏曰。兒情欲見持來經論。天皇問之。何由。太子奏曰。兒昔在漢住衡山。歷數十身。修行佛道。佛之垂教。非有非无。諸善奉行。諸惡莫作。故今欲見百濟所獻佛經。菩薩諸論。天皇太奇問之。汝年六歲。常在朕前。何日在漢乎。何以詐言。太子奏曰。兒之前身。意有所慮。天皇拍手大異。」(「聖徳太子伝暦」、七三―七四頁。)

(5) 二六五年~四二〇年(東晋)。

(6) 四二〇年~四七九年。

(7) 四七九年~五〇二年。

(8) 五〇二年~五五七年。

（9）五五七年〜五八九年。

（10）北周。五五七年〜五八一年。

（11）「聖徳太子伝暦」、一〇六―一〇七頁。『書き下し「聖徳太子伝暦」』、一〇七―一一〇頁。

（12）第五章第二節。

（13）『書き下し「聖徳太子伝暦」』、八七頁。

（14）『日本書紀』には曇徴とある。

（15）『書き下し「聖徳太子伝暦」』、八八頁。

（16）そのことに関連して注目されるのは、聖徳太子自筆本と信じられている『法華義疏』の巻首に、「此是大倭国上宮宮王私撰。非海彼本」（花山信勝校訳『法華義疏　上巻』岩波書店、一九七六年）と記されていることである。

（17）黒部通善『日本仏伝文学の研究』和泉書院、一九八九年、六二頁。

（18）四方の城門から外出して、老人・病人・死者・出家者に出会い、世を厭って出家を志したという伝説。四門遊観ともいう。

（19）ゴータマの出家は、ブッダ伝において一つのクライマックスを形成する。

（20）もちろん、聖徳太子はしばしば「和国の教主」と呼ばれるように、仏教を篤く信奉し、その教えが日本に定着する上で多大な功績を残しているのであり、その点で日本仏教の基礎を築いたとも言えるのであるが、それは聖徳太子のあくまでも一つの側面――最も重要なものの一つであることは疑えないが――にすぎないのである。

（21）『書き下し「聖徳太子伝暦」』、四二―四四頁。「臣天性薄愚。志耽玄極。遊魂彼岸。銷志道場。過去之世。身歴數十。遷化漢土。僅為王族。練法通覺。期到浄土。……臣出家入道。爲度外者。興隆佛教。紹曜玄風。天皇不聽。勅曰。阿兒勿遑。汝爲耳目。姥非阿兒何由治國。太子不敢固辭。天下之人民。聞而大悦。如遭慈父愛母。」（「聖徳太子伝暦」、八五―八六頁。）

（22）『書き下し「聖徳太子伝暦」』、一一二頁。「法華一乘翻伝以降。修行託生。歴數十身。如今扶桑之國。僧尼差多。一乘之道。已溢緇徒。今於此國。妙義未足。位爲儲君。不得到門戸説。今思。捨此身命。託生微家。出家入道。救濟衆生。是吾發心誓願。經五百身。乃到彼岸如何。」（「聖徳太子伝暦」、一〇七―一〇八頁。）

（23）金治勇、前掲書、八六―八七頁。

（24）同、八一頁。慧思禅師後身説に関しては、辻善之助が、「聖徳太子慧思禅師後身説に関する疑」（同著『日本佛教史之研究　續編』金港堂、一九三一年）の中で、この伝説は、鑑真に随従来朝した唐僧思託らによって、天平宝字年間（七五七―七六五）前後に創作されたものとする見解を出して以来、ほぼ学界の定説になっているという。（田中嗣人『聖徳太子信仰の成立』吉川弘文館、一九八三年、三〇―三一頁。）

(25) 林幹彌、前掲書、三三―三四頁。

(26) この年は鑑真遷化一七回忌の年にあたる。

(27)『古典の事典』第一巻、河出書房出版社、一九八六年、二三三―二三七頁。林幹彌、前掲書、三六―三七頁。

(28) 星宮智光によれば、慧思は、『法華経』を主要経典とする天台宗の大成者、智者大師智顗の師僧であり、それゆえに、『法華経』を講説し、その義疏を作成したと信じられていた太子の前身と見なされたと推察される。（星宮智光「聖徳太子と太子信仰」『図説日本仏教の世界一　古墳からテラへ』集英社、一九八九年、一二七頁。）また、田中嗣人は、慧思の没年（五七七年）と太子の生誕年（五七四年）が時期的に近いことが、思託や淡海三船らをして慧思後身説へと導いたことを示唆している。（田中嗣人、前掲書、一五八頁。）

(29) 金治勇、前掲書、八四頁。

(30)「上宮太子伝」藤原猶雪編『聖徳太子全集　第二巻　聖徳太子伝（上）』、一三〇―一三一頁。

(31) 中村元『仏教語大辞典』東京書籍、一九八一年、五八五頁。

(32) 三枝充悳ほか校註『新国訳大蔵経　長阿含経I』大蔵出版株式会社、一九九三年、一一九―一二〇頁。金治勇、前掲書、八五頁。

(33) 慧思後身説は、鑑真が天台系典籍を請来した事実とも関連して、最澄（七六七―八二二）の太子信仰の重要な契機となった。例えば、八一六年（弘仁七）の「入四天王寺上宮廟求伝法華宗並序」において、最澄は、日本に法華経を将来した太子が慧思禅師の後身であり、自らはその玄孫であるがゆえに天台教学の正統な継承者たることを宣言している。ここで注目されるのは、林幹彌も指摘しているように、この詩が作られた弘仁七年は、最澄の信頼が厚かった弟子泰範が空海のもとへ去り、それによって最澄は、泰範を通じて、あるいは直接空海から真言密教を学ぶ機会を絶たれてしまった年にあたることである。すなわち、最澄にとって太子は、自分の教学の始祖であるとともに、最後の心の依りどころでもあった。（林幹彌、前掲書、三五―三八頁。）

(34) 金治勇、前掲書、八五―八六頁。

(35)『書き下し「聖徳太子伝暦」』、五二―五三頁。

（36）同、七七―八五頁。

（37）『書き下し「聖徳太子伝暦」』、八五―八六頁。「……此月望日。太子在斑鳩宮。……製諸經疏也。若有滞義即入夢殿。常自東方金人到。告以妙義也。閇戸不開七日七夜。不召御膳不召侍臣。……八箇日之晨玉机之上有一巻經。設筵引恵慈法師。告曰。是吾先身修行衡山時所持之經也。去年。妹子將來者。吾弟子經也。三老比丘。不識吾所藏之處。取他經送。故吾比者遣魂取來。指所落字而示法師。師大驚奇之。妹子將來經者。无有此字。」（「聖徳太子伝暦」、九九頁。）

（38）同、八七―八八頁。

（39）田中嗣人、前掲書、四〇頁。

（40）金治勇、前掲書、一〇六頁。

（41）『日本古典文学大系七〇　日本霊異記』、八〇―八七頁。『霊異記』の著者景戒は、この話を屋栖野古の「本記」から採ったという。大部連屋栖野古は大伴連の先祖にあたり、この氏に伝承された話が、屋栖野古の伝記として成立していたのであろう。その中には『日本書紀』の記事と重なるエピソードが散見されるが、この説話が書紀と異なるのは、そこに記載された出来事群が、屋栖野古のかかわった限りにおいて意味を持つということである。例えば、『日本書紀』推古三二年には、一人の僧がその祖父を斧で殴ったという事件を機に、天皇が僧正・僧都を任命して僧尼を調査せしめたとあり、屋栖野古伝も同様の記事を伝える。（『日本古典文学大系六八　日本書紀　下』、二〇八―二〇九頁。）しかし、書紀では、観勒僧を僧正とし、鞍部徳積を僧都とし、阿曇連を法頭としたとするのに対し、屋栖野古伝では、観勒僧を僧正とし、屋栖野古と鞍部徳積の二人を僧都としたとある。この齟齬を、意図的な歴史の捏造に還元してしまうのは容易であるが、それでは屋栖野古伝の表層――政治的イデオロギー――しか捉えたことにならない。屋栖野古伝が、大伴氏族全体にとって「聖なる歴史」を語る聖伝でもあったことを考慮しなければならないのである。

（42）屍骸が香気を放つのは、聖人の特徴の一つであり、聖徳太子もその死体は芳香を発したという。（「聖徳太子伝暦」、一一二頁、『書き下し「聖徳太子伝暦」』、一二七頁。）

（43）『日本古典文学大系七〇　日本霊異記』、八四―八七頁。「有五色雲　如電如度北　自而往其雲道　芳如雑名香　觀之道頭有黄金山　即到炫面　受苑聖徳皇太子侍立　共登山頂　其金山頂居一比丘　太子敬禮而曰　是東宮童矣　自今已後　逕之八日　應逢銛　願□仙薬　比丘環午解一玉授之含天眼而作是言　南无妙徳菩薩　令三遍誦禮　自彼罷下　皇太子言　速還家除作佛処　我悔過畢還宮作　然投先道還即見驚蘇也」

(44) ふつう、西方浄土といえば阿弥陀仏の西方極楽世界に結びつきやすいが、本来、菩薩と浄土は「浄仏国土」の菩薩道によって強い近親関係にある。ちなみに、中国東北部の旧称の満州はこの文殊菩薩の名に由来するという説もある。(『岩波仏教辞典』、「文殊菩薩」、八〇二頁。)

(45) 中国山西省にあって、東西南北中の五峰並び立った山で、文殊菩薩の住地とされる。近くには雲崗石窟がある。

(46) 吉田靖雄によれば、五台山を文殊菩薩の住処であり霊地であるとする信仰は、八世紀にはかなり盛んになり、七六七年頃には、不空三蔵によって山上に塗金の金閣寺が建立された。天平勝宝五年(七五三)から延暦二年(七八三)まで唐に滞在した興福寺の行賀は、五台山に巡礼した最初の日本人と見なされうるが、行賀や来日の唐僧らによって伝えられた五台山の様子は、景戒が『霊異記』の稿本をまとめた延暦六年(七八七)頃には、僧を中心とする一部の日本人の間に、五台山金閣寺―塗金の寺―黄金の山という一連のイメージを構成していたと考えられる。(吉田靖雄『日本古代の菩薩と民衆』吉川弘文館、一九八八年、一〇七―一〇八頁。)

(47) 『東大寺要録』国書刊行会、一九七七年。聖宝(八三二―九〇九)は、東大寺や元興寺で三論・華厳を学び、金峰山で密教を修行した。後に醍醐寺を開山し、また吉野の山岳行者のために道を開いたり、渡し舟を整えるなどしたため、修験道当山派の祖と仰がれた。その聖伝として『聖宝僧正伝』がある。(大隈和雄「聖宝」『日本仏教史辞典』吉川弘文館、一九九九年、五一六頁。)

(48) 金治勇、前掲書、一〇八頁から引用。

(49) 景戒は薬師寺僧であった。

(50) 『大日本仏教全書　一一二』(聖徳太子伝叢書)、名著普及会、一九八四年、九三頁。

(51) 金治勇、前掲書、一〇九頁から引用。

(52) 『書き下し「聖徳太子伝暦」』、六九―七〇頁。

(53) 寺伝では貞観一八年(八七六)創建と伝える。

(54) 林幹彌、前掲書、七五―七七頁。

(55) 『新編日本古典文学全集一〇　日本霊異記』に付された「解説」のなかで中野猛は、『霊異記』を「私度僧による、私度僧のための、私度僧の文学」(四一〇頁)と規定している。

(56) 掌に朱・墨などを塗り、文面におして文書の効力を厳重なものとする行為。

(57) 赤松俊秀『鎌倉仏教の研究』平楽寺書店、一九五七年、三〇六頁。また、田中卓は、『御手印縁起』に『伝暦』を抄出した跡があることを指摘し、その成立を一条天皇（九八六―一〇一一）の頃としている。（田中卓「四天王寺御手印縁起の成立を論じて本邦社会事業施設の創始に及ぶ――聖徳太子と四天王寺四箇院――」『社会問題研究』一―一、一九五一年。）

(58)「荒陵寺御手印縁起」『続群書類従』続群書類従完成会、一九五七年、三三二頁。

(59) 金治勇、前掲書、一一一頁。

(60) 鎌田東二は、この聖徳太子の未来予知能力が、未来仏としての弥勒菩薩の性格と関連付けられて神秘化されたと推測し、さらに太子の予知・予言が、日蓮や大本教の予知・予言にまで深くつながっていることを示唆している。（鎌田東二「浄土と神国――仏教と神道の他界観と国土観」山折哲雄編『講座仏教の受容と変容六　日本編』佼成出版社、一九九一年、二六〇頁および二七四頁。）

(61)『書き下し「聖徳太子伝暦」』、七頁。「(敏達天皇）五年丙申春三月。天皇立豊御食炊屋姫尊為皇后。太子此日在嬭母懐。侍皇后前。群臣入拝。……太子自顧其身。調定衣裳。逡巡徐歩。立大臣前。北面再拝。時五歳。……嬭母問太子。吾皇子何以與羣臣拝皇后。太子密謂曰。非汝之所知。是、吾天皇也。遂如其言。」（「聖徳太子伝暦」、七三頁。）

(62)『書き下し「聖徳太子伝暦」』、一一頁。「天有五星。主五行。象五色。歳星色青。主東木。熒惑色赤。主南火。此星降化。爲人遊童子間。好作謡歌。歌未然事。蓋是星歟。」（「聖徳太子伝暦」、七四頁。）

(63) 第三章第一節、参照。

(64)『書き下し「聖徳太子伝暦」』、五七―五八頁。「(推古天皇）七年己未春三月。太子候望天氣。奏曰。應到地震。即命天下令堅屋舍。夏四月。大地震。屋舍悉破。太子密奏曰。天爲男爲陽。地爲女爲陰。陰理不足。即陽迫不能通。陽道不塡即陰塞而不得達。故有地震。陛下爲女主居男位。唯御陰理。不施陽徳。故有此譴。伏願徳澤潤物。仁化被民。天皇大悦。下勅天下。今年調庸租税竝免。」（「聖徳太子伝暦」、八九―九〇頁。）

(65)『書き下し「聖徳太子伝暦」』、一〇一―一〇五頁。「(推古天皇）廿五年丁丑……秋九月。太子命駕。出遊諾良之邑。指東山下。謂左右侍臣曰。吾死二百五十年後。有一帝皇。崇貴佛法。於彼谷前。於此岡上。竝建伽藍。興隆妙典。又指西原下曰。於彼平原。亦興塔廟。遍望四方曰。此地帝都。近氣於今。在一百餘歳。一百年竟。遷京北方。在三百年之後。」（「聖徳太子伝暦」、一〇五頁。）

(66)『書き下し「聖徳太子伝暦」』、一一三―一一七頁。「(推古天皇）廿七年已卯春正月。……便越近江。巡検志賀栗本等郡諸寺竟。駐駕栗津。命左右曰。吾死之後五十年。有一帝王。遷都此處。治國十年。……即略住吉到于河内。駐茨田寺東側。密謂左右曰。吾死之後。二十年之後。有一比丘。智行聰悟。流通三論。救濟衆生。爲衆被貴。是比丘非佗。是吾後身之一體也。北方望大縣山西下。謂左右曰。

一百年後。有一愚僧。於彼立寺造像高大也。縫一万袈裟。施諸比丘。」（「聖徳太子伝暦」、一〇八—一〇九頁。）

(67) 金治勇、前掲書、二五二—二五六頁。『伝暦』における太子の聖人・菩薩の特質として金治が挙げているのは、次の十点である。すなわち、（一）生誕の奇瑞、（二）生れながらにして知る聡明利根の性、（三）帰依三宝並びに衆生の教化救済と社会事業、（四）超人的能力、（五）常人に見えないものを見る眼力、（六）放光と放香、（七）前生を知る、（八）死期を知り、未来の転生を語る、（九）予言、（十）死後の奇跡、であるが、とりわけ予言の能力という点で、『霊異記』の聖者たちと著しく異なるという。

(68) 『書き下し「聖徳太子伝暦」』、二二一—二二三頁。「元年丙午春正月。……天皇詔微言曰。朕恤兒之胤子不續。悦朕之年命不永。太子答曰。過去之因也。兒身僅脱及于子孫。尸解登仙。魂胎蓮花。則亦何恨。無可如何。天皇默然。」（「聖徳太子伝暦」、七九頁。）

(69) 金治勇、前掲書、一〇四頁。

(70) 荒木美智雄「日本の民衆宗教——日本宗教の統合的理解のために」荒木美智雄ほか『世界宗教史⑧』筑摩書房、二〇〇〇年。

(71) 金治勇、前掲書、一〇五—一〇六頁。

(72) 奈良時代前後には、聖・上人などの平安朝的身分呼称はまだなかったが、高僧をしばしば菩薩と呼んだ。このような呼称は平安朝に入ると見られなくなり、代わって聖・上人などの語が用いられる。

(73) 金治勇、前掲書、二三七頁。

(74) *Le Mythe de l'eternel retour; archetypes et repetition*がフランスで出版されたのは、一九四九年のことである。若干の訂正を付加されて英訳版（*The Myth of the Eternal Return*、後に*Cosmos and History*という題でも出版された。）が出されたのは、一九五四年であった。

(75) 『永遠回帰の神話』においてエリアーデは、「民間記憶の非歴史的性格、集合的記憶の歴史的事件や個人を祖型に変えない限り、即ち——すべての歴史的個人的特殊性を撥無しない限り——記憶に止めることが出来ないということは、一連の新しい問題を提出しているが、われわれは今の場合、そっと宿題としてとって置かねばならない」（*Eliade, The Myth of the Eternal Return*, p.46.〔『永遠回帰の神話』、六二—六三頁。〕）と論じているが、それから約二十年後に書かれた *Australian Religions* においては、次のように表明している。「オーストラリア人や他の未開民族にとりわけ特徴的なことは、彼らが歴史を欠いていることではなく、彼らが人間の歴史性を独特なやり方で解釈していることである。彼らもまた歴史のなかに生き、歴史上の出来事によって形成されている。しかし、彼らには歴史意識——たとえば西洋人の意識に比べられるような——がない。彼らはそれを必要ともしないので、歴史記述の意識もない。」（Eliade, *Australian Religions: An Introduction*, Ithaca, N.Y.: Cornell University Press, 1973, pp.190-91.）

他方、アナール派の旗手の一人であるジャック・ル・ゴフによれば、「集合的記憶の歴史は、本質的に神話的で変形されており、無時間的なものとして現れる。しかしそれは、現在と過去との間の決して終わることのない関係の生きられた体験なのである。」（ジャック・ル・ゴフ〔立川孝一訳〕『歴史と記憶』法政大学出版局、一九九九年、一七五頁。）

(76) この藤原氏の台頭は、同時に、約二百年続いた律令体制の崩壊を意味していた。ここでまた、一つの歴史が終焉を迎える。

(77) 『書き下し「聖徳太子伝暦」』、一二五頁。原文は、以下の通り。「冬十二月。天有赤氣。長一丈餘。形如鶏尾。太子大臣共異之。百濟法師奏曰。謂之蚩尤旗兵之象也。恐太子遷化之後七年。有兵滅太子家歟。太子頷之。即命大臣。録國記并氏々等本記。」（「聖徳太子伝暦」藤原猶雪編『聖徳太子全集　第二巻　聖徳太子伝（上）』、一一一頁。）

(78) 藤堂明保編『学研　漢和大辞典』学習研究社、一九八九年、一二六七頁。

(79) 道欣とする説もある。（「聖徳太子伝暦」、一二五頁、注。）

(80) 田村圓澄はさらに、仏伝の影響を示唆して次のように論じている。「釈尊が成長したカピラ城は、釈尊の晩年にコーサラ国のルリ王に攻略され、多数の釈迦族が殺された。仏伝に見られるこの故事は、厩戸王の伝記作者にとって、上宮王家の滅亡と重なっていたように思われる。」（田村圓澄『飛鳥・白鳳仏教史』上、二一一―二一二頁。）

(81) 『書き下し「聖徳太子伝暦」』、一四二頁。また、『日本古典文学体系六七　日本書紀　下』、二五二頁を参照。

(82) あるいは、レヴィ＝ストロースが〈野生の思考〉の時間観念の象徴的典型としてオーストラリアのアボリジニのチューリンガを挙げ、それを〈物的に現在化された過去〉と表現したことに倣って、〈物語的に現在化された過去〉と呼べるかもしれない。（レヴィ＝ストロース〔大橋保夫訳〕『野生の思考』みすず書房、一九七六年、二八六頁。傍点は筆者による。）アボリジニのチューリンガがそうであるように、聖伝の聖徳太子もまた、時間・空間的中心を構成する。

参考資料（一）諸太子伝の系統推定図（田中嗣人『聖徳太子信仰の成立』吉川弘文館、一九八三年、一四九頁より許可を得て転載。）

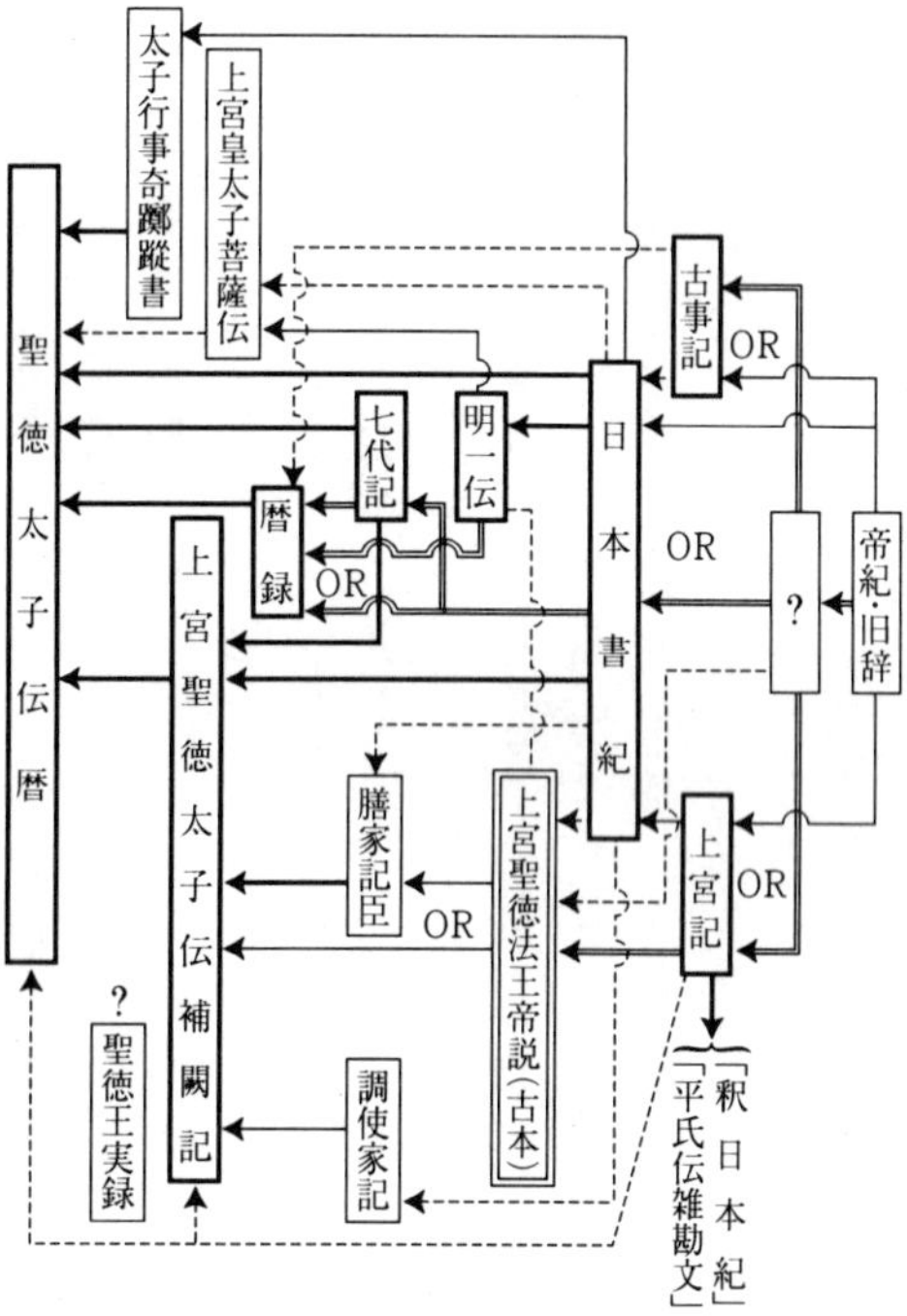

（凡例）

[太線の枠] 現存の太子伝（逸文も含む）

[二重線の枠] 現存しないが、内容のわかるもの

[細線の枠] 現存せず。内容も一切不明

OR　は上下の系統線のうちで二者択一を示す

[太線の矢印] 引用関係を明記するもの

[二重線の矢印] 引用関係の可能性があるもの

[細線の矢印] 引用関係不明であるが、当然参照したと思われるもの

[破線の矢印] 引用関係不明であるが、参考したかも知れないもの

参考資料（二）関連年表

年次		西暦	事項
継体	七	五一三	百済から五経博士を招く＝儒教伝来。
	六	五二二	この頃、司馬達等、来朝して大和高市郡の草堂に仏像を安置すると伝える。
宣化	三	五三八	百済の聖明王、仏像、仏具、経論などを奉る＝仏教公伝（『日本書紀』では欽明一三＝五五二）。
欽明	一五	五五四	聖明王、新羅に殺される。
	二三	五六二	新羅が任那を滅ぼす。（日本は朝鮮半島における利権を失う。）
敏達	三	五七四	聖徳太子（以下、太子と略述）、誕生。
	六	五七七	百済より経論・律師・禅師・仏工・寺工渡来。
	一二	五八三	蘇我馬子（？—六二六）、私宅に仏殿を造る（一説には五八四年）。
	一三	五八四	司馬達等の娘・嶋（五七四—？）、出家して善信尼と称す。他に二女子も出家（出家の初め）。蘇我馬子、百済伝来の弥勒石像を善信尼らに供養させる。
	一四	五八五	敏達天皇が没し、用明天皇が即位。物部守屋ら、仏寺・仏像を焼き棄つ。
用明	二	五八七	用明没す。蘇我馬子、諸皇子を率いて物部守屋を討つ。太子、軍に従い勝利を祈願して四天王像を作り造寺誓願。
崇峻	一	五八八	善信尼ら百済に留学。法興寺（飛鳥寺）の造営を開始。百済、仏舎利・僧・寺工・瓦博士らを貢ぐ。
	二	五八九	隋、中国を統一。
	三	五九〇	善信尼、百済より帰国して桜井寺に住む。
	四	五九一	紀男麻呂・巨勢猿ら、任那復興のため二万余の軍を率いて筑紫に出兵。
	五	五九二	蘇我馬子、東漢直駒を使い崇峻天皇を殺す。
推古	一	五九三	推古天皇即位。厩戸豊聡耳皇子が皇太子ならびに摂政となる。四天王寺を難波の荒陵に造営。
	二	五九四	天皇、太子と大臣（蘇我馬子）に詔して、三宝を興隆せしめる（仏法興隆の詔）。臣連ら、競って仏舎を造る。

三	五九五	高麗（高句麗）の僧慧慈が来朝、太子の師となる。百済僧の慧聡も渡来。
四	五九六	法興寺が完成し、慧慈が移り住む。太子、慧慈・葛城臣らと伊予温湯に行く。
八	六〇〇	新羅に出兵し、五つの城を攻める。隋に使いを派遣。
九	六〇一	太子、斑鳩宮をつくる。
一〇	六〇二	百済の僧、観勒が来朝し、暦の本、天文地理の書、（占星術）・方術（占いの術）の書を奉上する。来目皇子、新羅を討つ二万五千の兵を率いて筑紫に到着。
一一	六〇三	来目皇子没し、当麻皇子を征新羅将軍とするが、妻の死により帰京。太子、秦河勝に仏像を授け、河勝、蜂岡寺（広隆寺）を造る。太子、大楯および靫を作り旗幟に描く。冠位十二階を定める。
一二	六〇四	太子、十七条の憲法を作る。冠位十二階を施行する。朝礼を改める。
一三	六〇五	太子と馬子に詔して銅・繍の丈六仏像各一躯を造る。太子、諸王・臣に褶を着用させる。太子、斑鳩宮に遷居。
一四	六〇六	四月八日、七月一五日に斎会を設ける——灌仏会・盂蘭盆会の始まり。太子、勝鬘経を講じ、また岡本宮で法華経を講説する。
一五	六〇七	太子、法隆寺（斑鳩寺）を創建。小野妹子を随に遣わす。壬生部を定める。詔を受け、太子と馬子、百寮を率いて神祇を祭拝。倭・山背・河内に池溝をつくり屯倉を置く。
一六	六〇八	妹子、隋使裴世清らとともに帰国。妹子ら再び隋に派遣され、高向玄理・僧旻ら留学。
一七	六〇九	妹子、隋より帰る。
一八	六一〇	高句麗僧曇徴、彩色・紙・墨・碾磑の法を伝える。
一九	六一一	菟田野に薬猟。
二〇	六一二	正月七日（人日）の宴に馬子が寿歌を献上。堅塩媛を檜隈陵に改葬。羽田に薬猟。隋の煬帝、高句麗を責める。
二一	六一三	太子、片岡に遊ぶ。難波より京にいたる大道を置く。
二二	六一四	薬猟。犬上御田鍬らを隋に派遣。
二三	六一五	高麗の僧慧慈、帰国する。
二六	六一八	隋滅び、唐興る。高句麗の使、隋の滅亡を伝える。

	二八	六二〇	太子と馬子、天皇記・国記等を記す。檜隈陵改修。
	二九	六二一	穴穂部間人皇女没。
	三〇	六二二	二月二十一日、太子の妃没す。翌二十二日、太子、斑鳩宮で没す。橘大郎女ら天寿国繡帳を造る。ムハンマド、メッカよりメディナへ逃れる。（ヘジラ、イスラム暦元年。）
	三二	六二四	僧正・僧都を任命し、僧尼を監督させる。寺と僧尼を調査。（寺四十六ヶ所、僧八百十六人、尼五百六十九人。）
	三四	六二六	蘇我馬子没。
	三六	六二八	推古没す。
舒明	二	六三〇	第一回遣唐使。
	四	六三二	ムハンマド（五七一～）没。
皇極	二	六四三	蘇我入鹿、兵を遣わし、斑鳩の山背大兄王を襲う。王は逃れて斑鳩寺に入り、自害。
	三	六四四	七月、秦造河勝、東国の人大生部多を討つ。（常世神事件）
大化	一	六四五	中大兄皇子、中臣鎌足ら、蘇我氏を滅ぼし、大化改新始まる。孝徳天皇、仏教興隆を宣す。
	二	六四六	孝徳天皇、詔して、墳墓・葬送・婚姻・奴婢・祓除の制を定める。
	三	六四七	孝徳天皇、詔して惟神の道を知らしめる。
白雉	三	六五二	班田収授の法を実施し戸籍を作る。
天智	二	六六三	日本軍、百済を助けて唐と白村江で戦い敗れる。百済、滅ぶ。
	七	六六八	行基、誕生。高句麗、滅ぶ。
	九	六七〇	朝廷での礼儀などの制を発布。誣言と妖偽を禁止する。法隆寺炎上。
天武	一	六七二	大海人皇子が大友皇子を破り即位（天武天皇）。壬申の乱。飛鳥浄御原に都を移す。
	四	六七五	初めて占星台を建てる。殺生と肉食を禁止する。
	五	六七六	新羅の朝鮮半島統一始まる。
	八	六七九	荒陵寺、四天王寺と改名。新羅でも四天王寺成立。
	一二	六八三	僧正・僧都・律師を命じ、僧尼を統領させる――僧綱制の成立。

	一四	六八五	家ごとに仏舎を作り、礼拝供養させる。僧尼を招いて、宮中で安居を行う。
文武	三	六九九	役小角、伊豆に配流。
	四	七〇〇	道昭没し火葬する。
大宝	一	七〇一	『大宝律令』完成。翌年、大官大寺で僧尼令を説かせる。
和銅	一	七〇八	この頃、法隆寺再建。
	三	七一〇	平城京に都を移す。
	五	七一二	『古事記』（太安万侶）成る。
養老	一	七一七	百姓の私度を禁じ、行基の民間活動を禁圧。
	二	七一八	『養老律令』完成。
	四	七二〇	『日本書紀』（舎人親王ら）成る。この頃、『上宮聖徳法王帝説』の主要部分成立。
天平	六	七三四	優婆塞・優婆夷の得度の条件を法華経あるいは最勝王経を諳誦し、かつ浄行三年以上の者と定める。
	一三	七四一	聖武天皇、諸国の国分寺・国分尼寺の建立発願。
	一七	七四五	行基を大僧正に任ずる。大仏造立工事を平城京東辺（現東大寺地）に移す。
天平勝宝	一	七四九	行基、没する。
	四	七五二	東大寺大仏、開眼供養。
	六	七五四	唐僧鑑真来朝し、東大寺大仏前にて聖武天皇らに授戒。
天平宝字	三	七五九	鑑真、唐招提寺を建立。万葉集中最も新しいものこの年に詠まれる。
天平神護	二	七六六	道鏡、法王となる。
	三	七六七	最澄、生まれる。
宝亀	二	七七一	敬明（教明）の『七代記』なる。
	三	七七二	持戒・看病にすぐれた僧十人を選び、十禅師とする。
	五	七七四	空海、生まれる。陸奥の国の蝦夷が抵抗。
天応	一	七八一	桓武天皇即位。

延暦	三	七八四	長岡京に都を移す。
	五	七八六	この頃、『上宮皇太子菩薩伝』（思託）成立。
	七	七八八	最澄、比叡山寺（延暦寺）を建立と伝える。
	一三	七九四	桓武天皇、平安京に遷都。
	一六	七九七	空海、『三教指帰』を著す。『続日本紀』（菅原道真ら）成る。
	二一	八〇二	御斎会、この年より恒例となる。この頃、『上宮聖徳太子伝補闕記』成立。
	二三	八〇四	最澄・空海、入唐。
	二四	八〇五	最澄、帰朝し天台宗を伝える。
	二五	八〇六	空海、帰朝し真言宗を伝える。
弘仁	一	八一〇	崇道天皇（早良親王）らの怨霊を鎮めるため、百三十人を度す。
	一〇	八一九	空海、高野山に金剛峰寺を建立。
	一一	八二〇	弘仁格式。
	一三	八二二	最澄没。この頃、『日本霊異記』（景戒）成る。
	一四	八二三	空海に東寺を賜る。教王護国寺と改称。
天長	七	八三〇	薬師寺にて最勝会。以後、恒例となる。
承和	一	八三四	空海、宮中の真言院で修法を行うことを許される。以後、後七日御修法として恒例。
	二	八三五	空海、高野山で没す。
貞観	五	八六三	神泉苑で御霊会を修す。
	八	八六六	最澄に伝教大師、円仁に慈覚大師の諡号を追贈――最初の勅諡号。
延喜	三	九〇三	光勝（空也）、誕生。
	一七	九一七	この頃、『聖徳太子伝暦』成るか。

参考資料（三）推古朝の畿内地図（武広亮平作図、黛弘道・武光誠編『聖徳太子事典』新人物往来社、一九九一年、三二四頁より許可を得て転載。一部加筆した。）

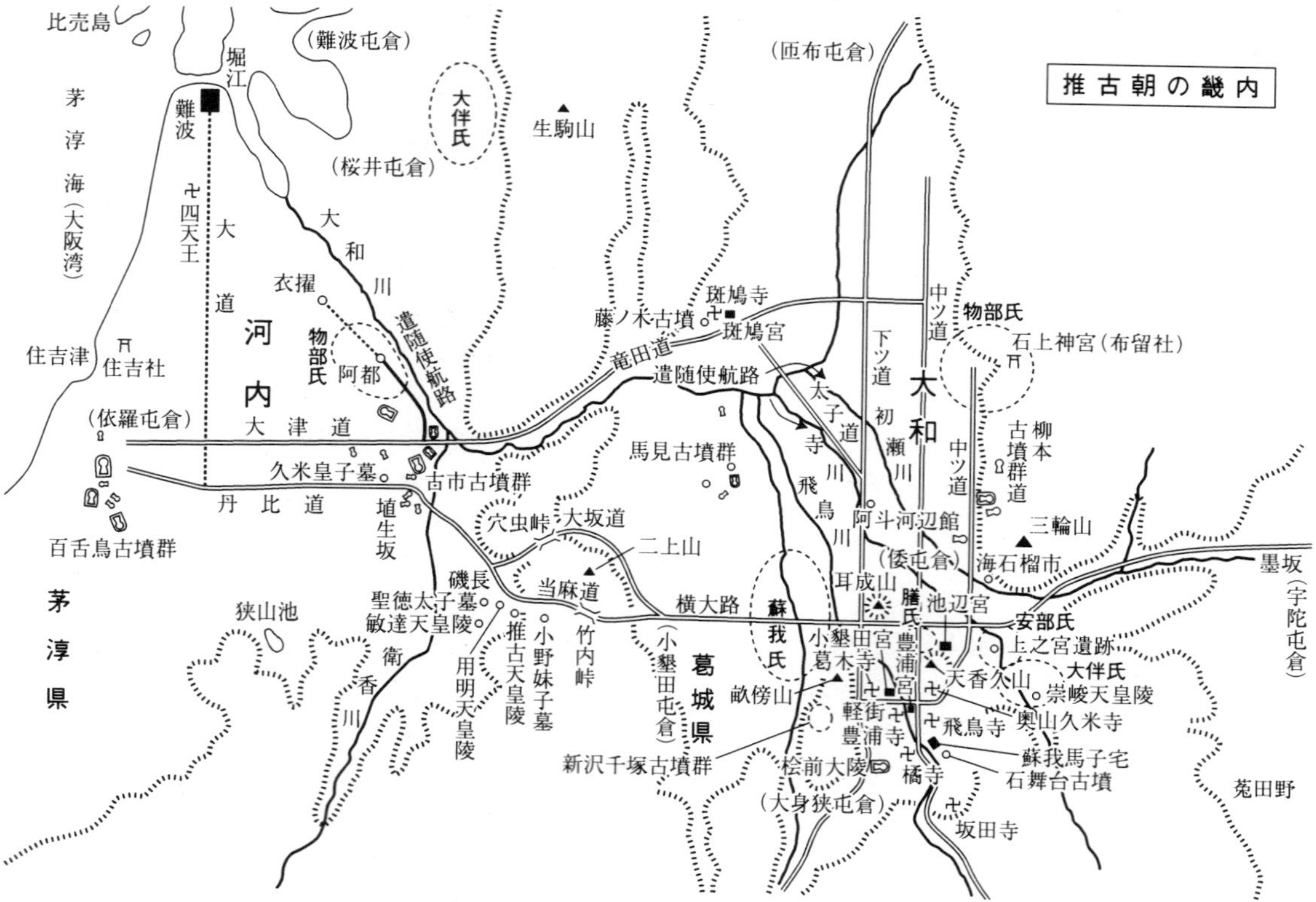

参考文献

（一）聖徳太子伝に関する一次文献

『書き下し「聖徳太子伝暦」』世界聖典刊行協会、一九九五年。

『群書類従・第五輯』続群書類従完成会、一九八七年。

『原典日本仏教の思想一　聖徳太子』岩波書店、一九九一年。

藤原猶雪編『聖徳太子全集　第二巻　聖徳太子伝（上）』復刻版、臨川書店、一九八八年。

日中友好交流史研究会編『「聖徳太子伝暦」影印と研究』桜楓社、一九八五年。

『新日本古典文学体系三一　三宝絵』岩波書店、一九九七年。

『新編日本古典文学全集一　古事記』小学館、一九九七年。

『新編日本古典文学全集二　日本書紀①』小学館、一九九四年。

『新編日本古典文学全集三　日本書紀②』小学館、一九九六年。

『新編日本古典文学全集一〇　日本霊異記』小学館、一九九五年。

『大日本仏教全書一一二　聖徳太子伝叢書』名著普及会、一九八四年。

『日本往生極楽記』名著普及会、一九八四年。

『日本古典文学大系一　古事記　祝詞』岩波書店、一九五八年。

『日本古典文学大系六七　日本書紀　上』岩波書店、一九六七年。

『日本古典文学大系六八　日本書紀　下』岩波書店、一九六五年。

『日本古典文学大系七〇　日本霊異記』岩波書店、一九六七年。

『日本思想大系二　聖徳太子集』岩波書店、一九七五年。

『日本思想大系新装版　続・日本仏教の思想一　往生伝　法華験記』新装版、岩波書店、一九九五年。

『日本の名著二　聖徳太子』中央公論社、一九八三年。

平岡定海、中井真孝編『日本名僧論集第一巻　行基　鑑真』吉川弘文館、一九八三年。

『日本霊異記　上』（ちくま学芸文庫）筑摩書房、一九九七年。

『日本霊異記　中』（ちくま学芸文庫）筑摩書房、一九九七年。

『日本霊異記　下』（ちくま学芸文庫）筑摩書房、一九九八年。

出口常順、平岡定海編『仏教教育宝典二　聖徳太子・南都仏教集』玉川大学出版部、一九七二年。

「荒陵寺御手印縁起」『読群書類従』続群書類従完成会、一九五七年。

東野治之「聖徳太子関係銘文史料」石田尚豊編『聖徳太子事典』柏書房、一九九七年。

（二）聖徳太子伝に関する二次文献

飯田瑞穂『飯田瑞穂著作集一　聖徳太子伝の研究』吉川弘文館、二〇〇〇年。

家永三郎『上宮聖徳法王帝説の研究』増訂版、三省堂、一九七〇年。

石田尚豊『聖徳太子と玉虫厨子——現代に問う飛鳥仏教——』東京美術、一九九八年。

同編『聖徳太子事典』柏書房、一九九七年。

上田正昭『日本を創った人びと一　聖徳太子』平凡社、一九七八年。

上原和『斑鳩の白い道のうえに』講談社、一九九二年。

大橋一章『天寿国繡帳の研究』吉川弘文館、一九九五年。

大山誠一『〈聖徳太子〉の誕生』吉川弘文館、一九九九年。

同『聖徳太子と日本人』風媒社、二〇〇一年。

小倉豊文『聖徳太子と聖徳太子信仰』綜芸社、一九七二年。

金治勇『聖徳太子信仰』増補版、春秋社、一九八〇年。

久米邦武『久米邦武著作集第一巻　聖徳太子の研究』吉川弘文館、一九八八年。

坂本太郎『聖徳太子』新装版、吉川弘文館、一九八五年。

同『坂本太郎著作集　第九巻　聖徳太子と菅原道真』吉川弘文館、一九八九年。

聖徳太子奉賛会編『聖徳太子と日本文化』平楽寺書店、一九五一年。

新川登亀男『上宮聖徳太子伝補闕記の研究』吉川弘文館、一九八〇年。

田中嗣人『聖徳太子信仰の成立』吉川弘文館、一九八三年。

田村圓澄『聖徳太子』中央公論社、一九六四年。

田村圓澄・川岸宏教編『日本仏教史論集　第一巻　聖徳太子と飛鳥仏教』吉川弘文館、一九八五年。

『中村元選集［決定版］別巻六　聖徳太子』春秋社、一九九八年。

林幹彌『太子信仰の研究』吉川弘文館、一九八〇年。

同『太子信仰』評論社、一九八一年。

藤井由紀子『聖徳太子の伝承』吉川弘文館、一九九九年。

黛弘道・武光誠編『聖徳太子事典』新人物往来社、一九九一年。

吉村武彦『聖徳太子』岩波新書、二〇〇二年。


飯田瑞穂「小野妹子法華経将来説話について」坂本太郎博士還暦記念会編『日本古代史論集』上巻、吉川弘文館、一九六二年。（著作集一所収。）

同「聖徳太子慧思禅師後身説の成立について」森博士還暦記念会編『対外関係と社会経済』塙書房、一九六八年。（著作集一所収。）

同「『政事要略』所引聖徳太子伝について」『中央大学文学部紀要』第六一号（史学科第一六号）、一九七一年三月。（著作集一所収。）

同「聖徳太子片岡山飢者説話について」坂本太郎博士古稀記念会編『続日本古代史論集』中巻、吉川弘文館、一九七二年。（著作集一所収。）

同「聖徳太子伝の推移――『伝暦』成立以前の諸太子伝――」『國語と國文學』第五〇巻第一〇号、至文堂、一九七三年。（田村圓澄・川岸宏教編『日本仏教宗史論集　第一巻　聖徳太子と飛鳥仏教』吉川弘文館、一九八五年、および、著作集一所収。）

家永三郎「聖徳太子の浄土」同『上代佛教思想史研究』新訂版、法藏館、一九六六年。

石田茂作「太子信仰の變遷」聖徳太子奉賛会編『聖徳太子と日本文化』平楽寺書店、一九五一年。

伊藤博「題詞の権威――旅の歌の一解釈――」『万葉』第五〇号、一九六四年一月。

井上光貞「慧慈と三経義疏」朝鮮文化社編『日本文化と朝鮮　第三集』新人物往来社、一九七八年。

蔵中進「聖徳太子片岡説話の形成」『万葉』第六一号、一九六六年一〇月。

高壮至「上代伝承試論――聖徳太子片岡説話をめぐって――」『万葉』第五三号、一九六四年一一月。

小峯和明「聖徳太子未来記の生成――もうひとつの歴史記述――」『文学』八巻四号、岩波書店、一九九七年。

坂本太郎「日本書紀と聖徳太子の伝記」同『古典と歴史』吉川弘文館、一九七二年。

同「『日本書紀』と『聖徳太子伝暦』」同『日本古代史叢考』吉川弘文館、一九八三年。

田中嗣人「聖徳太子伝の整理――『聖徳太子伝暦』成立以前を中心に――」『日本書紀研究』一一、塙書房、一九七九年。

田村圓澄「日本書紀・上宮聖徳法王帝説・聖徳太子伝暦　解題」出口常順、平岡定海編『仏教教育宝典二　聖徳太子・南都仏教集』玉川大学出版部、一九七二年。

同「百済・新羅仏教と飛鳥仏教――聖徳太子研究の問題点――」田村圓澄・川岸宏教編『日本仏教史論集　第一巻　聖徳太子と飛鳥仏教』吉川弘文館、一九八五年。

同「『日本書紀』と厩戸王」同『日本古代の宗教と思想』山喜房仏書林、一九八七年。

同「聖徳太子」『岩波講座　日本文学と仏教　第一巻　人間』岩波書店、一九九三年。

日野昭「日本書紀における聖徳太子」『竜谷史壇』五〇号、一九六二年一〇月。

星宮智光「聖徳太子と太子信仰」『図説日本仏教の世界一〇　古墳からテラへ』集英社、一九八九年。

堀一郎「民俗信仰と聖徳太子」聖徳太子奉賛会編『聖徳太子と日本文化』平楽寺書店、一九五一年。

(三) 辞典・事典類

廣松渉・子安宣邦・三島憲一・宮本久雄・佐々木力・野家啓一・末木文美士編『岩波哲学・思想事典』岩波書店、一九九八年。

中村元・福永光司・田村芳郎・今野達編『岩波仏教辞典』岩波書店、一九八九年。

『「古事記」「日本書紀」総覧』(別冊歴史読本)新人物往来社、一九九〇年。

武光誠『古事記・日本書紀を知る事典』東京堂、一九九九年。

小口偉一・堀一郎監修『宗教学辞典』東京大学出版会、一九七三年。

安部猛・義江明子・槙道雄・相曽貴志編『日本古代史研究事典』東京堂出版、一九九五年。

小野泰博ほか編『日本宗教事典』弘文堂、一九八五年。

笠原一男編『日本宗教史年表』（日本人の行動と思想別巻二）評論社、一九七四年。

『日本「神話・伝説」総覧』新人物往来社、一九九二年。

今泉淑夫編『日本仏教史辞典』吉川弘文館、一九九九年。

中村元『仏教語大辞典』東京書籍、一九八一年。

（四）その他の参考文献

Brockelman, Paul. *The Inside Story: A Narrative Approach to Religious Understanding and Truth.* Albany: State University of New York Press, 1992.（小松加代子訳『インサイド・ストーリー』玉川大学出版部、一九九八年。）

Brown, Peter. *The Cult of the Saints: Its Rules and Function in Latin Christianity.* Chicago: University of Chicago Press, 1981.

Brown, Peter. *The Making of Late Antiquity.* Cambridge: Harvard University Press, 1978.

Bynum, Caroline W. *Fragmentation and Redemption: Essays on Gender and the Human Body in Medieval Religion.* New York: Zone Books, 1991.

Bynum, Caroline W. *Holy Feast and Holy Fast: The Religious Significance of Food to Medieval Women.* Berkeley: University of California Press, 1987.

Bynum, Caroline W. *The Resurrection of the Body in Western Christianity, 200-1336.* New York: Columbia University Press, 1995.

Cave, David. *Mircea Eliade's Vision for a New Humanism.* New York: Oxford University Press, 1993.（吉永進一・奥山倫明訳『エリアーデ宗教学の世界――新しいヒューマニズムへの希望』せりか書房、一九九六年。）

Cox, Patricia. *Biography in Late Antiquity: a Quest for the Holy Man.* Berkeley: University of California Press, 1983.

Dibelius, Martin. *From Tradition to Gospel.* Cambridge: James Clarke, 1971.

Dundes, Alan, ed. *Sacred Narrative: Reading in the Theory of Myth.* Berkeley: University of California Press, 1984.

Eliade, Mircea. *Australian Religions: An Introduction.* Ithaca, N.Y.: Cornell University Press, 1973.

Eliade, Mircea. *Myth and Reality.* New York: Harper & Row, 1975.（中村恭子訳『神話と現実』（エリアーデ著作集第七巻）せりか書房、一九八六年。）

Eliade, Mircea. *Myth, Dreams and Mysteries: The Encounter between Contemporary Faiths and Archaic Realities.* New York: Harper & Row, 1960.（岡三郎訳『神話と夢想と秘儀』国文社、一九八五年。）

Eliade, Mircea. *The Myth of the Eternal Return.* Princeton: Princeton University Press, 1971.（堀一郎訳『永遠回帰の神話』未来社、一九六三年。）

Eliade, Mircea. *Patterns in Comparative Religion.* New York: New American Library, 1974.（久米博訳『宗教学概論1〜3』（エリアーデ著作集第一—三巻）せりか書房、一九七四年。）

Eliade, Mircea. *The Quest: History and Meaning in Religion.* Chicago: University of Chicago Press, 1969.（前田耕作訳『宗教の歴史と意味』（エリアーデ著作集第八巻）せりか書房、一九八一年。）

Eliade, Mircea. *The Sacred and the Profane: The Nature of Religion.* San Diego: Harcourt Brace Jovanovich, 1959.（風間敏夫訳『聖と俗』法政大学出版局、一九六九年。）

Eliade, Mircea. *Shamanism: Archaic Techniques of Ecstasy.* Princeton: Princeton University Press, 1972.（堀一郎訳『シャーマニズム——古代的エクスタシー技術』冬樹社、一九七四年。）

Gold, Daniel. *Comprehending the Guru: Toward a Grammer of Religious Perception.* Atlanta: Scholars Press, 1988.

Hawley, John Stratton, ed. *Saints and Virtues.* (Comparative Studies in Religion and Society 2) Berkeley: University of California Press, 1987.

Heffernan, Thomas J. *Sacred Biography: Saints and their Biographers in the Middle Ages.* New York: Oxford University Press, 1988.

Holm, Jean, and John Bowker, eds. *Myth and History.* New York: Pinter, 1994.

Hori, Ichiro. *Folk Religion in Japan.* Chicago: University of Chicago Press, 1968.

James, William. *The Varieties of Religious Experience.* New York: Penguin Books, 1985.（桝田啓三郎訳『宗教的経験の諸相』（上・下）岩波文庫、一九六九・七〇年。）

Kamstra, J. H. *Encounter or Syncretism: The Initial Growth of Japanese Buddhism.* Leiden: E. J. Brill, 1967.

Kieckhefer, Richard, and George D. Bond, eds. *Sainthood: Its Manifestations in World Religions.* Berkeley: University of California Press, 1988.

Kitagawa, Joseph M. *Religion in Japanese History.* New York: Columbia University Press, 1966.

Kitagawa, Joseph M. *The History of Religons: Understanding Human Experience.* Atlanta: Scholars Press, 1987.

Kitagawa, Joseph M. *On Understanding Japanese Religion.* Princeton: Princeton University Press, 1987.

Kitagawa, and Charles H. Long, eds. *Myths and Symbols.* Chicago: University of Chicago Press, 1969.

Klemm, David E. *The Hermeneutical Theory of Paul Ricoeur: A Constructive Analysis.* Lewisburg: Bucknell University Press, 1983.

Klemm, David E., and William Schweiker, eds. *Meanings in Texts and Actions: Questioning Paul Ricoeur.* Charlottesville: University Press of Virginia, 1993.

Long, Charles H. *Alpha: The Myths of Creation.* Atlanta: Scholars Press, 1963.

Long, Charles H. *Significations: Signs, Symbols, and Images in the Interpretation of Religion.* Philadelphia: Fortress Press, 1986.

Makkreel, Rudolf A. *Dilthey: Philosopher of the Human Studies.* Princeton: Princeton University Press, 1975.

Patton, Laurie L., and Wendy Doniger, eds. *Myth and Method.* Charlottesville: University Press of Virginia, 1996.

Plummer, Ken. *Documents of Life: An Introduction to the Problems and Literature of a Humanistic Method.* London and Boston: George Allen and Unwin, 1983.

Polkinghorne, Donald. *Narrative Knowing and the Human Sciences.* Albany: State University of New York Press, 1988.

Proudfoot, Wayne. *Religious Experience.* Berkeley: University of California Press, 1985.

Ray, Reginald A. *Buddhist Saints in India: A Study in Buddhist Values and Orientations.* New York: Oxford University Press, 1994.

Reynolds, Frank E., and Donald Capps, eds. *The Biographical Process: Studies in the History and Psychology of Religion.* The Hague: Mouton, 1976.

Ricoeur, Paul. *Figuring the Sacred: Religion, Narrative, and Imagination.* Minneapolis: Fortress Press, 1995.

Ricoeur, Paul. *The Rule of Metaphor: Multi-disciplinary Studies of the Creation of Meaning in Language.* London: Routledge & Kegan Paul, 1977.（久米博訳『生きた隠喩』岩波書店、一九八四年。）

Ricoeur, Paul. *Time and Narrative.* Vol. 1. Chicago, University of Chicago Press: 1984.（久米博訳『時間と物語Ⅰ』新曜社、一九八七年。）

Ricoeur, Paul. *Time and Narrative.* Vol. 2. Chicago, University of Chicago Press: 1985.（久米博訳『時間と物語Ⅱ』新曜社、一九八八年。）

Ricoeur, Paul. *Time and Narrative.* Vol. 3. Chicago, University of Chicago Press: 1988.（久米博訳『時間と物語III』新曜社、一九九〇年。）

Schober, Juliane, ed. *Sacred Biography in the Buddhist Traditions of South and Southeast Asia.* Honolulu: University of Hawai'i Press, 1997.

Sharpe, Eric J. *Comparative Religion.* 2nd ed., La Salle: Open Court, 1986 (1975).

Smith, Wilfred Cantwell. *The Meaning and End of Religion.* Minneapolis: Fortress Press, 1991.

Strong, John S. *The Legend and Cult of Upagupta: Sanskrit Buddhism in North India and Southeast Asia.* Princeton: Princeton University Press, 1992.

Tambiah, Stanley Jeyaraja. *The Buddhist Saints of the Forest and the Cult of Amulets.* Cambridge: Cambridge University Press, 1984.

Tracy, David. *Plurality and Ambiguity: Hermeneutics, Religion, Hope.* Reprint Edition. Chicago: University of Chicago Press, 1994.

van der Leeuw, Gerardus. *Religion in Essence and Manifestation.* Princeton: Princeton University Press, 1986.

Wach, Joachim. *Sociology of Religion.* Chicago: University of Chicago Press, 1944.

Wach, Joachim. *Types of Religious Experience.* Chicago: University of Chicago Press, 1951.

Weinstein, Donald, and Rudolph M. Bell. *Saints and Society: The Two Worlds of Western Christendom, 1000-1700.* Chicago: University of Chicago Press, 1982.

White, Haydon. *Metahistory: the Historical Imagination in Nineteenth-century Europe.* Baltimore: Johns Hopkins University Press, 1973.

Williams, Michael A. ed. *Charisma and Sacred Biography.* JAAR Thematic Studies 48/3 & 4. AAR, 1982.

Wood, David ed. *On Paul Ricoeur: Narrative and Interpretation.* London: Routledge, 1991.

Bolle, Kees W. "Myth: An Overview." In Mircea Eliade ed., *The Encyclopedia of Religion*, New York: Macmillan, vol. 10, 1987.

Cohn, Robert L. "Sainthood." In *The Encyclopedia of Religion*, vol. 13.

Drijvers, H. J. W. "The Saint as Symbol: Conceptions of the Person in Late Antiquity and Early Christianity." In Hans G. Kippenberg, Yme B. Kuiper, and Andy F. Sanders eds., *Concepts of Person in Religion and Thought*, Berlin: Mouton de Gruyter, 1990.

Eliade, Mircea. "Methodological Remarks on the Study of Religious Symbolism." In Eliade and J. M. Kitagawa, eds., *The History of Religions: Essays in Methodology.* Chicago: University of Chicago Press, 1959.

Hodges, H. A. "Dilthey, Wilhelm." In *Encyclopedia Britannica*, 1971, vol.7.

Kamstra, J. H. "Hijiri." In *The Encyclopedia of Religion*, vol. 6.

Kindall, Paul M. "Biography." In *Encyclopedia Britannica*, 15th ed., Chicago: Encyclopedia Britannica, vol. 2, 1980.

Kitagawa, Joseph M. "The History of Religions (*Religionswissenschaft*) Then and Now." In Kitagawa, ed., *The History of Religions: Retrospect and Prospect*. New York: Macmillan, 1985.

Kitagawa, Joseph M. "Master and Saviour." In his *On Understanding Japanese Religion*. Princeton: Princeton University Press, 1987.

LaFleur, William R. "Biography." In *The Encyclopedia of Religion*, vol. 2.

O'Flaherty, Wendy Doniger. "Horses." In *The Encyclopedia of Religion*, vol. 6.

Pettazzoni, Raffaele. "The Supreme Being: Phenomenological Structure and Historical Development." In Eliade and Kitagawa, eds., *The History of Religions: Essays in Methodology*. Chicago: University of Chicago Press, 1959.

Wach, Joachim. "Master and Disciple: Two Religio-Sociological Studies." In J. M. Kitagawa and G. D. Alles eds., *Essays in the History of Religions*, New York: Macmillan, 1988.

Waida, Manabu. "Miracles: An Overview." In *The Encyclopedia of Religion*, vol. 6.

赤松俊秀『鎌倉仏教の研究』平楽寺書店、一九五七年。

アシヴァゴーシャ（原実訳）『大乗仏典第一三巻　ブッダ・チャリタ』中央公論社、一九七四年。

アシヴァゴーシャ（杉浦義朗訳）『ブッダ・チャリタ――仏陀への讃歌』桂書房、一九八六年。

麻生健『解釈学』世界書院、一九八五年

網野善彦『無縁・公界・楽』平凡社、一九九六年。

荒木美智雄『宗教の創造』法藏館、一九八七年。

家永三郎『上代佛教思想史研究』法藏館、一九四二年。

石井美樹子『聖母マリアの謎』白水社、一九八八年。

磯前順一『記紀神話のメタヒストリー』吉川弘文館、一九九八年。

市川浩ほか編『現代哲学の冒険八　物語』岩波書店、一九九〇年。

伊藤益『ことばと時間——古代日本人の思想——』大和書房、一九九〇年。

伊藤唯真『伊藤唯真著作集　第一巻　聖仏教史の研究　上』法藏館、一九九五年。

井上薫『行基』吉川弘文館、一九五九年。

井上光貞『日本古代の国家と仏教』岩波書店、一九七一年。

同『新訂日本浄土教成立史の研究』（井上光貞著作集七）岩波書店、一九八五年。

今井雅晴『時宗成立史の研究』吉川弘文館、一九八一年。

イワーノフ、V・V、V・N・トポローフ（北岡誠司訳）『宇宙樹・神話・歴史記述』岩波書店、一九八三年。

植田重雄『宗教現象における人格性・非人格性の研究』早稲田大学出版部、一九七九年。

上田正昭『日本武尊』新装版、吉川弘文館、一九八六年。

大貫隆『福音書と伝記文学』岩波書店、一九九六年。

大貫隆・佐藤研編『イエス研究史——古代から現代まで』日本基督教団出版局、一九九八年。

大星光史『日本の仙人たち——老荘神仙思想の世界』東書選書、一九九一年。

岡正雄『異人その他』言叢社、一九七九年。

笠原一男編『日本宗教史研究入門』評論社、一九七六年。

笠原芳光『イエス　逆説の生涯』春秋社、一九九九年。

堅田修『日本古代信仰と仏教』法藏館、一九九一年。

加地伸行『沈黙の宗教——儒教』筑摩書房、一九九四年。

カッシーラー、エルンスト（岡三郎、岡富美子訳）『言語と神話』国文社、一九七二年。

鎌田東二『神と仏の精神史——神神習合論序説』春秋社、二〇〇〇年。

神尾登喜子『古代天皇伝承論』おうふう、一九九四年。

川勝義雄『中国人の歴史意識』平凡社、一九八六年。

私市正年『イスラム聖者——奇跡・予言・癒しの世界』講談社、一九九六年。

北川三夫『現代世界と宗教学』新教出版社、一九八五年。

ギュスドルフ、ジョルジュ（久米博訳）『神話と形而上学　哲学序説』せりか書房、一九七一年。

楠山春樹『老子伝説の研究』創文社、一九七九年。

黒田俊雄『日本中世の国家と宗教』岩波書店、一九七五年。

同『寺社勢力――もう一つの中世社会――』岩波書店、一九八〇年。

同『日本中世の宗教と社会』岩波書店、一九九〇年。

黒部通善『日本仏伝文学の研究』和泉書院、一九八九年。

神野志隆光『古事記と日本書紀』講談社、一九九九年。

小南一郎『中国の神話と物語り』岩波書店、一九八四年。

五来重『増補・高野聖』角川書店、一九七五年。

同『日本の庶民仏教』角川選書、一九八五年。

同『日本人の仏教史』角川書店、一九八九年。

坂部恵『かたり』弘文堂、一九九〇年。

『坂本太郎著作集　第二巻　古事記と日本書紀』吉川弘文館、一九八八年。

佐々木潤之介『世直し』岩波書店、一九七九年。

佐藤弘夫『偽書の精神史』講談社、二〇〇二年。

志田諄一『霊異記とその世界』雄山閣、一九七五年。

島薗進・鶴岡賀雄編『宗教のことば』大明堂、一九九三年。

島田裕巳『フィールドとしての宗教体験』法藏館、一九八九年。

シュタンツェル、Ｆ（前田彰一訳）『物語の構造――〈語り〉の理論とテクスト分析』岩波書店、一九八九年。

シュトレーター＝ベンダー、ユッタ（進藤英樹訳）『聖人――神的世界への同伴者』青土社、一九九六年。

ジュネット、ジェラール（和泉涼一・神郡悦子訳）『物語の詩学――続・物語のディスクール』風の薔薇、一九八五年。

同（花輪光・和泉涼一訳）『物語のディスクール――方法論の試み』風の薔薇、一九八五年。

同（花輪光監訳）『フィギュール3』風の薔薇、一九八七年。

杉村靖彦『ポール・リクールの思想　意味の探索』創文社、一九九八年。

銭谷武平『役行者伝記集成』東方出版、一九九四年。

同『役行者伝の謎』東方出版、一九九六年。

ソスキース、J・M（小松加代子訳）『メタファーと宗教言語』玉川大学出版部、一九九二年。

竹沢尚一郎『宗教という技法――物語論的アプローチ』勁草書房、一九九二年。

田村圓澄『飛鳥・白鳳仏教史』（上・下）吉川弘文館、一九九四年。

ダント、アーサー・C（河本英夫訳）『物語としての歴史――歴史の分析哲学』国文社、一九八九年。

辻善之助『日本佛教史之研究　續編』金港堂、一九三一年。

津田左右吉『日本古典の研究』（上・下）改版、岩波書店、一九七二年。（初版は上が一九四八年、下は一九五〇年。）

中井真孝『日本古代の仏教と民衆』評論社、一九七三年。

中西進『神々と人間』講談社、一九七五年。

中野猛『説話と縁起』新典社、一九九五年。

中村生雄『カミとヒトの精神史――日本仏教の深層構造』人文書院、一九八八年。

中村恭子『霊異の世界・日本霊異記』筑摩書房、一九六七年。

中村元『東洋人の思惟方法』春秋社、一九六一年。

同『ブッダ入門』春秋社、一九九一年。

中村元・早島鏡正訳『ミリンダ王の問い』（全三巻）平凡社、一九六三―六四年。

中村元監修・補註『ジャータカ全集一』春秋社、一九八四年。

奈良康明『仏教史Ⅰ』（世界宗教史叢書七）山川出版社、一九七九年。

西山清『聖書神話の解読』中央公論社、一九九八年。

野家啓一『言語行為の現象学』勁草書房、一九九三年。

同『物語の哲学――柳田國男と歴史の発見』岩波書店、一九九六年。

同責任編集『岩波新・哲学講義八　歴史と終末論』岩波書店、一九九八年。

萩原龍夫・真野俊和編『仏教民俗学体系二　聖と民衆』名著出版、一九八六年。

長谷正當『象徴と想像力』創文社、一九八七年。

早島鏡正『ゴータマ・ブッダ』（人類の知的遺産三）講談社、一九七九年。

速水侑『弥勒信仰』評論社、一九七一年。

平岡定海、中井真孝編『行基　鑑真』吉川弘文館、一九八三年。

平林盛得『聖と説話の史的研究』吉川弘文館、一九八一年。

福田晃『神語り・昔語りの伝承世界』第一書房、一九九七年。

福永光司『道教と日本文化』人文書院、一九八二年。

同『道教と古代日本』人文書院、一九八七年。

二葉憲香『日本古代仏教史の研究』永田文昌堂、一九八四年。

ブラッカー、C（秋山さと子訳）『あずさ弓——日本におけるシャーマン的行為——』岩波書店、一九七九年。

プリンス、ジェラルド（遠藤健一訳）『物語論の位相——物語の形成と機能』松柏社、一九九六年。

ブルトマン、R（山岡喜久男訳）『新約聖書と神話論』新教出版社、一九八〇年。

ベルクソン、A（平山高次訳）『道徳と宗教の二源泉』岩波書店、一九七七年。

星野英紀『巡礼——聖と俗の弁証法——』講談社、一九八一年。

堀一郎『我が国民間信仰史の研究一・二』東京創元社、一九五五・五三年。

同『空也』吉川弘文館、一九六三年。

同『日本のシャーマニズム』講談社、一九七一年。

ボワスリエ、ジャン（木村清孝訳）『ブッダの生涯』創元社、一九九五年。

真木悠介『時間の比較社会学』岩波書店、一九九七年。

巻田悦郎『リクールのテキスト解釈学』晃洋書房、一九九七年。

マスペロ、アンリ（川勝義雄訳）『道教』平凡社、二〇〇〇年。

三品彰英『神話と文化史』（三品彰英論文集第三巻）平凡社、一九七一年。

ミッチェル、W・J・T編（海老根宏ほか訳）『物語について』平凡社、一九八七年。

宮家準『日本宗教の構造』慶應通信、一九七四年。

宮田登『生き神信仰――人を神に祀る習俗――』塙書房、一九七〇年。

ミュラー、マクス（塚田貴康訳）『宗教学入門』晃洋書房、一九九〇年。

望月海淑『釈尊伝――新仏所行讃物語』宝文館、一九九二年。

守屋俊彦『日本霊異記の研究』三弥井書店、一九七四年。

八木誠一『宗教とは何か――現代思想から宗教へ――』法藏館、一九九八年。

山折哲雄ほか『図説日本仏教の世界⑦　聖と救済』集英社、一九八九年。

吉田靖雄『行基と律令国家』吉川弘文館、一九八七年。

同『日本古代の菩薩と民衆』吉川弘文館、一九八八年。

米山孝子『行基説話の生成と展開』勉誠社、一九九六年。

ヨルゲンセン、J・J（永野藤夫訳）『アシジの聖フランシスコ』平凡社、一九九七年。

リクール、ポール（久米博、清水誠、久重忠夫編訳）『解釈の革新』白水社、一九八五年。

ル・ゴフ、ジャック（立川孝一訳）『歴史と記憶』法政大学出版局、一九九九年。

レーウ、ヴァン・デ（田丸徳善、大竹みよ子訳）『宗教現象学入門』東京大学出版会、一九七九年。

レヴィ＝ストロース（大橋保夫訳）『野生の思考』みすず書房、一九七六年。

脇本平也・柳川啓一編『現代宗教学2　宗教思想と言葉』東京大学出版会、一九九二年。


荒木美智雄「民俗宗教――総論」『日本宗教事典』弘文堂、一九八五年。

同「新しいアルカイズムと民衆宗教の時代」『仏教』2号、法藏館、一九八八年一月。

同「民衆宗教」『宗教学がわかる』（アエラムック11）朝日新聞社、一九九五年。

同「日本の民衆宗教――日本宗教の統合的理解のために」ミルチア・エリアーデ原案『世界宗教史8』筑摩書房、二〇〇〇年。

安西徹雄「〈聖なるもの〉と〈語り〉――シェークスピア『冬物語』を手がかりとして――」山形和美編『聖なるものと想像力』上巻、彩流社、一九九四年。

安徳軍一「〈聖なるもの〉の磁場——グレアム・グリーン文学の深層——」山形和美編『聖なるものと想像力』下巻、彩流社、一九九四年。

石母田正「古代貴族の英雄時代」『石母田正著作集　第一〇巻』岩波書店、一九八九年。

出雲路修「隠身の聖——〈日本国現報善悪霊異記〉の世界——」『国語国文』第五三巻第七号、一九八四年七月。

伊藤清司「歴史としての神話と伝説」『日本「神話・伝説」総覧』新人物往来社、一九九二年。

入部正純「霊異記の僧尼観」『解釈』一九七一年二月号。

岩田文昭「歴史と物語——阿闍世コンプレックス論の生成——」長谷正當、細谷昌志編『宗教の根源性と現代　第一巻』晃洋書房、二〇〇一年。

大村英昭「宗教社会学の現状と課題——プロ宗教の終焉——」『〈聖なるもの／呪われたもの〉の社会学』（『岩波講座　現代社会学』第七巻）岩波書店、一九九六年。

岡田芳朗「神武天皇即位紀年の成立」『「古事記」「日本書紀」総覧』新人物往来社、一九九〇年。

折口信夫「古代研究」『折口信夫全集二』中央公論社、一九八二年。

鹿野政直「民衆史研究における文化の問題」民衆史研究会編『民衆史の課題と方向』三一書房、一九七八年。

鎌田東二「浄土と神国——仏教と神道の他界観と国土観」山折哲雄編『講座仏教の受容と変容六　日本編』佼成出版社、一九九一年。

同「新しいカミとしての『仏』」日本仏教研究会編『日本の仏教』第三号（特集：神と仏のコスモロジー）法藏館、一九九五年。

川村邦光「山中修行」『図説日本仏教の世界7　聖と救済』集英社、一九八九年。

同「古代日本と道教的・陰陽道的テクノロジー——仏教、神祇信仰、道教的・陰陽道的信仰の展開」山折哲雄編『講座仏教の受容と変容六　日本編』佼成出版社、一九九一年。

神田典城「記紀神話——出雲世界をめぐって——」『古代史研究の最前線　第三巻［文化編］上』雄山閣出版、一九八七年。

同「日本神話」『日本古代史研究事典』東京堂出版、一九九五年。

菊地勇次郎「聖について——日本国現報善悪霊異記と日本往生極楽記——」『歴史教育』一九六六年九月。

小松和彦「神話・伝説の読み方」『日本「神話・伝説」総覧』新人物往来社、一九九二年。

同「序　物語る行為をめぐって——『歴史』から『神話』へ——」『岩波講座文化人類学第一〇巻　神話とメディア』岩波書店、一九九七年。

佐々木孝正「日本霊異記にあらわれた聖と勧進」『大谷学報』一九六六年二月。

佐藤均「紀年論」『古代史研究の最前線　第四巻［文化編］下』雄山閣出版、一九八七年。

島薗進「宗教思想と言葉――神話・体験から宗教的物語へ――」脇本平也・柳川啓一編『現代宗教学2　宗教思想と言葉』東京大学出版会、一九九二年。

島田裕巳「神話としての回心」脇本平也・柳川啓一編『現代宗教学2　宗教思想と言葉』東京大学出版会、一九九二年。

真野俊和「総論　聖（ヒジリ）と民衆」萩原龍夫、真野俊和編『仏教民俗学体系2　聖と民衆』名著出版、一九八六年。

杉村靖彦「自己の発見と物語」長谷正當、細谷昌志編『宗教の根源性と現代　第一巻』晃洋書房、二〇〇一年。

高取正男「日本におけるメシア運動」『日本史研究』二四、一九五五年。

高橋裕子「『黄金伝説』の図像学1　キリスト教美術と聖人崇拝」『月刊百科』四一七号、一九九七年七月。

竹沢尚一郎「神話から物語へ」脇本平也・柳川啓一編『現代宗教学2　宗教思想と言葉』東京大学出版会、一九九二年。

田中卓「四天王寺御手印縁起の成立を論じて本邦社会事業施設の創始に及ぶ――聖徳太子と四天王寺四箇院――」『社会問題研究』一―一、一九五一年。

田中久夫「鎮魂の聖――阿弥陀聖――〈総説〉」萩原龍夫、真野俊和編『仏教民俗学体系2　聖と民衆』名著出版、一九八六年。

田村圓澄「聖徳太子」『岩波講座　日本文学と仏教　第一巻　人間』岩波書店、一九九三年。

鶴岡賀雄「宗教学者は神秘家のテクストにいかに接近するか」脇本平也・柳川啓一編『現代宗教学2　宗教思想と言葉』東京大学出版会、一九九二年。

直木孝次郎「歴史書としての『日本書紀』」『新編日本古典文学全集三　日本書紀②』小学館、一九九六年。

中井真孝「菩薩行と社会事業――古代から中世へ」村上重良編『大系仏教と日本人一〇　民衆と社会』春秋社、一九八八年。

中尾尭「聖者崇拝と祖師信仰」大隅和雄編『大系仏教と日本人4　因果と輪廻』春秋社、一九八六年。

中村恭子「宗教的自伝の語りと読み」脇本平也・柳川啓一編『現代宗教学2　宗教思想と言葉』東京大学出版会、一九九二年。

西海賢二「勧進の聖〈総説〉」萩原龍夫・真野俊和編『仏教民俗学体系2　聖と民衆』名著出版、一九八六年。

西宮一民「『日本書紀』を読む」『新編日本古典文学全集二　日本書紀①』小学館、一九九四年。

野家啓一「物語行為論序説」『物語』（現代哲学の冒険8）岩波書店、一九九〇年。

早川万年「『天皇』と『皇子』」『古代史研究の最前線 第一巻 政治・経済編（上）』雄山閣出版、一九八六年。

原田行造「沙弥・私度僧と説話文学」『日本の説話2』東京美術、一九七三年。

藤井健志「新宗教の内在的理解と民衆宗教史研究の方法」脇本平也・柳川啓一編『現代宗教学2 宗教思想と言葉』東京大学出版会、一九九二年。

藤井正雄「祖師信仰」『日本宗教事典』弘文堂、一九八五年。

福島邦夫「民間宗教者」圭室文雄、平野榮次、宮家準、宮田登編『民間信仰調査整理ハンドブック上・理論編』雄山閣、一九八七年。

古橋信孝「歴史意識の変容」中西進編『上代日本文学史』有斐閣、一九七九年。（後に古橋信孝『神話・物語の文芸史』ぺりかん社、一九九二年、に所収。）

堀江宗正「『物語と宗教』研究序説——リクール『物語神学を目指して』を読む」『東京大学宗教学年報』一五号、一九九七年。

前田雅之「説話と歴史叙述——平安期説話集の歴史叙述をめぐって——」本田義憲ほか編『説話の講座 第一巻 説話とは何か』勉誠社、一九九一年。

松村一男「日本神話——構造と深層——」『古代史研究の最前線 第三巻［文化編］上』雄山閣出版、一九八七年。

宮本要太郎「男性教祖と女性教祖」『宗教研究』第二八六号、一九九〇年。

同「聖伝の展開に関する一考察——聖徳太子伝を手がかりに——」筑波大学宗教学・比較思想学研究会『宗教学・比較思想学論集』創刊号、一九九八年。

同「Mircea Eliade and the Total Hermeneutics of the History of Religions」筑波大学哲学・思想学系『哲学・思想論集』第二五号、二〇〇〇年。

同「聖者のパラドックス——比較宗教学的考察の試み」坂田貞二・島岩編『聖者たちのインド』春秋社、二〇〇〇年。

あとがき

本書は、平成一二年度に筑波大学大学院哲学・思想研究科に提出した博士論文に若干の修正を加えたものである。本書の刊行にあたっては、平成一四年度日本学術振興会科学研究費補助金（研究成果公開促進費）の交付を受けた。

指導教授の荒木美智雄先生には、私の大学院入学以来、私がシカゴ大学へ留学していた期間も含め、多大な学恩をこうむった。荒木先生の絶え間ないご指導ご鞭撻がなければ、論文は完成していなかったであろう。記して厚くお礼申し上げたい。

荒木先生とともに博士論文の審査をお引き受け下さった棚次正和先生、伊藤益先生、木村勝彦先生にも、この場を借りて感謝の念を表したい。論文の構成や内容、参考文献などについて、荒木先生をはじめ論文を審査してくださった先生方からたいへん有用なアドバイスを数多く頂戴した。筆者の力不足のゆえにそのすべてに十分お応えできていないのが残念であるが、今後の研究に活かしたいと思う。

田中嗣人先生と武広亮平先生には図版の転載を快く承諾していただいた。吉川弘文館ならびに新人物往来社と合わせて記して謝意を表したい。また、塩尻和子先生、佐藤貢悦先生、小野基先生、堀江宗正氏など、多くの方々から暖かい励ましや貴重なコメントや鋭い批判をいただいた。すべての名前をここに記すことはできないが、今後の学究において諸恩に報いていきたい。

大学教育出版の佐藤守氏には快く出版をお引き受け下さった上、原稿の細部にわたって丁寧に仕事を進めてくださった。心よりお礼を申し上げたい。

最後に、私の研究生活を支えてくれた妻沈善瑛と娘朴常熙に、深く感謝したい。

二〇〇二年師走

宮本　要太郎

索　引

■著者紹介

宮本　要太郎（みやもと　ようたろう）

1960年、宮崎県生まれ。1987年、筑波大学哲学・思想研究科宗教学・比較思想学専攻博士課程入学。途中、1991年より95年までシカゴ大学大学院神学校に留学。1997年、筑波大学大学院を単位取得退学。2001年、筑波大学より博士号（文学）取得。現在、筑波大学などで非常勤講師。

聖伝の構造に関する宗教学的研究

— 聖徳太子伝を中心に —

2003年２月28日　初版第１刷発行

■著　者——宮本　要太郎
■発行者——佐藤　守
■発行所——株式会社**大学教育出版**
〒700-0953　岡山市西市855-4
電話（086）244-1268㈹　FAX（086）246-0294
■印刷所——互恵印刷㈱
■製本所——㈲笠松製本所
■装　丁——ティーボーンデザイン事務所

©Yotaro Miyamoto 2003, Printed in japan
検印省略　　落丁・乱丁本はお取り替えいたします。
無断で本書の一部または全部を複写・複製することは禁じられています。

ISBN4－88730－511－7